普通高等教育应用型本科规划教材

隧 道 工 程

李明田　主　编

何君莲　张建国　张露晨　副主编

人民交通出版社股份有限公司

北 京

内 容 提 要

本教材系统地介绍了隧道结构构造、隧道调查、隧道围岩分级、隧道工程总体设计、衬砌设计、防排水以及运营通风与照明等。教材结合最新的公路隧道设计规范进行编写,注重吸收最新的设计成果;纳入了一些具体的工程案例、例题讲解以及课后思考题,使教材的内容更具有应用性和实战性。本教材建有视频库、工程案例库以及题库等数字化课程教学资源,在智慧树课程平台网站上开放运行。

本教材可作为普通高校土木工程专业、城市地下空间工程专业本科的教学用书,也可供从事相关专业的工程技术人员参考。

图书在版编目(CIP)数据

隧道工程/李明田主编. —北京:人民交通出版社股份有限公司,2022.2

ISBN 978-7-114-16305-0

Ⅰ.①隧… Ⅱ.①李… Ⅲ.①隧道工程—高等学校—教材 Ⅳ.①U45

中国版本图书馆 CIP 数据核字(2021)第 279299 号

书　　名:隧道工程
著 作 者:李明田
责任编辑:崔　建
责任校对:孙国靖　宋佳时
责任印制:刘高彤
出版发行:人民交通出版社股份有限公司
地　　址:(100011)北京市朝阳区安定门外外馆斜街 3 号
网　　址:http://www.ccpcl.com.cn
销售电话:(010)59757973
总 经 销:人民交通出版社股份有限公司发行部
经　　销:各地新华书店
印　　刷:北京印匠彩色印刷有限公司
开　　本:787×1092　1/16
印　　张:12.75
字　　数:327 千
版　　次:2022 年 2 月　第 1 版
印　　次:2022 年 2 月　第 1 次印刷
书　　号:ISBN 978-7-114-16305-0
定　　价:36.00 元

(有印刷、装订质量问题的图书由本公司负责调换)

前言

QIANYAN

进入 21 世纪以来,我国隧道及地下工程得到了前所未有的迅速发展。我国已是世界上隧道及地下工程建设规模最大、数量最多、地质条件和结构形式最复杂、修建技术发展速度最快的国家。截至 2020 年底,我国公路隧道总里程达到 21999km、运营铁路隧道总里程达到 19630km。

随着我国隧道工程的快速发展,各种新材料、新工艺、新方法和新技术等不断涌现,新发展理念也对隧道工程设计与施工的安全、质量、环保及节能降耗等提出了更高的要求。因此,隧道工程施工技术人员应具备较强的专业能力和综合素质,以适应新形势下隧道建设的需要。

本书编写凸显工程应用,按照模块化组织教学内容,主要包括隧道调查与围岩分级、隧道总体设计、隧道结构构造、隧道围岩压力计算与衬砌设计、隧道防排水设计以及隧道运营通风与照明设计等。为保证将专业知识及时转化为工程的具体应用,引用了《公路隧道设计规范 第一册 土建工程》(JTG 3370.1—2018)、《公路隧道设计规范 第二册 交通工程与附属设施》(JTG D70/2—2014)等最新规范,力求教材内容与行业标准、规范对接,并进一步扩展了隧道工程设计施工过程中安全、环保以及节能降耗技术与措施等。教材还纳入了一些具体的工程案例、例题讲解以及课后思考题,使教材的内容更具有应用性和实战性。本教材建有视频库、工程案例库以及题库等数字化课程教学资源,并在智慧树课程平台网站上开放运行。

本书由山东交通学院李明田主编,何君莲、张建国、张露晨副主编,贾雪娜、王德明参编。其中第 1 章、第 3 章、第 5 章由李明田编写,第 8 章、第 9 章由何君莲编写,第 6 章 6.1~6.4 节由张建国编写,第 2 章、第 6 章 6.5 节及 6.6 节由张露晨编写,第 4 章由贾雪娜编写,第 7 章由王德明编写,全书由李明田统稿。

本书在编写过程中,参考了大量的教材、论著和资料等,在此向相关作者表示感谢!

由于编者水平有限,书中难免有不足和错误之处,敬请读者批评指正。

编　者
2021 年 10 月

目录
MULU

1 绪论

1.1 隧道的概念及作用

隧道通常指用作地下通道的工程建筑物。1970 年,世界经济合作与发展组织隧道会议从技术方面将隧道定义为:"以任何方式修建,最终使用于地表面以下的条形建筑物,其空洞内部净空断面在 $2m^2$ 以上者均为隧道。"

隧道的种类繁多,从不同的角度有不同的分类方法。按隧道所处地层,主要分为岩石隧道和软土隧道;按埋置深度,可分为深埋隧道和浅埋隧道;按断面形式,可分为圆形隧道、马蹄形隧道、矩形隧道等;按隧道所处位置,可分为山岭隧道、水底隧道和城市隧道。按国际隧道协会(ITA)定义的断面数值划分标准,可分为特大断面隧道($100m^2$ 以上)、大断面隧道($50 \sim 100m^2$)、中等断面隧道($10 \sim 50m^2$)、小断面隧道($3 \sim 20m^2$)、极小断面隧道($3m^2$ 以下)。按隧道长度,可分为特长隧道、长隧道、中隧道和短隧道。公路隧道、铁路隧道按长度分类见表 1-1。

公路与铁路隧道按长度分类(单位:m)   表 1-1

隧道分类	特长隧道	长隧道	中隧道	短隧道
公路隧道	>3000	1000 ~ 3000	500 ~ 1000	≤500
铁路隧道	>10000	3000 ~ 10000	500 ~ 3000	≤500

按照用途不同,隧道可分为如下几种:

(1)交通隧道。这是隧道中为数最多的一种,其主要作用是提供运输的孔道和通道,主要包括铁路隧道、公路隧道、水底隧道、地下铁道、航运隧道以及人行通道等。

(2)水工隧道。水工隧道是水利枢纽的一个重要组成部分。根据其作用不同,又可分为引水隧道、尾水隧道、导流隧道(泄洪隧道)以及排沙隧道等。

(3)市政隧道。市政隧道是城市中为安置各种不同设施的地下孔道,主要包括给水隧道、污水隧道、管路隧道、线路隧道以及人防隧道等。

(4)矿山隧道。在采矿工程中,常设一些隧道,从山体以外通向矿床,主要包括运输巷道、给水隧道和通风隧道等。

隧道在山岭地区可以克服地形或高程障碍、改善线形、提高车速、缩短里程、节约燃料、节省时间、减少对植被的破坏和保护生态环境;还可克服落石、坍方、雪崩、崩塌等危害。在城市

1

地区可减少用地、构成立体交叉、解决交叉路口的拥挤阻塞和疏导交通。在江河、海峡、港湾地区，可不影响水路通航。修建隧道能使线路平顺、行车安全、节省费用，能提高舒适性，战时能增加隐蔽性和提高防护能力，并且不受气候影响。

隧道是地下工程建筑物，为保持坑道岩体的稳定，保障交通安全，需要修筑主体构造物和附属构造物。前者包括洞身衬砌和洞门，后者包括通风、照明、防排水、安全设备等。洞身衬砌的主要作用是承受围岩压力、结构自重和其他荷载，防止围岩塌落、风化，以及防水、防潮等。洞门的主要作用是防止洞口塌方落石和保持边仰坡稳定。通风、照明、防排水、安全设备等的作用是使行车更加安全和舒适。

1.2　隧道工程发展简况

1.2.1　隧道工程的历史

在我国最早有文字记载的地下人工建筑物，出现在东周初期（约公元前 700 年）。《左传》中有"……掘地及泉，隧而相见……"的记载。最早用于交通的隧道为"石门"隧道，位于今陕西省汉中市褒谷口内，建于东汉明帝永平九年（公元 66 年）。用作通道的还有安徽亳县城内的古地下道，建于宋末元初（约 13 世纪），它是我国最早的城市地下通道。

在其他古代文明地区也有很多著名的古隧道，如公元前 2180—2160 年，在古巴比伦城幼发拉底河下修筑的人行隧道，是迄今为止已知的最早用于交通的隧道，为砖砌构造物。古代最大的隧道建筑物可能是那不勒斯与普佐利（今意大利境内）之间的婆西里勃隧道，建成于公元前 36 年，至今仍可使用，它是在凝灰岩中凿成的垂直边墙无衬砌隧道。

约在公元 7 世纪，我国隋末唐初时代的孙思邈在《丹经》一书中记载了黑火药的制法。1225 年以后，该制法传入伊斯兰国家，13 世纪后期传到欧洲，17 世纪初（1627 年），奥地利的工业家首先将火药用于开矿。1886 年瑞典人诺贝尔发明黄色炸药——达纳马特，为开凿坚硬岩石提供了条件。

近代隧道兴起于运河时代。从 17 世纪起，欧洲陆续修建了许多运河隧道。法国的兰葵达克（Languedoc）隧道，建于 1666—1681 年，长 157m，它可能是最早用火药开凿的航运隧道。1830 年前后，铁路成为新的运输手段。随着铁路运输事业的发展，隧道也越来越多，先从当时经济比较发达的欧洲各国开始，然后是美国和明治维新后的日本。我国第一条铁路隧道是1890 年建成的台湾狮球岭隧道，1903 年建成第一座长度超过 3km 的隧道——兴安岭隧道。1895—1906 年已出现了长 19.73km、穿越阿尔比斯山的铁路隧道。目前最长的铁路隧道为圣哥达基线隧道，长约 35mile（约合 57km）。第一座用于现代交通的水底隧道是 1807 年开工的伦敦泰晤士河下公路隧道，施工过程中该隧道因水患而停工，1823 年由法国工程师勃吕奈尔接手，历时 18 年用盾构完成。较为完善的水底道路隧道建成于 1927 年，是位于纽约哈德逊河底的荷兰（Holland）隧道。19 世纪初，欧洲的法国、意大利、瑞士等国家就已在山区修建公路隧道。2016 年投入运营的瑞士圣哥达基线隧道，长 57.09km，是目前世界上最长的隧道。

隧道工程的施工条件极其恶劣，体力劳动强度和施工难度都相当大。为减轻劳动强度，人们一直在做不懈的努力。古代一直使用"火焚法"和铁锤钢钎等原始工具进行开挖，直到 20世纪才开始采用钻爆作业，至今有 100 多年的历史。在此期间，人们发明了凿岩机，经过将近一个世纪的努力，发展成为今天的高效率大型多头摇臂钻机，使得工人们从繁重的体力劳动中解放出来。爆破技术也在不断发展,从早期的导火索、火雷管引爆,发展到电雷管毫秒引爆和导爆管非电雷管起爆等;为减少对围岩的扰动,已实现光面爆破、预裂爆破等。和钻爆开挖法完全不同的还有两种机械开挖法:一种是用于软土地层的盾构机,发明于 1823 年,经过近两个世纪的不断改进,已经从手工开挖式盾构,发展到半机械化乃至全机械化盾构,能广泛用于各种复杂软土地层的掘进。另一种是用于中等和坚硬岩石地层的岩石隧道掘进机。1881—1883年,隧道掘进机首次试掘成功。目前已经发展成大断面(直径 10m 以上)的带有激光导向和随机支护装置的先进掘进机,机械化程度大大提高,加上辅助的通风除尘装置,使工作环境得到很大改善。

1.2.2　我国隧道工程发展现状及前景

目前,我国已成为世界上隧道工程建设规模最大、数量最多和难度最高的国家,这不仅体现在隧道长度、埋深和断面尺寸的增长上,在建设难度和技术创新上也达到了空前的高度,各种新材料、新工艺等不断涌现。

公路隧道的发展得益于高速公路的建设。自 2011 年以来,我国公路隧道年均净增已超过1000km,至 2020 年底,我国公路隧道数量达到 21316 处,总里程 2199.9 万 m,并涌现出许多具有开创性和示范性的隧道工程。我国目前运营最长的公路隧道为秦岭终南山公路隧道,长18.02km。2017 年建成通车的新二郎山隧道,全长 13.459km,是目前我国高海拔地区长度最长的高速公路隧道。2004 年建成的金州隧道成为我国第一座单洞四车道公路隧道,最大开挖宽度达 22.482m。福建万石山隧道——钟鼓山隧道是我国第一座地下立交互通隧道,由 7 条隧道组成隧道群,于 2008 年全部建成通车,这是地下立体互通设计理念的大胆尝试。西藏嘎龙拉隧道是我国最后一条通县公路——墨脱公路的控制性工程,其坡度达到 4.1% ,是我国坡度最大的公路隧道。青海长拉山隧道,出口海拔 4499.98 m,是我国目前已通车海拔最高的公路隧道。

在隧道防灾救灾与通风照明方面、隧道风险监控方面发展了无线智慧感知及可视化技术,研发了隧道结构健康快速检测车,提出了等效节能照明理念,并以秦岭终南山公路隧道为应用示范工程,突破了长大公路隧道防灾救灾和通风照明技术的难题。该隧道采取了竖井送排式纵向式通风方式,每座隧道内设置三处特殊照明带,以缓解驾驶疲劳。整体而言,隧道运营管理仍需向精细化、信息化和智能化方向继续发展。

截至 2020 年底,我国运营铁路隧道达 16798 座,总延米 19630km,其中 10km 以上隧道 209座,总延长 2811km。我国运营铁路隧道具有标志性的工程主要有大瑶山隧道、秦岭隧道、乌鞘岭隧道、太行山隧道、关角隧道、风火山隧道和昆仑山隧道等。随着交通强国战略和"一带一路"倡议的实施,我国铁路、公路进一步向西部地区延伸,不仅隧道数量与总长度会不断提升,而且大于 10km 的公路隧道、大于 20km 的铁路隧道将会越来越多。

截至 2020 年底,我国(不含港澳台地区)累计有 40 个城市开通城市轨道交通运营线路,运营总里程超过 7969.7km。现已规划发展城市轨道交通的城市总数已经超过 54 个,全部规划路线超过 400 条,总里程超过 15000km。我国城市地铁方兴未艾,已经从一线城市延伸至二、三线城市。

水底隧道建设发展蓬勃,越来越多的城市交通急需修建大量的河底、湖底、江底和海底隧道。我国第一条水底公路隧道是 1970 年建成的打浦路越江隧道。2010 年建成通车的厦门翔安隧道是我国第一条海底隧道,全长 8.695km;江苏瘦西湖隧道是世界上直径最大的单洞双层公路隧道,于2014年9月建成通车。港珠澳大桥海底隧道,全长6.7km,是世界最长的公路沉管隧道和唯一的深埋沉管隧道,也是我国第一条外海沉管隧道。目前我国运营里程最长的水底隧道是狮子洋隧道,全长10.8km。此外,武汉、南京、上海等地修建了大量的江底隧道,引入了TBM(Tunnel Boring Machine,全断面硬岩隧道推进机)、盾构等施工技术,极大地促进了水底隧道建设和运营水平的提高。我国正在规划未来30年内建设包括穿越渤海湾、琼州海峡、台湾海峡等在内的5条世界级海底隧道,近百座穿越江河湖泊的水底隧道即将投入建设。

在水工隧道方面,我国自20世纪70年代中期以后,先后建成了一大批著名的水电工程,如二滩水电站、黄河小浪底水利枢纽、葛洲坝水利枢纽等,还有世界最大的水电工程——长江三峡工程。在水利水电系统的地下工程和隧道建设中,一个明显的特点就是工程规模不断大型化,具体表现为:引水隧道埋深增加,导流洞、泄洪洞断面增大、跨度增大、边墙增高,隧道承压水头增大。如锦屏二级引水隧道埋深达2600m(与世界上最大埋深的法国谢栏引水隧洞埋深2620m相近),二滩水电站导流洞断面达403m²,已建成的天湖抽水蓄能电站的水头则高达1074m。在长度方面,已建成的太平驿引水隧洞就达10km,辽宁大伙房引水隧洞全长85km。随着我国西部大开发的进行,雅鲁藏布江、金沙江等水力资源丰富的江河上梯级电站建设,我国水利水电隧道的建设也将进入一个全新的发展期。

目前我国城市地下空间综合性利用只是在局部小区域内进行规划和建设,北京、广州等都有示范性工程。在城市总体规划中,地下空间的开发利用已经由原来的“单点建设、单一功能、单独运转”,转化为现在的“统一规划、多功能集成、规模化建设”的新模式。随着城镇化的发展,除原来常规的给排水、通信、供热管网利用地下空间外,交通、高压电力、仓储、停车、商铺等充分利用地下空间也是发展的必然趋势。

❓ 思 考 题

1. 简述隧道按用途分类的种类。
2. 查阅相关资料,试从修建隧道与环保要求方面分析隧道工程的利弊。
3. 查阅相关资料,简要说明近年来我国在隧道工程方面的突出成就。

2 隧道调查与围岩分级

2.1 隧道调查

进行公路隧道规划、设计、施工和维护管理,应预先获得各种有关资料,因此需要进行调查,包括地形调查、地质调查、气象调查、环境调查、施工条件调查以及与工程有关的法令法规调查等。这些调查做得越广泛、深入细致、准确,其发挥的作用就越大。调查时应首先明确调查的目的、各阶段的任务和调查顺序。由于在规划、设计、施工等各阶段,调查的目的、内容及精度有所不同,所以通常按收集已有文献资料、初步调查和详细调查的顺序进行。各阶段的调查工作完成之后,应把所获得的资料整理成册,作为依据,并归档管理。

2.1.1 文献资料的收集

文献资料收集主要指收集地形地貌、地质、工程、气象、用地、灾害及环境等资料,用于规划路线和制订以后的调查计划。一般通过收集当地既有资料的方式进行,收集资料应以拟建隧道为中轴,并取较大范围调查。

1)地形地貌资料

地形地貌资料通常是指地形图、航空照片和遥感与遥测资料。一般情况下应从国家测绘系统收集到 1:50000~1:25000 及 1:5000~1:1000 两种比例尺的地形图,前者主要用于线路规划,后者主要用于隧道方案的比较选择。航空照片有的涉及国家机密,收集困难,主要用于重要的长大隧道调查。地形地貌资料是线路选择、确定线形、自然环境以及地形地质判读的基本资料。

2)地质资料

地质资料指地质图和说明书。一般应从地质部门收集 1:200000~1:50000 比例尺的地质图,包括工程、水文地质特别是自然地质灾害的种类、性质、规模、危害程度等资料。

3)工程资料

临近隧道的既有土建工程往往可以提供不少资料,如道路边坡的岩石露头和其他土建工程所记录的工程地质与水文地质资料。这些资料可以从施工记录和工程报告总结等文件中得到。

4)气象资料

气象资料包括气温、气压、风速、风向、降水、水温、积雪量、降雾程度和天数、冻结深度等,其中气温、风速、降水和积雪应调查其极端值。气象资料可由气象台站和各种期刊资料、汇编、年鉴等处获得,必要时可以设立气象观测点(站)进行观测以收集资料。

5)用地资料及环境资料

用地资料包括工程用地、施工用地和临时用地资料。环境资料包括自然环境(动植物的生态、植被、地形、地质、水文等)、文物古迹、自然保护区、居民环境等资料。

6)灾害资料

灾害资料指隧道所在地区历史上的暴雨雪、台风、地震、滑坡等发生的规模、频度,可通过查阅资料、地方志和对居民访问等方法获得。

7)概预算资料调查

在进行隧道工程调查以及进行初步设计时,应根据《公路隧道设计规范 第一册 土建工程》(JTG 3370.1—2018)、《公路隧道设计规范 第二册 交通工程与附属设施》(JTG D70/2—2014)、《公路隧道施工技术规范》(JTG/T 3660—2020)、《公路隧道通风设计细则》(JTG/T D70/2-02—2014)、《公路隧道照明设计细则》(JTG/T D70/2-01—2014)以及相应的路线设计规范要求,为编制设计概预算和施工方案收集所需的资料。

8)与隧道建设相关的资源资料

收集现有道路、建筑材料和水源、施工及运营所需电力的供电能力和供电网络等资料。

9)相关法律、法令调查

隧道计划、设计及施工中,应遵循国家颁布的各种法律、法令,查阅与工程相关条文的内容,以制订相应措施及了解如何办理手续等。

2.1.2 地形地质调查

1)施工前各阶段的地形与地质调查内容

隧道调查分施工前和施工中两阶段,施工前各阶段(可行性研究勘察、初步勘察和详细勘察三阶段)的地形与地质调查包括自然地理概况以及工程地质与水文地质等调查,并按阶段要求重点调查和分析以下内容:

(1)地层岩性及地质构造的性质、类型和规模。

(2)断层、节理、软弱结构面特征及其与隧道的组合关系,围岩的基本物理力学性质。

(3)地下水类型及地下水位、含水层的分布范围及相应的渗透系数、水量和补给关系、水质及其对混凝土的侵蚀性,有无异常涌水、突水。

(4)崩塌、错落、岩堆、滑坡、岩溶自然或人工坑洞、采空区、泥石流、湿陷性黄土、岩渍土、岩盐、地热、多年冻土、冰川等不良地质和特殊岩土,及其发生和发展的原因、类型、规模和发展趋势,分析其对隧道洞口和洞身稳定的影响程度。

(5)查明有害气体或有害矿体地层、分布范围、有害成分和含量,并预测和评价其对施工、运营的影响。

(6)按现行《中国地震动参数区划图》(GB 18306)的规定或经地震部门鉴定,确定隧道所处地区的地震动峰值加速度系数。

2)施工中的地质调查内容

(1)应根据施工中开挖揭露的围岩情况,核定地层岩性、地质构造、地下水等,分析判定实际围岩级别。

(2)探测和预报隧道开挖前方可能出现的围岩条件,不良地质条件及其位置、性质、规模等。

3）施工前三阶段勘察的目标内容

（1）可行性研究勘察（踏勘）。

公路可行性研究按其工作深度，分为预可行性研究和工程可行性研究。预可行性研究中勘察的重点是收集和研究既有的文献资料；而在工程可行性研究中，要分析隧道中轴一定范围的地形地貌、临近工程、气象、水文及区域性地质、用地及环境、灾害等既有资料及沿路线进行地面踏勘，为隧道路线走向比选提供区域地形、地质和环境等基本资料。

（2）初步勘察。

在可行性研究勘察获取资料的基础上，进行初步勘察，初步查明地形、地质条件及其他环境状况对线路线形、隧道走向、洞口位置、隧道长度以及隧道其他附属工程的影响。

初步勘察的目的是选择隧道位置和初步确定围岩类别。勘察应由有相应资质的地质部门中有经验的地质工程师以现场踏勘、测绘和必要的勘探工作等方式进行，主要查明地形、地貌、地质构造（单斜、褶曲、断层、节理、劈理及其他面状、线状构造等）、地层岩性（地层层序、岩性、成因、年代、产状、状态、分布规律及其接触关系、接触特征、岩层风化破碎程度等）、特殊地质、不良地质、地下水以及其他地质特征。根据既有文献资料、隧道规模和露头多少确定调查的范围，一般可在线路中线两侧各 500～2000m 的范围内进行。调查时可以使用 1:25000～1:10000 的地形图。通过调查应掌握所在地区地形地质的全貌。

调查的实际情况应随时标记在地形图上和记入野外记录本中。调查完毕后进行归纳整理和分析研究，写出调查报告书，并附上调查线路图、地质平面图和地质剖面图。最后要提供的资料有：隧道工程地质说明书，隧道工程地质平面图（图中要标明勘探点，比例尺为1:500～1:5000；竖 1:200～1:1000），洞口、洞身工程地质横断面图（要标明勘探点，比例尺为 1:200～1:500），钻孔地质柱状剖面图、试验资料汇总表、航空照片地质解释资料及工程地质照片、野外素描图等。

（3）详细勘察。

在初步勘察的基础上，进一步用钻探、物探和测试等方法做详细勘察，详细进行地形、地质和环境等调查。在完成地形地质等的踏勘和初勘之后，一般可以确定出隧道线路的大致走向。为获取最终的隧道定位、技术设计、施工计划和预算等所需的地质、环境等资料，还需做详细勘察。其调查的内容有岩性、地质构造、地下水与地表水、地下资源调查等。

岩性调查包括调查岩石的种类和岩石特征，松散堆积物，岩石的物理、力学性质，风化以及变质情况等。地质构造调查包括地层、岩层产状、褶皱、断层与破碎带、节理、劈理及围岩结构完整状态。地下水与地表水调查包括两者的涌水及枯水状态、地层含水层与隔水层的分布、水的补给来源等。地下资源调查包括矿物资源、天然气、温泉、地热等。对上述事项应逐个研究和说明，着重考虑对隧道的设计与施工的影响，而不必作理论上的详细讨论。详细勘察时为了克服主观性以增加客观性，可采取多种比较和综合的方法。调查在中线两侧各 200～500m 和洞口外延长线上 100m 范围内进行。通常使用比例尺为 1:5000～1:1000 的地质图，调查的精度与调查区的地质情况和露头多少、调查者自身的水平和经验、使用仪器的精度、费用多少和调查时间长短等直接相关。

在调查时，对于花岗岩、玢岩和斑岩、受温泉变质作用的安山岩和凝灰岩、泥沙和粉砂岩、片岩类和千枚岩、崖锥堆积物等，应特别注意它们的分布。例如，花岗岩往往有深部风化，有的变成花岗岩风化砂土，沿断层易风化，花岗岩中的断层难以发现，风化带和变质带的宽度不同，涉及范围大。膨胀性岩石(如硬石膏盐岩及某些以蒙脱石为主的黏土岩类等)往往给工程带来很大的危害。

另外,从调查时起就应当充分注意岩石(特别是软岩)的流变现象,岩石的流变从坑道开挖时刻起直到以后相当长的时间里都会对工程产生影响。

详细勘察的方法主要有地球物理勘探和化学勘探等,而在隧道工程勘测中主要应用地球物理勘探,其中最常用的是电阻法与弹性波法,两种方法都可用来探测土与石的分界。电阻法和弹性波法是根据各种物质中电阻、波速(纵波)的不同,来判断物质的属性。在人烟稠密区用电阻法为宜,以免动用炸药。电阻法和弹性波法是测定断层、软弱带和地质构造的好方法,但应与钻探配合、对照。钻探的设备种类很多,其中以合金钻性能最好,可探测地层内部很大深度处的情况,并可取得较佳的岩芯,岩芯回收率也较高,即使小孔也能取得岩芯,钻孔壁光滑平整,能钻探坚硬岩石,钻机本身轻便和易于转移,成本也较低。此外还有简易钻探法,如螺旋钻、冲击钻等。随着科技的发展,一些成熟的技术也移植到地质钻探中,如将微型摄影仪放入钻孔内,能将孔内的全部情况拍摄成连续照片或反映在电视屏幕上等。对于重要的长大隧道的地质调查,还可以采用遥感技术,在工程地质测绘中可以更客观、更全面地看到在地球上观测时看不到或看不清楚的现象。由于是在同一时间、同一条件下观测到广大面积的资料,其观测结果不受时间季节及观察条件的影响,有利于对大面积资料进行相同条件下的分析对比。此外,电阻法在土质隧道中可在一定范围内探明沙砾层(含水层),还可以在钻孔内对透水层的分布以及地下各含水层情况给出明确的结果。

(4)水文勘察。

隧道与地下水的影响关系,主要表现两个方面:一是隧道内出现涌水,将恶化隧道围岩稳定状态,导致施工困难,增大工程造价;二是枯水,造成隧道周边工业、农业和饮水困难。因此在调查地下水的发育状况时,应着重注意涌水和枯水。涌水可使岩质软化、软岩山体松弛,导致强度降低;促使围岩中软弱夹层泥化;减少层间阻力,导致岩体滑动;还可使某些岩类溶解和膨胀,使山体出现附加压力。厚含水层出现大量涌水时,将产生动水压力,出现流沙及渗透压力。含有害物质(硫酸、二氧化碳等)的地下水将对混凝土衬砌结构产生侵蚀作用。涌水是造成塌方和使围岩丧失稳定的重要原因之一。枯水则可能影响隧道上方和使四周的井泉干涸,影响农业、渔业、施工和周边群众等用水。因此,调查地下水的发育状况对隧道工程非常重要。

涌水可分为集中涌水和稳定涌水。集中涌水有时以突然发生大量涌水的形式出现,往往造成隧道塌方、人身伤亡等重大事故。在岩溶地段发生的突然大量涌水,尤其是当遇到地下暗河时,涌水量往往可达每小时几百至几千吨;穿过厚含水沙砾石层时,涌水量可达每小时几百吨,遇到大的断层破碎带,尤其是与地表水有连通关系时,涌水量一般也可达到每小时几十至几百吨。要定量掌握集中涌水量是很困难的,主要应估计集中涌水对工程安全有影响的涌水位置、涌水压力、最大涌水量、稳定涌水量和上体稳定情况等。预测时可根据地质踏勘、弹性波探测及钻探等分析地质构造,了解含水层的位置、规模和透水性等。稳定涌水受隧道长度、埋深、位置、含水层规模和透水性等影响,并与流域的枯水流量关系密切,所以预测稳定涌水是可能的。

枯水调查的主要内容有河(溪)流的流域和流量,水利资源的利用情况,泉水、地下水的状态,植被、气象与隧道涌水有关联的方面,以往工程的枯水资料等。调查结果可以用坐标图表示,以横轴表示时间,纵轴表示调查项目。枯水调查的目的是事先了解因隧道的开挖可能引起附近的枯水问题,并制订相应措施。调查时应针对附近水源的类型(井、泉、溪水、河流等)、用途与用量(饮用、农业、工业、渔业等)、大气降水量、地下水位及流量等的季节性变化规律进行。

4)详细勘察应提供的资料

(1)概况。调查的目的、场所、范围、内容、方法、时间及参加人员等。

(2)地形地质概况及岩石种类。地形、地貌概况、区域地质概况、气象和周边环境,地质时代、岩相、风化及变质情况、物理力学性质及对工程的影响以及岩石的流变特性等,地层分布,成层状态、褶曲、断层、破碎带、层理、片理、节理等及其对工程的影响。

(3)各种相关的图样。隧道地形地质平面图(比例尺为1:5000~1:1000),包括地质时代、岩相及地层划分,并能进行地质构造判读;隧道地质纵断面图(比例尺为1:500~1:2000),沿隧道中线纵断面绘制,反映围岩种类、地质构造、岩柱、产状、涌水等,标明隧道线路高程、里程等;隧道洞口附近地形图(比例尺为1:500),在可能的洞口位置附近一定范围内绘制,沿线路中线每侧各100m的范围进行,用以确定洞口位置;隧道洞口附近地质纵断面图(比例尺为1:200)以及洞口附近地质横断面图。

(4)围岩分级情况,重大地质问题评价,钻探、试验资料整编等。

(5)调查中遗留的问题、隧道选线、设计及施工时应注意的问题及有关进一步调查的建议。

2.1.3　气象调查

隧道地区的气象条件对隧道选线、设计、洞外场地布置和各种施工设备、施工组织管理的设计等方面都有直接影响。如隧道洞口附近的洪水、滑坡、泥石流、阵风、风吹雪、雪崩、路面冻结、挂冰、雾、洞外亮度、海岸或山顶的阵风等对车辆的安全行驶有很大影响。因此,在隧道工程设计施工中,必须依据气象条件选择防冻混凝土、混凝土集料及用水的温度、施工道路等。另外,隧道洞口附近的防风挡墙、预防风吹雪构造物、植树带的位置、洞口排出废气的流动方向等还受洞口附近风向、风速的影响。气象调查一般有下列内容:

(1)降雨量,包括年降雨量、月平均降雨量、日最大降雨量和小时最大降雨量。

(2)降雪量,包括最大降雪日、最大积雪量、积雪期、最大日降雪量、雪密度和雪温。

(3)气温、地温,包括年平均气温、绝对最高最低气温、日温差;冻结期、冻结深度、多年冻土深度,以及水温。

(4)风向、风速,包括频率分布(年间、月间、日间)。

(5)雾,包括降雾天数和程度(能见度)。

(6)雪崩、风吹雪,包括场所、规模、频度、时期和种类。

(7)洪水,包括洪水量、水位和时期。

制订气象观测计划时,应根据目的和用途选择观测项目、场所、时间、精度和仪器。观测场所应具有代表性,按适当的时间间隔进行。必要时应在隧址处设立气象观测点(站)进行观测,持续收集当地气象资料。

2.1.4　工程环境调查

隧道地区周边环境往往复杂多变,在隧道工程实施前、过程中及工程完成之后,应当对路线及其附近的环境进行调查,并征求各方面专家意见,评价隧道修建和运营交通对周边环境的影响程度,提出必要的环境保护措施。

1）自然环境调查

调查隧址区及邻近地区相关地表水系、地下水露头、涌泉、温泉、沼泽、天然和人工湖泊、植被、矿产资源以及动植物生态等自然环境状况。

2）社会环境调查

调查隧道场区内土地使用情况、农田、水利设施、建筑物、地下管线情况等。若场区内有公园、保护林、文化遗址、纪念建筑等需要保护的重要地物时,除应调查它们的现状外,还应提出隧道建设对其环境影响的评价和保护措施。

3）生活环境调查

调查生产生活用水、交通状况、施工和运营噪声、振动、污水及废弃排放等对生态环境的影响;调查和预测施工和运营中地下水大量流失可能造成地表沉降、塌陷、地面建筑物的破坏、民众生产生活用水枯竭等环境问题的影响程度。

隧道运营过程中排出的废气和噪声受气象条件和通车情况影响而随时变化,因此应当进行全年测定,并进行隧道建成前后的比较。废气中对动植物有害的成分主要是 CO、CH_4、NO 和粉尘,影响程度受隧道长度和交通流量的影响。必要时应进行废气扩散状况的风洞实验,推算其影响范围。对环境的污染情况一般以 CO 的计量为标准。隧道噪声主要是由车辆和通风机产生。没有消声设施的隧道,在隧道内噪声几乎不衰减,比洞外噪声大得多,其持续时间也长,不过声音一离开洞口就会很快衰减。通常应在距洞口和通风塔 150m 范围内进行噪声测定,测点应注意选择易因噪声发生问题的地点,测定时间应选择在有代表性的易因噪声发生问题的时刻。根据需要可在隧道内设置消声设施,消声设施不得侵入建筑限界。

4）施工条件调查

调查交通条件、施工便道、施工现场、拆迁、弃渣场地、供水、供电、通信条件和建筑材料的来源、品质、数量等,以及其他可能影响施工的因素。

5）工程环境评价报告

根据隧道工程环境调查的结果,对其环境作出评价,提交工程环境评价报告。报告的内容主要包括本地区环境工程的概要、必要性及其评价效果,环境现状,环境预测、评价和保护措施等一系列内容。对于环境保护问题,应按照国家颁布的法律法规中的有关规定,在工程设计或施工中,采用相应的措施,力求满足环境保护的要求,防止环境破坏。

2.2 隧道围岩分级

2.2.1 概　述

随着国家现代化建设事业的发展,各种类型、不同用途的岩石工程日益增多。在工程建设的各阶段,正确地对岩体的质量和稳定性作出评价,具有十分重要的意义。对于岩石工程而言,影响岩体质量及其稳定性的因素有很多,即使是同一岩体,由于工程规模大小以及工程类型不同,对其也会有不同的要求和评价。因此,长期以来,国内外不少专家学者以工程类比为基本思想,建立一个评价体系,探索从定性和定量两个方面来评价岩体的工程性质,并根据其工程类型及使用目的对岩体进行分类,这也是岩体力学中最基本的研究课题之一。

岩体分类从早期的较为简单的岩石分类,发展到多参数的分类,从定性的分类到定量、定性与定量相结合的分类,经历了很长的发展过程。最早采用岩石的单轴抗压强度值作为岩石质量的分级指标,随着人们对岩体认识的不断深入,在评价岩体的质量时,又加入了结构面对岩体的影响,并考虑了地质的赋存条件——地下水和地应力对岩体质量的影响,使得评价岩体质量好坏的体系更加全面、完善。一些研究得相对深入的岩体分类方法,还与岩体的自稳时间、岩体和结构面的力学参数建立了相关性。因此,岩体分类方法在岩石工程中得到了广泛应用。

目前,分类方法中比较有代表性的有:按岩石的单轴抗压强度分类、按巷道岩石稳定性分类、按岩体完整性分类以及按岩体综合指标分类等。每一种分类都有各自的优点和相应的适用条件。

工程岩体分类是根据地质勘探和少量的岩体力学试验结果,确定一个区分岩体质量好坏的规律,据此将工程岩体分成若干个等级,对工程岩体的质量进行评价,确定其对工程岩体稳定性的影响程度,为工程设计、施工提供必要的参数。

工程岩体分类的目的,是从工程岩体的实际需要出发,对工程建筑物基础或围岩进行分类,并根据其好坏,进行相应的试验,赋予它必不可少的计算指标参数,以便于合理地设计和采取相应的工程措施,达到经济、合理、安全的目的。因此,工程岩体分类是为岩体工程建设的勘察、设计、施工和编制定额提供必要的基本依据。总之,工程岩体分类是为具体工程服务的,是为某种目的编制的,其分类内容和分类要求要为分类目的服务。

2.2.2 工程岩体按稳定性分级标准

为统一工程岩体分级方法,并为岩石工程勘察、设计、施工和运行提供基本依据,1994 年国家技术监督局和建设部联合发布了国标《工程岩体分级标准》(GB 50218—1994),并于 2014 年进行了修订,成为 GB/T 50218—2014。该标准从理论和实践两个方面高度概括地总结了我国在工程岩体分级方面的理论研究成果和大量工程实践经验。

在工程建设的各阶段,正确对岩体的质量和稳定性作出评价,具有十分重要的意义。质量高、稳定性好的岩体,不需要或只需要很少的加固支护措施,并且施工安全、简便;质量差、稳定性不好的岩体,需要复杂、昂贵的加固支护等措施,还常常在施工中遇到预想不到的复杂情况。因此,工程岩体稳定性分级,不仅是岩石工程建设的勘察、设计、施工和运行的基本依据,也是衬砌支护设计,尤其是工程类比设计的基本依据。

对工程岩体稳定性进行分析评价,要求事先进行相当详尽的地质勘察和岩石力学试验研究,要花费大量的人力物力。当地质条件复杂时,前期工作往往拉得很长,这种方法只适于大型重要工程。

针对不同类型岩石工程特点,根据影响岩体稳定性的各种地质条件和岩石物理力学特性,将工程岩体分成稳定程度不同的若干级别,以此为标尺作为评价岩体稳定的依据,是岩体稳定评价的一条捷径,也是一种简易快速的方法。该方法是建立在以往工程实践经验和大量岩石力学试验的基础上的,因此只要进行少量简易的地质勘察和岩石力学试验就能据以确定岩体级别,作出岩体稳定性评价,给出相应的物理力学参数,为加固措施提供方案和数据,从而在极大地减少勘察试验工作量、缩短前期工作时间的情况下,为工程建设的勘察、设计、施工和运行提供不可或缺的基本数据。

1)工程岩体按稳定性分级的指导思想

（1）共性提升的原则。

工程岩体类型很多，有矿井、巷道、水工、铁路和公路隧道、地下厂房、地下采场、地下仓库等地下洞室工程；闸坝、桥梁、港口、工业民用建筑物的岩基工程；以及坝肩、船闸、渠道、露天矿、路堑、码头等各类地面岩石开挖形成的岩石边坡，它们均有各自的特点和要求。工程岩体分级按照共性提升的原则，将其中决定各类工程岩体质量和稳定性的基本共性抽出来，将它们作为衡量各类工程岩体稳定性高低的基本尺度和岩体分级的基本因素。

（2）分两步走的原则。

首先将由岩石坚硬程度和岩体完整程度这两个因素所决定的工程岩体性质，定义为"岩体基本质量"，据此对工程岩体进行初步定级；然后针对各类型工程岩体的特点，分别考虑其他影响因素，对已经给出的岩体基本质量进行修正，对各类工程岩体作详细定级。由此形成一个各类型岩石工程、各行业都能接受、都适用的分级标准。分两步走的原则，也就是共性与个性相结合的原则、宏观控制与微观调整相结合的原则。

（3）定性与定量评价共举，各自独立运作又相互比较验证的原则。

定性分级是在现场对影响岩体质量的诸因素进行鉴别、判断，或对某些指标作出评判、打分，可从全局上去把握，充分利用工程实践经验。但这一方法经验的成分较大，有一定人为因素和不确定性，由实践经验丰富的人去做才能保证其可靠性。定量分级是依据对岩体性质进行测试的数据，经计算获得岩体质量指标，能够建立确定的量的概念。但由于岩体性质和存在条件十分复杂，分级时仅用少数参数和某个数学公式难以全面、准确地概括所有情况，实际工作中测试数据总是有限的，抽样的代表性也受操作者的经验所局限。因此，采用定性与定量相结合的分级方法，在分级过程中，定性与定量同时进行并对比检验，最后评定综合级别，这样可以提高分级的准确性和可靠性。如果两者定级不一致，必要时应重新进行定性鉴定和定量指标的复核，重新确定岩体基本质量的级别，从而防止大的疏漏。

2)岩体基本质量分级

（1）岩体基本质量分级因素的确定。

影响工程岩体稳定性的因素很多，主要有岩体物理力学性质、构造发育情况、承受的荷载（工程荷载和初始地应力）、应力变形状态、几何边界条件、水的赋存状态等。这些因素中，只有岩体的物理力学性质和构造发育情况是独立于各种工程类型的，它反映了岩体的基本特性。在岩体的各项物理力学性质中，对稳定性影响最大的是岩石的坚硬程度。岩体的构造发育状况，体现了岩体是地质体的基本属性，岩体的不连续性及不完整性是这一属性的集中反映。这两者是各种类型岩石工程的共性，对各种类型工程岩体的稳定性都是重要的，是控制性的。因此，进行岩体基本质量分级因素定性评价时，应当主要考虑岩体坚硬程度和岩体完整程度两项指标。

至于岩石风化，虽然也是影响工程岩体质量和稳定性的重要因素，但是风化作用对工程岩体特性的影响一方面是岩石疏软以致松散，物理力学性质变差；另一方面是使岩体中裂隙增多，这些已分别在岩石坚硬程度和岩体完整程度中得到反映，所以在分级因素的选取中没有把风化程度作为一个独立的因素。

影响工程岩体稳定性的定量指标也很多，主要的有岩石单轴饱和抗压强度（R_c）、点荷载强度（I_s）、岩石弹性纵波速度（V_{pr}）、岩体弹性纵波速度（V_{pm}）、相对密度（γ）、埋深（H）、平均节理间距(d_p)、岩芯质量指标(RQD)、岩体完整性指数(K_v)和应力强度比(σ_m/R_c)。根据上述指标对 103 个工程样本的聚类分析、相关性分析和可靠性分析之后,遴选出确定岩体基本质量指标的参数为 R_c、K_v、d_p 与 γ。在这 4 个参数中,经进一步分析,γ 值变动不大,对岩体质量的影响不敏感,可反映在公式的常数项中;而 K_v 与 d_p 同属反映岩体完整性的参数,考虑 K_v 在公式中的方差贡献大于 d_p,并考虑国内使用的广泛性与简化公式的需要,选择 K_v 作为参数。这样,最终确定以 R_c 和 K_v 作为定量评定岩体基本质量的分级因素。这与定性评价岩体质量选取的岩体坚硬程度和岩体完整程度是对应的、完全一致的。

(2)岩体坚硬程度的定性划分。

岩石坚硬程度的定性划分见表 2-1。在定性鉴定中,规定了用锤击难易、回弹程度、手触感觉和吸水反应等行之有效、简单易行的方法。

岩石坚硬程度的定性划分   表 2-1

名　称		定性鉴定	代表性岩石
硬质岩	坚硬岩	锤击声清脆,有回弹,震手,难击碎;浸水后,大多无吸水反应	未风化~微风化的花岗岩、正长岩、闪长岩、辉绿岩、玄武岩、安山岩、片麻岩、石英片岩、硅质板岩、石英岩、硅质胶结的砾岩、石英砂岩、硅质石灰岩等
	较坚硬岩	锤击声较清脆,有轻微回弹,稍震手,较难击碎;浸水后,有轻微吸水反应	(1)中等(弱)风化的坚硬岩; (2)未风化~微风化的熔结凝灰岩、大理岩、板岩、白云岩、石灰岩、钙质胶结的砂页岩等
软质岩	较软岩	锤击声不清脆,无回弹,较易击碎;浸水后,指甲可刻出印痕	(1)强风化的坚硬岩; (2)中等(弱)风化的较坚硬岩; (3)未风化~微风化的凝灰岩、千枚岩、砂质泥岩、泥灰岩、泥质砂岩、粉砂岩、页岩等
	软岩	锤击声哑,无回弹,有凹痕,易击碎;浸水后,手可掰开	(1)强风化的坚硬岩; (2)中等(弱)风化~强风化的较坚硬岩; (3)中等(弱)风化的较软岩; (4)未风化的泥岩、泥质页岩、绿泥石片岩、绢云母片岩等
	极软岩	锤击声哑,无回弹,有较深凹痕,手可捏碎;浸水后,可捏成团	(1)全风化的各种岩石; (2)强风化的软岩; (3)各类半成岩

在确定岩石坚硬程度的划分档数时,先将岩石划分为硬质岩和软质岩两级,再进一步将硬质岩分为两级,软质岩分为三级,共五级。

进行岩石坚硬程度定性划分时,其风化程度应按表 2-2 确定。因为在确定代表性岩石时,仅说明是哪种岩石是不够的,还必须指明其风化后的程度,以便确定风化后的岩石坚硬程度档次。但是,表 2-2 中关于岩石风化特征的描述和风化程度的划分,仅是针对小块岩石的,是为表 2-1 服务的。它并不代替工程地质中对岩体风化程度的定义和划分。它是把岩体完整程度从整个地质特征中分离出去之后,专门为描述岩石坚硬程度所作的规定,主要考虑岩石结构构造被破坏、矿物蚀变和颜色变化程度。

在自然界中,岩石被风化程度总是从未风化逐渐演变为全风化的,并进一步划分为五级。

名　称	野　外　特　征	风化程度参数指标	
		波速比 k_r	风化系数 k_f
未风化	岩石结构构造未变,岩质新鲜	0.9~1.0	0.9~1.0
微风化	岩石结构构造、矿物成分和色泽基本未变,部分裂隙面有铁锰质渲染或略有变色	0.8~0.9	0.8~0.9
中等(弱)风化	岩石结构构造大部分破坏,矿物成分和色泽已明显变化,长石、云母和铁镁矿物已风化蚀变	0.6~0.8	0.4~0.8
强风化	岩石结构构造大部分破坏,矿物成分和色泽已明显变化,长石、云母和铁镁矿物已风化蚀变	0.4~0.6	<0.4
全风化	岩石结构构造完全破坏,已崩解和分解成松散土状或砂状,矿物全部变色,光泽消失,除石英颗粒外的矿物大部分风化蚀变为次生矿物	0.2~0.4	—

注:1. 波速比 k_r 为风化岩石弹性纵波速度与新鲜岩石弹性纵波速度之比。

　　2. 风化系数 k_f 为风化岩石单轴饱和抗压强度之比。

(3)岩体完整性程度的定性划分。

影响岩体完整程度的因素很多,从结构面的几何特征看,有结构面的密度、组数、产状和延伸度,以及各组结构面相互切割关系;从结构面性状特征来看,有结构面的张开度、粗糙度、起伏度、充填情况、充填物水的赋存状态等。将这些因素逐项考虑,用来对岩体完整程度进行划分,显然是困难的。从工程岩体的稳定性着眼,应抓住影响岩体稳定的主要方面,使评判划分易于进行。经分析综合,将几何特征诸项综合为"结构面发育程度",将结构面性状特征诸项综合为"主要结构面的结合程度"。

用结构面发育程度、主要结构面的综合程度和主要结构面类型作为划分岩体完整程度的依据。在作定性划分时,应注意对这三者作综合分析评价,进而对岩体完整程度进行定性划分并定名,见表 2-3。

名称	结构面发育程度		主要结构面的结合程度	主要结构面类型	相应结构类型
	组数	平均间距(m)			
完整	1~2	>1.0	好或一般	节理、裂隙、层面	整体状或巨厚层结构
较完整	1~2	>1.0	差	节理、裂隙、层面	块状或厚层状结构
	2~3	1.0~0.4	好或一般		块状结构
较破碎	2~3	1.0~0.4	差	节理、裂隙、层面、小断层	裂隙块状或中厚层结构
	≥3	0.2~0.4	好		镶嵌碎裂结构
			一般		中、薄层状结构
破碎	≥3	0.2~0.4	差	各种类型结构面	裂隙块状结构
		≤0.2	一般或差		碎裂状结构
极破碎	无序	—	很差	—	散体状结构

表 2-3 中所谓的"主要结构面"是指相对发育的结构面,即张开度较大、充填物较差、成组性好的结构面。

结构面发育程度包括结构面组数和平均间距,它们是影响岩体完整性的重要方面。在地质勘察时,应对结构面组数和平均间距进行认真的测绘和统计。

表2-3中有关数据均采用范围值,是考虑到岩体复杂多变,有一定的随机性。这些数据只是从一个侧面反映其性质,评价时必须结合物性特征。在划分或以后定级时,若有关数据恰好处于界限值上,应结合物性特征作出判定。

表2-3中关于结构面结合程度,应从各结构面特征,即张开度、粗糙状况、充填物质及性状等方面进行综合评价。结构面结合程度划分为四种情况,见表2-4。

结构面结合程度划分 表2-4

结合程度	结构面特征
好	(1)张开度小于1mm,为硅质、铁质或钙质胶结,或结构面粗糙,无填充物; (2)张开度1~3mm,为硅质或铁质胶结; (3)张开度大于3mm,结构面粗糙,为硅质胶结
一般	(1)张开度小于1mm,结构面平直,钙泥质胶结或无填充物; (2)张开度1~3mm,为钙质胶结; (3)张开度大于3mm,结构面粗糙,为铁质或钙质胶结
差	(1)张开度1~3mm,结构面平直,为泥质胶结或钙泥质胶结; (2)张开度大于3mm,多为泥质或岩屑胶结
很差	泥质充填或泥夹岩屑充填,充填物厚度大于起伏差

张开度是指结构缝隙的紧密程度,从适用于野外定性鉴别的角度出发,张开度应从1~3mm进行划分,过大无实际工程意义,过小则肉眼不易判别。

结构面的粗糙情况对抗滑稳定性影响很大。结构面两侧岩性的变化、充填物性质(来源、成分、颗粒粗细)、胶结情况及赋水状态等均应作为评定结构面结合程度的基本因素。

(4)定量指标的确定和划分。

①岩石坚硬程度定量指标。

岩石坚硬程度指岩石在外荷载作用下,抵抗变形直至破坏的能力。岩石坚硬程度定量指标用岩石单轴饱和抗压强度 R_c 表示。R_c 一般采用实测值,无实测值时,可采用实测的岩石点荷载强度 $I_{s(50)}$ 的换算值,并按下式换算:

$$R_c = 22.82 I_{s(50)}^{0.75} \tag{2-1}$$

R_c 与定性划分的岩石坚硬程度的对应关系,可按表2-5确定。

R_c 与定性划分的岩石坚硬程度的对应关系 表2-5

R_c(MPa)	>60	60~30	30~15	15~5	<5
坚硬程度	坚硬岩	较坚硬岩	较软岩	软岩	极软岩

②岩体完整程度定量指标。

岩体完整程度的定量指标用岩体完整性系数 K_v 表示。K_v 指岩体弹性纵波速度与岩石弹性纵波速度比值的平方,按下式计算:

$$K_v = \left(\frac{v_{pm}}{v_{pr}}\right)^2 \tag{2-2}$$

式中:v_{pm}——岩体弹性纵波速度(km/s);

v_{pr}——岩石弹性纵波速度(km/s)。

K_v一般采用弹性波探测值,无探测值时,可根据岩体体积节理数 J_v 按表2-6确定对应的 K_v 值。

表2-6

J_v 与 K_v 对 照 表

J_v(条/m³)	<3	3~10	10~20	20~35	>35
K_v	>0.75	0.75~0.55	0.55~0.35	0.35~0.15	<0.15

岩体体积节理数 J_v(条/m³),应针对不同的工程地质岩组或岩性段,选择有代表性的露头或开挖壁面进行节理(结构面)统计。除成组节理外,对延伸长度大于1m的分散节理亦应予以统计。已为硅质、铁质、钙质充填再胶结的节理不予统计。

每一测点的统计面积不应小于2m×5m。岩体 J_v 值应根据节理统计结果,按下式计算:

$$J_v = S_1 + S_2 + \cdots + S_n + S_k \tag{2-3}$$

式中:S_i——第 i 组节理每米长测线上的条数($i = 1, 2, 3, \cdots, n, k$);

S_k——每立方米岩体非成组节理条数(条/m³)。

K_v 与定性划分的岩体完整程度的对应关系,可按表2-7确定。

表2-7

K_v 与定性划分的岩体完整程度的对应关系

K_v	>0.75	0.75~0.55	0.55~0.35	0.35~0.15	<0.15
完整程度	完整	较完整	较破碎	破碎	极破碎

(5)岩体基本质量分级。

岩体基本质量分级是各类型工程岩体定级的基础,应将岩体基本质量的定性特征与基本质量指标(BQ)两者相结合,按表2-8确定。

表2-8

岩体基本质量分级

岩体基本质量级别	岩体基本质量的定性特征	岩体基本质量指标(BQ)
I	坚硬岩,岩体完整	>550
II	(1)坚硬岩,岩体较完整; (2)较坚硬岩,岩体完整	550~451
III	(1)坚硬岩,岩体较破碎; (2)较坚硬岩,岩体较完整; (3)较软岩,岩体完整	450~351
IV	(1)坚硬岩,岩体破碎; (2)较坚硬岩,岩体较破碎~破碎; (3)较软岩,岩体较完整~较破碎; (4)软岩,岩体完整~较完整	350~251
V	(1)较软岩,岩体破碎; (2)软岩,岩体较破碎~破碎; (3)全部极软岩及全部极破碎岩	≤250

BQ应根据分级因素的定量指标 R_c 的兆帕数值和 K_v,按下式计算:

$$BQ = 100 + 3R_c + 250K_v \tag{2-4}$$

式(2-4)的限制条件为：

①当 $R_c > 90 K_v + 30$ 时，应以 $R_c = 90 K_v + 30$ 和 K_v 代入计算 BQ 值；

②当 $K_v > 0.04 R_c + 0.4$ 时，应以 $K_v = 0.04 R_c + 0.4$ 和 R_c 代入计算 BQ 值。

（6）地下工程岩体基本质量指标的修正。

岩体基本质量是对工程岩体的初步定级，它可以用于可行性研究和初步设计，也可以用于小型工程或不太重要的工程。当隧道围岩遇地下水、软弱结构面及高初始应力时，应对岩体基本质量指标 BQ 进行修正。岩体基本质量指标修正值 [BQ] 可按下式计算：

$$[BQ] = BQ - 100(K_1 + K_2 + K_3) \tag{2-5}$$

式中：$[BQ]$——岩体基本质量指标修正值；

BQ——岩体基本质量指标；

K_1——地下水影响修正系数；

K_2——主要软弱结构面产状影响修正系数；

K_3——初始应力状态影响修正系数。

K_1、K_2、K_3 值可分别按表 2-9 ~ 表 2-11 确定，无表中所列情况时，修正系数取 0。

地下水影响修正系数 K_1 表 2-9

地下水出水状态	BQ				
	> 550	550 ~ 451	450 ~ 351	350 ~ 251	≤ 250
潮湿或点滴状出水，$p \leq 0.1$ 或 $Q \leq 25$	0	0	0 ~ 0.1	0.2 ~ 0.3	0.4 ~ 0.6
淋雨状或涌流状出水，$0.1 < p \leq 0.5$ 或 $25 < Q \leq 125$	0 ~ 0.1	0.1 ~ 0.2	0.2 ~ 0.3	0.4 ~ 0.6	0.7 ~ 0.9
淋雨状或涌流状出水，$p > 0.5$ 或 $Q > 125$	0.1 ~ 0.2	0.2 ~ 0.3	0.4 ~ 0.6	0.7 ~ 0.9	1.0

注：1. p 为地下工程围岩裂隙水压（MPa）；

    2. Q 为每 10m 洞长出水量 [L/(min·10m)]。

主要软弱结构面产状影响修正系数 K_2 表 2-10

结构面产状及其与洞轴线的组合关系	结构面走向与洞轴线夹角 < 30°，结构面倾角 30° ~ 75°	结构面走向与洞轴线夹角 > 60°，结构面倾角 > 75°	其他组合
K_2	0.4 ~ 0.6	0 ~ 0.2	0.2 ~ 0.4

初始应力状态影响修正系数 K_3 表 2-11

初始应力状态	BQ				
	> 550	550 ~ 451	450 ~ 351	350 ~ 251	≤ 250
极高应力区	1.0	1.0	1.0 ~ 1.5	1.0 ~ 1.5	1.0
高应力区	0.5	0.5	0.5	0.5 ~ 1.0	0.5 ~ 1.0

注：初始应力状态根据表 2-12 判断。

高初始应力地区围岩在开挖过程中出现的主要现象   表 2-12

应力情况	主要现象	R_c / σ_{max}
极高应力	（1）硬质岩：开挖过程中有岩爆发生，有岩块弹出，洞壁岩体发生剥离，新生裂缝多，成洞性差； （2）软质岩：岩芯常有饼化现象，开挖过程中洞壁岩体有剥离，位移极为显著，甚至发生大位移，持续时间长，不易成洞	< 4

应力情况	主 要 现 象	R_c/σ_{max}
高应力	(1)硬质岩:开挖过程中可能出现岩爆,洞壁岩体有剥离和掉块现象,新生裂缝较多,成洞性差; (2)软质岩:岩芯时有饼化现象,开挖过程中洞壁岩体位移显著,持续时间较长,成洞性差	4~7

注:σ_{max}为垂直洞轴线方向的最大初始应力。

2.2.3 公路隧道围岩分级

公路隧道围岩分级的原则、步骤和办法均按《工程岩体分级标准》(GB/T 50218—2014)进行。考虑到公路隧道遇到软岩的情况较多,在具体的级别划分上有以下特点,见表2-13。

公路隧道围岩级别划分　　　　　　　表2-13

围岩级别	围岩岩体或土体主要定性特征	岩体基本质量指标 BQ 或岩体修正质量指标［BQ］
Ⅰ	坚硬岩,岩体完整	>550
Ⅱ	(1)坚硬岩,岩体较完整; (2)较坚硬岩,岩体完整	550~451
Ⅲ	(1)坚硬岩,岩体较破碎; (2)较坚硬岩,岩体较完整; (3)较软岩,岩体完整,整体状或巨厚层状结构	450~351
Ⅳ	(1)坚硬岩,岩体破碎; (2)较坚硬岩,岩体较破碎~破碎; (3)较软岩,岩体较完整~较破碎; (4)软岩,岩体完整~较完整	350~251
Ⅳ	土体:(1)压密或成岩作用的黏性土及砂性土; (2)黄土(Q_1、Q_2); (3)一般钙质、铁质胶结的碎石土、卵石土、大块石土	350~251
Ⅴ	(1)较软岩,岩体破碎; (2)软岩,岩体较破碎~破碎; (3)全部极软岩和全部极破碎岩	≤250
Ⅴ	一般第四系的半干硬至硬塑的黏性土及稍湿至潮湿的碎石土、卵石土、圆砾、角砾土及黄土(Q_3、Q_4)。非黏性土呈松散结构,黏性土及黄土呈松软结构	—
Ⅵ	软塑状黏性土及潮湿、饱和粉细砂层、软土等	—

注:本表不适用于特殊条件的围岩分级,如膨胀性围岩、多年冻土等。

(1)在原Ⅴ级的基础上,增加了第Ⅵ级"软塑状黏性土及潮湿、饱和粉细砂层、软土等"。

(2)在原第Ⅴ级中,增加了"一般第四系的半干硬至硬塑的黏性土及稍湿至潮湿的碎石土、卵石土、圆砾、角砾土及黄土(Q_3、Q_4)。非黏性土呈松散结构,黏性土及黄土呈松软结构"。

（3）在原第Ⅳ级中，增加了"压密或成岩作用的黏性土及砂性土；黄土（Q_1、Q_2）；一般钙质、铁质胶结的碎石土、卵石土、大块石土"。

（4）新增加的部分，目前还没有对应的围岩质量指标（BQ）或修正指标（[BQ]），只能采用定性的方法去划分级别。

（5）各级围岩的物理力学参数及结构面抗剪强度，应通过室内或现场试验获取。如无实测数据时，可按表 2-14 和表 2-15 选取。

各级岩质围岩物理力学参数　　　　　　　　　表 2-14

围岩级别	重度 γ（kN/m³）	弹性抗力系数 k（MPa/m）	变形模量 E（GPa）	泊松比 μ	内摩擦角 φ（°）	黏聚力 c（MPa）	计算摩擦角 φ_c（°）
Ⅰ	>26.5	1800～2800	>33	<0.2	>60	>2.1	>78
Ⅱ		1200～1800	20～33	0.2～0.25	50～60	1.5～2.1	70～78
Ⅲ	26.5～24.5	500～1200	6～20	0.25～0.3	39～50	0.7～1.5	60～70
Ⅳ	24.5～22.5	200～500	1.3～6	0.3～0.35	27～39	0.2～0.7	50～60
Ⅴ	17～22.5	100～200	<1.3	0.35～0.45	20～27	0.05～0.2	40～50
Ⅵ	15～17	<100	<1	0.4～0.5	<20	<0.2	30～40

注：1. 本表数值不包括黄土地层。

　　2. 选用计算摩擦角时，不再计内摩擦角和黏聚力。

岩体结构面抗剪断峰值强度参数　　　　　　　　　表 2-15

序号	两侧岩体的坚硬程度及结构面的结合程度	内摩擦角 φ（°）	黏聚力 c(MPa)
1	坚硬岩、结合好	>37	>0.22
2	（1）坚硬～较坚硬岩，结合一般； （2）较软岩，结合好	37～29	0.22～0.12
3	（1）坚硬～较坚硬岩，结合差； （2）较软岩～软岩，结合一般	29～19	0.12～0.08
4	（1）较坚硬～较软岩，结合差～很差； （2）软岩，结合差；软质岩的泥化面	19～13	0.08～0.05
5	（1）较坚硬岩及全部软质岩，结合很差； （2）软质岩泥化层本身	<13	<0.05

（6）各级围岩的自稳能力，可根据围岩变形量测和理论计算分析评定，也可按表 2-16 作出大致的判定。

隧道各级围岩自稳能力判断　　　　　　　　　表 2-16

围岩级别	自稳能力
Ⅰ	跨度≤20m，可长期稳定，偶有掉块，无塌方
Ⅱ	（1）跨度 10～20m，可基本稳定，局部可发生掉块或小塌方； （2）跨度 <10m，可长期稳定，偶有掉块
Ⅲ	（1）跨度 10～20m，可稳定数日至 1 个月，可发生小～中塌方； （2）跨度 5～10m，可稳定数月，可发生局部块体位移及小～中塌方； （3）跨度 <5m，可基本稳定

围岩级别	自稳能力
IV	(1)跨度>5m,一般无自稳能力,数日至数月内可发生松动变形、小塌方、进而发展为中~大塌方;埋深小时,以拱部松动破坏为主;埋深大时,有明显塑性流动变形和挤压破坏; (2)跨度≤5m,可稳定数日至1个月
V	无自稳能力,跨度5m或更小时,可稳定数日
VI	无自稳能力

注:1. 小塌方:塌方高度<3m,或塌方体积<30m³。

　　2. 中塌方:塌方高度3~6m,或塌方体积30~100m³。

　　3. 大塌方:塌方高度>6m,或塌方体积>100m³。

❓ 思 考 题

1. 简述隧道调查中文献资料的收集包括哪些方面的内容。

2. 简述隧道地形地质调查及勘察内容。

3. 简述隧道工程环境和气象调查主要包括哪些内容。

4. 隧道围岩和隧道围岩分级的含义是什么?

5. 岩体基本质量分级如何确定?

6. 简述我国公路隧道围岩分级的方法。

3 隧道总体设计

3.1 概　述

公路隧道既是道路构造物又是地下工程,因此,隧道总体设计不仅要满足公路自身的功能要求,还要着重研究隧道使用者在特定环境下影响行车安全的各种复杂因素。隧道总体设计的内容涵盖了公路自身的功能要素和地下岩土工程的各种特性,设计也是对这些要素和特性进行综合分析,使其系统化、规范化和有机化的过程,最终使建造的公路隧道既能满足公路自身功能要求,又能与环境相协调且造价合理。

隧道从规划到建成,往往需要很长的过程,其主要阶段有工程可行性研究阶段、初步(技术)设计阶段、施工图设计阶段、招投标阶段和施工阶段等。其中,工程可行性研究阶段、初步(技术)设计阶段、施工图设计阶段的隧道总体设计工作重点有所不同。

3.2　隧道位置选择

山区公路线形设计根据地形条件有绕行方案、路堑方案和隧道方案等。与前两种方案相比,隧道方案能使线路平缓顺直、病害少、维修简单,可以缩短线路、节省运输时间,还能最大限度减少道路修建对自然植被的破坏。隧道位置选择应遵循以下原则:

(1)隧道位置应满足公路功能和发展的需要,符合路线总体要求。在地形、地貌、地质、气象、社会和人文环境等调查的基础上,综合比选隧道各轴线方案的走向、平纵线形、洞口位置、洞外接线条件等,提出推荐方案。

(2)根据公路等级和设计速度确定建筑限界,在满足隧道功能和结构受力要求的前提下,确定经济合理的隧道内轮廓。隧道洞内外平、纵线形应协调顺畅,满足行车安全和舒适要求。

(3)根据隧道长度、平面布置、交通量及其组成、环境保护和安全运营要求等,选择合理的通风方式,确定通风、照明、交通监控、防灾救援等设施的设置规模。

(4)应结合公路等级、隧道长度、施工方法、工期和运营要求,对隧道内外防排水系统、辅助通道、弃渣处理、交通工程设施、管理设施、环境保护等进行综合设计。

(5)应考虑隧道与相邻既有建筑物和规划建筑物的相互影响。

(6)隧道总体设计应考虑节能降耗、方便维修和养护。

隧道位置选择包括洞身位置和洞口位置选择两项,主要以地形、地质为主等进行综合考虑,宜首先排除显著不良地质地段,按地形条件拟定隧道及接线方案,再进行深入的地质调查,综合各方面因素,选定隧道位置。

3.2.1 不同地形条件下隧道位置的选择

山区公路一般顺山沿河布设,必要时需横穿山岭。横穿山岭展线往往需要设置越岭隧道,顺山沿河展线往往需要设置沿河、傍山隧道。

1)越岭隧道

当线路从一个水系进入另一个水系时,要翻越其间的分水岭。此类位置一般山峦起伏,地形、地质复杂,自然条件变化大。在越岭线的选线中,应以路线纵断面为主导,结合水文和地质情况处理好垭口选择、越岭高程和垭口两侧路线展线三者之间的关系。

山区高等级公路的越岭路线,应根据地形及工程地质的情况,从缩短里程、提高线形指标、避让严重不良地质、减轻或消除高山严重积雪结冰对公路的不良影响和结合施工条件及施工期限等方面考虑,对越岭隧道方案和越岭展线爬坡方案进行详细的技术、经济比较。

垭口的选定是越岭隧道方案的重要控制点。一般以路线顺直、隧道长度最短的垭口作为越岭隧道方案比选的基础,同时应仔细分析垭口的工程地质和水文地质情况,避免隧道从严重不良地段通过。

越岭高程是确定越岭隧道建设规模的主要控制因素。隧道高程主要应考虑以下因素:

(1)道路等级。道路等级越高,路线平纵面指标越高,隧道高程越低,隧道越长,工程造价越高,工期越长。

(2)地质和水文地质条件。要尽可能把隧道设置在较好的地层中。

(3)冻结深度和积雪深度。隧道高程应设在常年冻结线和常年积雪线以下,以保证施工和行车安全。

(4)后期运营费用。长大隧道的通风、照明费用较高,隧道长度要考虑运营阶段的管养费用。

(5)远期规划。低等级公路上的隧道,要适当考虑远景发展,在不过多增加工程造价的情况下,尽可能把隧道高程降低一些,进出口线形标准适当提高一些,为今后道路的改扩建留有余地。

2)沿河、傍山隧道

山区道路,通常沿河傍山而行,该地段的地形、地质构造一般较复杂,河床狭窄、弯曲,经过常年的河水侵蚀和风化作用,地势往往变得陡峻,布线较为困难,技术指标也较低,路基工程的稳定性难以保证。为改善线形、提高车速、缩短里程,常需修建傍山隧道(又称河谷线隧道)。这种隧道一般埋深较浅,地质条件复杂,常有山体崩塌、错落、岩堆、滑坡、泥石流、河岸冲刷等不良地质现象发生。路线沿河傍山,存在道路绕行、明挖路堑或修筑填土路基困难的问题,常采用隧道群或桥隧群解决。在选择傍山隧道位置时,如果靠河一侧设置,则隧道的长度短,但埋深浅、洞壁过薄、存在偏压作用。因此,应尽量将隧道向山侧内移,以保证隧道有足够的覆盖层厚度,避免河流冲刷和不良地质对隧道稳定性的不利影响。在河道窄、冲刷力强的地段,还应注意水流冲刷对山体和洞身稳定性的影响,必要时应设置护坡、支挡结构。如果桥隧相连,应预先考虑施工中的相互干扰及洞口边坡的稳定问题。沿河傍山路线,究竟采用长大隧道、短隧道群或桥隧群中的哪种方案,应进行技术经济比较。

3.2.2　不同地质条件下隧道位置选择

隧道位置应选择在地质构造简单、岩性较好的稳定地层中,避免穿越工程地质和水文地质极为复杂以及严重不良地质地段。当绕避有困难必须通过时,应采取切实可靠的工程技术措施。

1）单斜地质构造隧道位置的选择

隧道穿过水平或缓倾角岩层时,宜选择坚硬不透水的厚岩层作为顶板,以防止在薄岩层施工时顶部产生掉块现象。

陡倾角岩层一般有偏压存在,当有软弱夹层或有害节理时,易产生坍塌和顺层滑动。隧道开挖造成临空后,洞壁如有两组以上的结构软弱面或节理裂隙为有害组合时,易引起较大的偏压或顺层滑动,因此隧道位置应布置于岩性较好的单一岩层中。

隧道穿过直立岩层时,隧道轴线宜垂直于岩层的走向穿过。当隧道轴线不可避免与岩层走向平行时,应避免穿过软弱夹层和不同岩层接触地带。

2）褶皱地质构造隧道位置的选择

隧道通过褶皱构造时,应尽量避免将隧道置于向斜或背斜的轴部,而是将隧道位置调整至翼部。当对隧道通过隧道向斜和背斜轴部进行比较时,背斜略好于向斜;若向斜处于含水层中,洞身开挖所出现涌水和坍塌的程度将比背斜严重。

3）断裂、接触带构造隧道位置的选择

断裂构造及不同岩层的接触带,其裂隙发育,地下水也较多,当隧道开挖时易发生坍塌涌水。因此,隧道穿过断裂及其接触带时,应尽量使隧道轴线以大角度通过,并避开其中严重的破碎地段。

4）地下水发育地段隧道位置的选择

地下水发育地段,隧道宜选择从地形有利、地下水少、岩性较好、透水性弱的地层中通过。

5）不良地质地段隧道位置选择

隧道洞身应尽量避免从滑坡、错落体内通过;当隧道必须通过时,应使洞身埋置在错落体或滑动面以下一定厚度的稳固地层中。

当陡岸斜坡严重张裂不稳或者山坡有严重崩塌时,隧道位置宜向里靠,将隧道洞身置于稳固地层中;如隧道向里靠较困难时,应选择从其范围最小且相对稳定的地段通过,并提出保证施工和洞身安全的有效措施。当崩塌地段短,崩落石块小,情况不严重时,可考虑采用明洞方案或路堑开挖方案,并将明洞方案与路堑开挖方案路基保护工程进行综合比较。

路线经过岩堆地段,若经查明岩堆紧密、稳定,可以修建隧道,但应避免将隧道洞身置于岩堆与基岩接触面处。如为不稳定的岩堆,隧道应内移置于基岩中,并留有足够的安全厚度。

隧道穿过泥石流沟床下部时,应使洞身置于基岩中或稳定的地层内,并保证拱顶以上有一定的安全覆盖厚度。采用明洞方案时,明洞基础应置于基岩或牢固可靠的地基上;明洞洞顶回填应考虑河床下切和上涨以及相互转化的不利情况,并保证不小于 $0.5m$ 的安全覆盖厚度。

隧道通过岩溶地区时,宜选择在难溶岩地段和地下水不发育地带,力求避免穿越岩溶严重发育的地下溶蚀大厅、溶洞群及地质构造破碎带地段,并尽量避开易溶岩和难溶岩的接触带。

不能避开时,宜选择在较狭窄、影响范围最小的地段,垂直或大角度穿过。

隧道一般应避开流沙地段。无法避开时,应选择其范围最小且相对稳定的地段以短距离通过,并提出合理可行的工程处理措施,确保隧道施工和洞身安全。

3.2.3 隧道洞口位置选择

隧道洞口设计应遵循"早进洞、晚出洞"的原则,洞口不得大挖大刷,避免在洞口形成高边坡和高仰坡,防止滑坡、崩坍、危岩落石等不良地质危害,减少对原有地表形态的破坏,保护自然环境。隧道洞口位置选择不当,会破坏山体稳定、诱发地质灾害、阻碍开挖进洞,严重时可能威胁施工安全,危及长期运营安全,对环境造成破坏。因此,洞口位置应根据地形、地质条件,洞外相关工程及施工条件,结合环境保护、运营等要求,通过经济、技术比较确定。

隧道洞口应选择在山体稳定、地质条件较好、地下水不太丰富及排水有利处,不宜设在滑坡、崩塌、岩堆、危岩落石、泥石流等不良地质地段,以及排水困难的沟谷低洼处和不稳定的悬崖陡壁下。

隧道洞口的边坡及仰坡必须保证稳定。有条件时,应贴壁进洞;受条件限制时,边坡和仰坡均不宜开挖过高,不使山体开挖太甚,也不使新开出的暴露面太大。

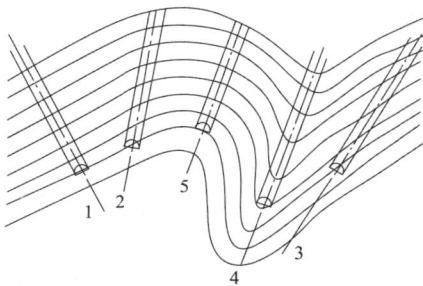

图 3-1 隧道洞口与地形关系示意图
1-坡面正交型;2-坡面斜交型;3-坡面极端斜交型;4-山脊突出部进入型;5-沟谷部进入型

从地形上看,隧道洞口位置有下列形式(图 3-1):

(1)坡面正交型。隧道洞口轴线与地形等高线正交,是最理想形式。

(2)坡面斜交型。隧道洞口轴线与地形等高线斜交,边坡斜面与洞门斜交,往往存在偏压,洞门形式要考虑可能存在的偏压影响。

(3)坡面平行型。隧道洞口轴线与地形等高线近平行,是一种较为极端的斜交情况,隧道洞口段在较长区段的外侧覆盖层较薄,偏压问题突出。当出现这种情况时,必须考虑偏压影响。

(4)山脊突出部进入型。山脊突出部分一般是稳定的,但要注意两侧冲沟洪水汇集对隧道洞口的影响。

(5)沟谷部进入型。存在岩堆等不稳定堆积层,地下水位较高,可能存在洪水、泥石流、积雪等自然灾害威胁。

隧道洞口轴线宜与地形等高线垂直或接近垂直,如不能满足要求时,应尽量以大角度斜交进洞,避免与等高线平行进洞。

位于悬岩陡壁下的洞口,一般不宜切削原山坡。当坡面及岩顶稳定,无落石或坍塌可能时,可贴壁进洞(图 3-2)。要避免在不稳定的悬岩陡壁下进洞,否则应延伸洞口接长明洞,其长度宜延伸到塌落可能影响范围以外 3 ~ 5m,或采取其他措施,保证运营安全,如图 3-3 所示。

缓坡地段进洞时,应结合隧道进洞条件、洞外路堑设置条件、边仰坡防护、排水、施工和占用耕地等因素,综合分析确定。对缓坡地段的隧道洞口,位置确定比较灵活,采用较长的路堑,造价低、占地较多,洞口形成较长路堑;采用较长隧道时(一般是明洞延长),提早进洞,造价高、占地较少(明洞顶可回填还耕和种植树木)。对连拱隧道、小净距隧道,采用较长路堑较好;对分离式双洞隧道或单洞隧道,采用较长隧道较好。

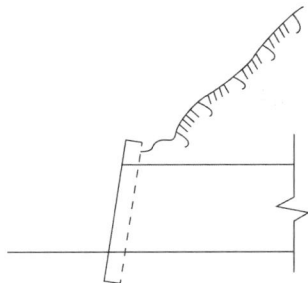

图 3-2 陡壁贴壁进洞洞口纵断面示意图   图 3-3 陡壁下接长明洞示意图

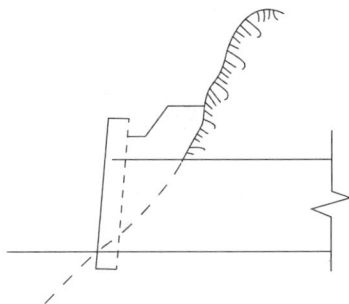

  跨沟或沿沟进洞时,应考虑水文情况,结合防护工程、防排水工程,综合分析确定。洞
口不宜设在沟谷低洼汇水处,如图 3-4 中的 A 线。沟谷低洼
处工程地质条件差,常会遇到断层带或褶曲带、古塌方、冲积
土等松散地质,地下水比较丰富,对施工及运营养护管理都
不利。所以洞口最好放在沟谷一侧,让出沟心,留出泄水的
通路,如图 3-4 中的 B 线。如果隧道附近有河流、湖泊、溪水
等水源时,洞口高程应在洪水位安全线以上,以防洪水倒灌
入隧道。

  傍山隧道洞口靠山侧边坡较高时,常有塌方和落石等病
害发生,隧道宜提早进洞或加接明洞(或棚洞)。对洞外路堑
和洞口浅埋段自然坡体的稳定性要认真调查、分析论证,必要
时可采取相应的加固措施。

图 3-4 沟谷低洼附近洞口
平面位置示意图

  濒临水库、沿河、沿溪的隧道,其洞口路肩设计高程应高出计算洪水位(含浪高和壅水高)
不小于 0.5m。长期浸泡造成岸坡坍塌对隧道稳定性有不利影响时,应采取相应的工程措施。
隧道设计洪水位频率标准可按表 3-1 取值;当观测洪水位高于频率标准洪水位值时,应按观测
洪水位设计。

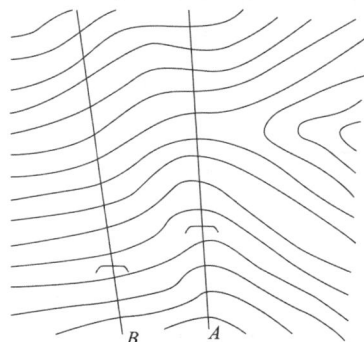

隧道设计水位的洪水频率标准   表 3-1

隧道类别	公路等级			
	高速公路、一级公路	二级公路	三级公路	四级公路
特长隧道	1/100	1/100	1/50	1/50
长隧道	1/100	1/50	1/50	1/25
中、短隧道	1/100	1/50	1/25	1/25

  确定洞口位置时,还必须考虑施工场地的布置情况。隧道洞口多在山地沟谷之中,
地势狭窄,而施工有许多工序是在洞外进行的,需要一定的场地。尤其是随着隧道施工
的不断向前延伸,开挖的岩土渣源源不断地往外堆积,洞外就更显得狭小。对于长大隧
道,应综合考虑洞门附近施工场地、弃渣场以及施工便道等布置对组织施工和工程进度
的影响。

  洞口附近有地面建筑物及地下埋设物时,应考虑提前进洞,尽可能减少附近地面建筑物、

地下埋设物与隧道的相互影响,必要时采取防范措施。当洞口附近有居民点时,还应预先考虑施工爆破、噪声、水质污染对环境的影响,切实做好相应的工程措施。另外,设计施工时应考虑尽量少破坏天然植被,以便最大限度地保护自然景观。

3.3　隧道线形设计

3.3.1　隧道平面线形设计

隧道平面是指隧道中心线在水平面上的投影。隧道平面线形设计应综合考虑地质、地形、路线走向、通风等因素。设曲线时,不宜采用设超高和加宽的圆曲线。隧道不设超高的圆曲线最小半径应符合表3-2的规定。隧道平面线形需采用设超高的圆曲线时,其超高值不宜大于4%。当设计速度为20km/h时,圆曲线半径不宜小于250m。隧道内每条车道的视距均应符合《公路路线设计规范》(JTG D20)的视距要求。

隧道不设超高的圆曲线最小半径(单位:m)　　　　　　　　　　表3-2

路　拱	设计速度(km/h)					
	120	100	80	60	40	30
≤2.0%	5500	4000	2500	1500	600	350
>2.0%	7500	5250	3350	1900	800	450

3.3.2　隧道纵面线形设计

隧道纵面是指隧道中心线展开后在垂直面上的投影。隧道内纵断面线形应考虑行车安全、运营通风规模、施工作业和排水要求确定。

隧道内纵坡最小值,应以隧道建成后洞内水能自然排泄为原则,又考虑到隧道施工误差,要求不小于0.3%;对于长隧道、特长隧道,隧道内排水距离长排水量相对较大,以不小于0.5%较好。

隧道纵坡的最大值,考虑到施工中出渣或材料运输的作业效率、运营期间车辆行驶的安全性和舒适性以及通风等要求,一般情况下不应大于3%。但是,近年来,山区公路建设中,由于受地形限制,隧道纵坡如果强制要求不大于3%,展线会变得非常困难,也会延长路线长度。因此《公路隧道设计规范　第一册　土建工程》(JTG 3370.1)也规定,高速公路、一级公路的中、短隧道,受地形条件等限制时,经技术经济论证、交通安全评价后,隧道最大纵坡可适当加大,但不宜大于4%,并且需增加运营安全措施,包括设置警示标志、限速标志、减速带,改善路面防滑条件,上坡隧道增加车道数等。短于100m的隧道纵坡可与该公路隧道外路线的纵坡要求相同。

隧道纵坡形式,宜采用单向坡,地下水发育的特长隧道、长隧道可采用双向坡。从行车舒适性和运营通风效率来看,采用单向坡较好,但是施工会出现逆坡排水问题。如果采用双向坡,隧道内纵坡变化处应设置大半径竖曲线平缓过渡,以保证驾驶员有足够的视线,其纵坡变更处竖曲线(包括凸形和凹形)的最小半径和最小长度应符合表3-3的规定。

竖曲线最小半径和最小长度(单位:m)   表3-3

设计速度(km/h)	120	100	80	60	40	30	20
凸形竖曲线最小半径	17000	10000	4500	2000	700	400	200
凹形竖曲线最小半径	6000	4500	3000	1500	700	400	200
竖曲线最小长度	100	85	70	50	35	25	20

3.3.3　隧道洞口线形设计

为了保证进出洞的视觉和心理适应以及行车安全,在进行隧道总体设计时,必须在隧道洞口处设置隧道洞外连接线,并且其线形应与隧道线形相协调。隧道洞口线形设计主要包括隧道与洞外接线的平面线形设计、隧道与洞外接线的纵面线形设计、隧道与洞外接线的横断面过渡设计和连续隧道线形设计。

1)隧道与洞外接线的平面线形设计

隧道洞外接线应与隧道内线形相协调,隧道洞口内外侧各3s设计速度行程长度范围的平面线形应一致。缓和曲线内曲率不断变化,驾驶员需不断调整转向盘来保持车辆的正常行驶,不宜视为线形一致。

但在下列两种情况下,洞内外平曲线可采用缓和曲线或缓和曲线与圆曲线组合线形,但应在洞口内外线形诱导和光过渡等方面采取措施,以保证行车安全:

(1)路线平纵面线形指标较高(平曲线半径大于规范规定的一般平曲线半径最小值的2倍,纵面最大坡度小于2%),行车视距大于停车视距规定值2倍以上,且调整后工程规模增加较大时;

(2)连续隧道之间每个洞口线形均采用理想线形有困难,在平面指标较高,处于上坡进洞,且行车视距满足要求时。

2)隧道与洞外接线的纵面线形设计

隧道洞口内外侧各3s设计速度行程长度范围的纵面线形应一致,有条件宜取5s设计速度行程。竖曲线内由于纵坡不断变化,且视距受到限制,因此也不宜视为线形一致。隧道是一个较小的封闭洞室,凸形竖曲线上的车辆在接近变坡点时,由于前方的视距较小,通过变坡后迅速进洞,故影响行车安全;对于凹形竖曲线,由于洞室内设备的遮挡,驾驶员行驶时距离路面有一定高度,对行车视距影响较大,因而行车速度往往降得很低,并影响洞口安全。

隧道洞口的纵坡,宜设置一定长度的直坡段,以使驾驶员有较好的行车视距。当条件困难不能满足上述要求时,应采用较大的竖曲线半径,特别是当隧道设计速度大于或等于60km/h时,隧道洞口竖曲线半径应符合表3-4的规定。

隧道洞口竖曲线最小半径(单位:m)   表3-4

设计速度(km/h)	120	100	80	60
凸形竖曲线最小半径	20000	16000	12000	9000
凹形竖曲线最小半径	12000	10000	8000	6000

3)隧道与洞外接线的横断面过渡设计

隧道进出口处,隧道与洞口连接线的横断面(路基或桥梁横断面)存在突变,亮度差别比较大,根据对高速公路隧道运营状况的调查,隧道进出口为事故多发段,洞口端墙被撞的概率较大。

当隧道洞门内外宽度变化较大时,隧道洞口外相接路段应设置距洞口不小于3s设计速度行程长度且不小于50m的过渡段,在满足车道行驶轨迹的条件下,保持横断面的顺适过渡。

4)连续隧道线形设计

在山区公路建设中,遇到一些两座隧道洞口之间的里程距离不足100m的连续隧道;对于这种情况,可将其视为两座隧道连在一起的隧道,其平、纵线形技术指标按一座隧道考虑。

3.4　隧道设置形式

高等级公路隧道一般有四种设置形式:分离式隧道、小净距隧道、连拱隧道和分岔隧道。隧道设置形式的选择应综合考虑地质、地形、结构安全、施工条件、环境保护等因素。《公路隧道设计规范　第一册　土建工程》(JTG 3370.1—2018)规定,高速公路、一级公路隧道应设计为上、下行分向行驶的双洞隧道,双洞隧道宜按分离式隧道布置。下列情况可按其他形式布置:洞口地形狭窄、桥隧相连、连续隧道群、周边建筑物限制或为减少洞外占地的短隧道、中隧道,可按小净距隧道布置;洞口地形狭窄、周边建筑物限制展线特别困难的短隧道,可按连拱隧道布置;桥隧相连、洞口地形狭窄或有特殊要求的长隧道、特长隧道的洞口局部地段,可按分岔隧道布置。

3.4.1　分离式隧道

分离式隧道两洞室净距较大,在设计施工过程中基本可以不考虑两洞室之间的相互影响,是一种上下行分离的独立双洞隧道,如图3-5所示。

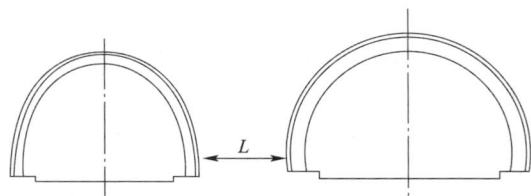

图3-5　分离式隧道示意图
注:L不小于规范规定的最小净距。

分离式隧道结构设计简单,两洞施工相互干扰小,施工速度快,造价低,但分离式隧道两端分离式路基较长,往往占地较大。分离式隧道一般用于长大隧道,要求进出口地形条件较开阔。

分离式隧道间的净距是指两隧道间未开挖岩体的厚度。分离式隧道净距过大,会造成洞外路线占地增加;洞外地形狭窄地段将会产生大量人工边坡;对设有横通道的隧道也将增加横通道长度,造成投资增加、管理不便。分离式隧道净距过小,形成小净距隧道,将对两洞间的结构和施工产生一定的影响,减缓施工进度,同时增加一些投资。因此,分离式隧道间的净距,宜按两洞结构彼此不产生有害影响的原则,并应结合隧道洞口接线、围岩地质条件、断面形状和尺寸、结构设计、施工方法、工期要求等因素综合确定。进入21世纪以来,我国高速公路两平行隧道间的距离越来越靠近,两车道隧道两洞之间的距离为8~20m的情况也经常出现,围岩条件也多有Ⅳ、Ⅴ级的情况,虽然两洞之间围岩应力影响区域有交叉,相互存在一定影响,但这种影响是有限的,也是可控的,只是在施工开挖和支护顺序上加以适当限制,实际也多按分离式隧道考虑。因此,分离式隧道两洞间净距宜取0.8~2.0倍开挖宽度,围岩条件总体较好时取较小值,围岩条件总体较差时取较大值。两洞跨度不同时,以较大跨度控制。

3.4.2 小净距隧道

小净距隧道是指并行的两隧道间净距较小,两洞结构彼此产生有害影响的隧道。小净距隧道在设计施工过程中必须考虑两洞室之间的相互影响,特别是当地质条件较差时,处理较复杂。在同等地质条件下,小净距隧道造价稍高,施工速度稍慢,但占地较少。一般情况下不采用,只是在洞口地形狭窄、路线布设困难或为减少洞口占地的短隧道、中隧道中采用。在桥隧相连的长隧道和特长隧道的洞口局部地段,也可采用小净距隧道。

3.4.3 连拱隧道

并行的两拱形隧道之间无中夹岩柱、隧道的人工结构连接在一起时,称为连拱隧道。连拱隧道中墙按中墙结构形式的不同,分为整体式中墙和复合式中墙。整体式中墙结构形式如图3-6所示,中墙整体浇筑,两侧隧道二次衬砌拱圈支撑在中墙上。复合式中墙结构形式如图3-7所示,中墙实际分为3部分,中间部分为芯墙,对中导洞形成支撑,并作为两侧隧道初期支护的支撑,中墙两侧混凝土与隧道拱墙二次衬砌一起浇筑,与单洞隧道相同。根据近年来连拱隧道的工程实践,连拱隧道还有很多问题没有得到很好的解决。由于其造价高、工期长、建成后病害多且不易治理,故一般不采用。在一些特殊地段,如地形狭窄、布线困难或隧道进出口受大型构造物、建筑物限制等地段,才考虑采用连拱隧道,并且主要适用于短隧道。

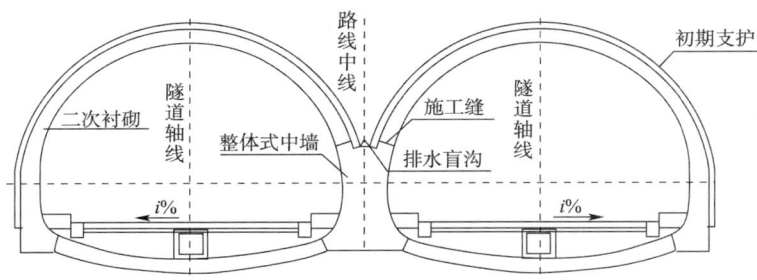

图 3-6 整体式中墙连拱隧道

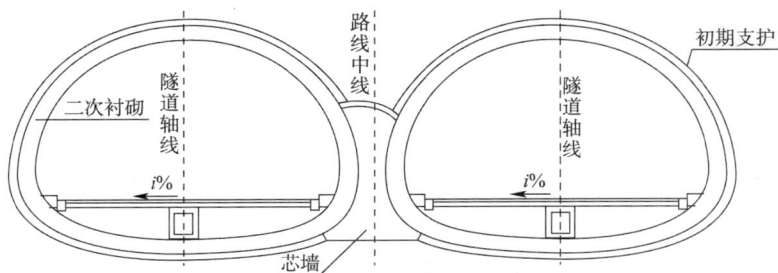

图 3-7 复合式中墙连拱隧道

3.4.4 分岔隧道

分岔隧道是目前在更为复杂地形地质条件下修建山区高速公路过程中提出的一种新的隧道建造形式,它由双向行驶的大跨隧道或连拱隧道由小净距隧道逐渐过渡到分离式双洞隧道,同时具备分离式隧道、小净距隧道、连拱隧道以及大跨隧道等多种结构形式的特点。

分岔隧道根据其分岔段的布置方式可分为两种:①洞口段先为双向行驶的大跨隧道,

然后逐渐过渡为整体式中隔墙连拱隧道、复合式中墙连拱隧道、小净距隧道、分离式双洞隧道(图 3-8)。隧道洞口中央分隔带宽度小于 1.4m 时,洞口段宜设为大跨隧道;洞口中央分隔带宽度为 1.4~3.5m 时,可将洞口段设为大跨隧道,也可设为整体式中墙连拱隧道。②洞口段先为连拱隧道,然后逐渐过渡到小净距隧道、分离式双洞隧道(图 3-9)。隧道洞口中央分隔带宽度在 2.5m 左右时,可考虑这种布置方式。隧道洞口中央分隔带宽度大于 4.0m 时,洞口段可采用小净距隧道进洞,然后逐渐过渡到分离式双洞隧道。分岔隧道大拱衬砌断面跨度较大,各种类型断面过渡施工复杂。在相同的地形与地质条件下,双向行车大跨度隧道的施工难度和施工安全度、结构受力复杂程度及造价要高于连拱隧道;连拱隧道高于小净距隧道;小净距隧道高于分离式隧道。因此,分岔隧道一般用于洞口地形狭窄或有特殊要求,或洞外路线左右幅分离布置特别困难的长隧道或特长隧道的洞口局部地段,并且 Ⅴ、Ⅵ 级围岩不宜采用。

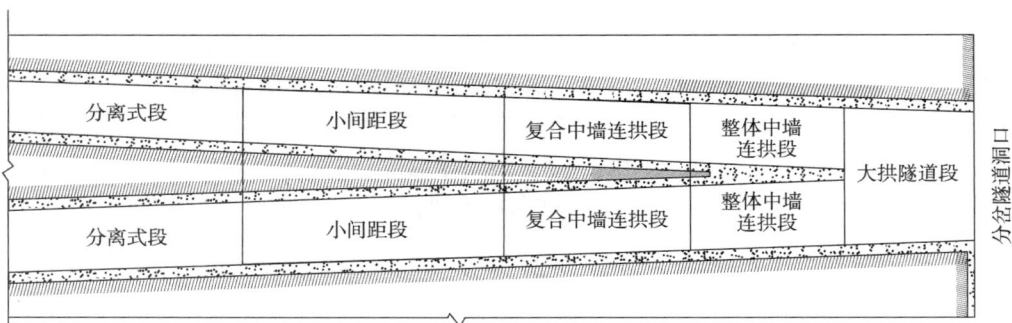

图 3-8　Ⅰ型分岔隧道衬砌平面布置

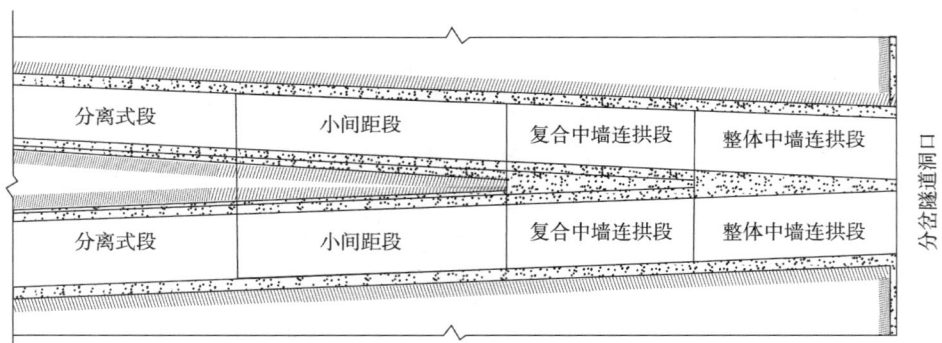

图 3-9　Ⅱ型分岔隧道衬砌平面布置

3.5　隧道横断面

3.5.1　隧道建筑限界

隧道建筑限界是指为了保证隧道内各种交通的正常运行与安全,在一定的宽度、高度范围内任何部件都不得侵入的限界(图 3-10)。隧道建筑限界是满足隧道使用功能,保证隧道运营安全的基本控制因素。《公路工程技术标准》(JTG B01)、《公路隧道设计规范　第一册　土建工程》(JTG 3370.1)对公路隧道的建筑限界有明确的规定。

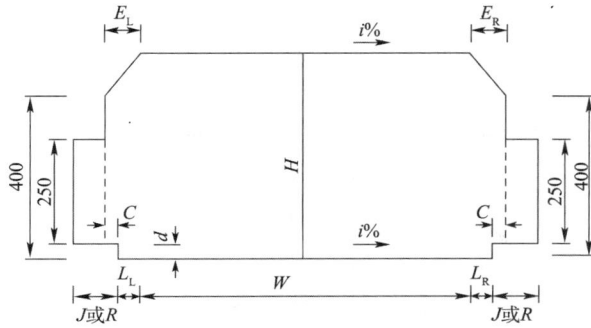

图 3-10　公路隧道建筑限界(尺寸单位:cm)

H-建筑限界高度;W-行车道宽度;L_L-左侧向宽度;L_R-右侧向宽度;C-余宽;J-检修道宽度;R-人行道宽度;d-检修道或人行道的高度;E_L-建筑限界左顶角宽度;E_R-建筑限界右顶角宽度

公路隧道建筑限界高度,高速公路、一级公路、二级公路取 5.0m,三级公路、四级公路取 4.5m。隧道路面横坡,隧道为单向交通时,应设置为单面坡;当隧道为双向交通时,可设置为双面坡;横坡坡率可采用 1.5% ~2.0%,宜与洞外路面横坡坡率一致。当路面采用单面坡时,建筑限界底线与路面重合;当采用双面坡时,建筑限界底边线应水平置于路面最高处。

公路隧道建筑限界宽度主要由行车道宽度(W)、左侧向宽度(L_L)、右侧向宽度(L_R)、余宽(C)、检修道宽度(J)或人行道宽度(R)等组成。各级公路两车道隧道建筑限界宽度应不小于表 3-5 的基本宽度。三车道、四车道隧道除增加车道数外,其他宽度同表 3-5 所列数据,增加车道的宽度不得小于 3.5m。单车道四级公路的隧道应按双车道四级公路标准修建。

两车道公路隧道建筑限界横断面组成及基本宽度(单位:m)　表 3-5

公路等级	设计速度(km/h)	车道宽度 W	侧向宽度		余宽 C	检修道宽度 J 或人行道宽度 R		建筑限界基本宽度
			左侧 L_L	右侧 L_R		左侧	右侧	
高速公路、一级公路	120	3.75×2	0.75	1.25	0.50	1.00	1.00	11.50
	100	3.75×2	0.75	1.00	0.25	0.75	0.75	10.75
	80	3.75×2	0.50	0.75	0.25	0.75	0.75	10.25
	60	3.50×2	0.50	0.75	0.25	0.75	0.75	9.75
二级公路	80	3.75×2	0.75	0.75	0.25	1.00	1.00	11.00
	60	3.50×2	0.50	0.50	0.25	1.00	1.00	10.00
三级公路	40	3.50×2	0.25	0.25	0.25	0.75	0.75	9.00
	30	3.25×2	0.25	0.25	0.25	0.75	0.75	8.50
四级公路	20	3.25×2	0.50	0.50	0.25	—	—	7.50

为了消除或减少隧道边墙给驾驶员带来的恐之冲撞的心理效应("墙效应"),保证以一定车速的安全通行,应在行车道两侧设置一定宽度的侧向宽度和余宽。当设置检修道或人行道时,检修道或人行道宜包含余宽;当不设置检修道和人行道时,应设不小于 0.25m 的余宽。检修道和人行道的主要功能是供养护人员、隧道使用者在隧道正常运营情况下处理紧急事情;步道的路缘石可以阻止车辆冲上步道,是步行者的安全限界;同时是保护隧道设备的安全限界;路缘石可以作为驾驶员的行驶方向线;其下部空间还常被用来安装管道、缆线等。因此,《公路隧道设计规范　第一分册　土建工程》(JTG 3370.1—2018)规定,高速公路、一级公路隧道

应在两侧设置检修道,二级、三级公路隧道应在两侧设置人行道并兼作检修道,检修道或人行道宽度应符合表 3-5 的规定;连拱隧道行车方向左侧、四级公路隧道可不设检修道或人行道,但应保留不小于 0.25m 的余宽;设计速度大于 100km/h,余宽应不小于 0.5m。检修道或人行道的高度 d 可按 250~800mm 取值。

左顶角宽度 E_L 应包含余宽 C,顶角斜线起点从 C 左侧向中间量取;右顶角宽度 E_R 应包含余宽 C,顶角斜线起点从 C 右侧向中间量取。当 $L_L \leqslant 1m$ 时,$E_L = L_L$;当 $L_L > 1m$ 时,$E_L = 1m$;当 $L_L \leqslant 1m$ 时,$E_R = L_L$;当 $L_L > 1m$ 时,$E_R = 1m$。

为便于洞内清洁水和污水分离排放,特别是隧道衬砌有渗水时,可方便汇入边沟,起截流作用,不致渗水流向路面,隧道内路侧边沟应结合检修道、侧向宽度、余宽等,布置于车道两侧。

3.5.2 隧道净空

隧道净空是指衬砌内轮廓与路面、侧沟所围成的断面区域(图 3-11)。隧道净空是发挥隧道功能的基本保证,需有与公路等级相适应的净空尺寸,除满足隧道建筑限界所需的空间外,还需满足洞内排水、通风、照明、消防、监控、内装、交通工程及附属设施等所需的空间,并考虑一定的预留富余量,隧道衬砌内轮廓线与建筑限界最小距离要求不小于 50mm,断面形状要有利于围岩稳定和结构受力。

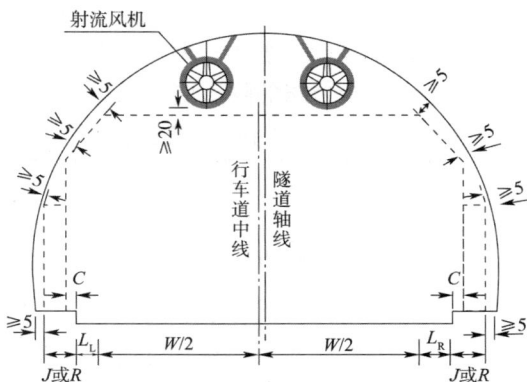

图 3-11 隧道净空(尺寸单位:cm)

(1)衬砌内轮廓线。衬砌内轮廓线是衬砌的完成线,在内轮廓线之内的空间,即为隧道的净空断面。该线应满足所围成的断面面积最小,适应围岩压力的特点,以既经济又适用为目的。

(2)衬砌外轮廓线。衬砌外廓线是指为保持净空断面的形状,衬砌必须具有足够厚度(或称最小衬砌厚度)的外缘线。为保证衬砌厚度,侵犯该线的山体必须全部除掉,所以该线又称为最小开挖线。

(3)实际开挖线。实际开挖线是开挖后形成的实际轮廓线的平均线。实际开挖线不可避免地成为不规则形状。为保证衬砌外轮廓线能满足需要,开挖时尤其用钻爆法开挖时往往偏大。由于它比衬砌外轮廓线大,所以又称为超挖线,超挖部分的大小叫超挖量。超挖量的大小在《公路隧道施工技术规范》(JTG F60—2009)中有明确的规定。

衬砌内轮廓线应尽可能地接近建筑限界,而且使衬砌内表面圆顺,不留棱角。衬砌断面的轴线应当尽量与断面压力轴线重合,使各截面主要承受压力作用而无拉力作用。经验表明,当衬砌承受径向分布的静水压力时,结构轴线以圆形最理想;当衬砌主要承受竖向荷载和不大的水平侧压力时,结构轴线上部宜采用圆弧形或尖拱形,下部则做成直墙式衬砌;当衬砌承受竖向荷载和较大侧压力时,宜采用五心圆曲墙式衬砌。当有底鼓压力时,则结构底部应施筑仰拱为宜。

10 多年来,我国公路隧道建设规模不断扩大,各地在设计隧道横断面时标准不统一,隧道内轮廓有单心圆、三心圆,既有尖拱又有坦拱,曲率不一。甚至同一条公路上出现几种不同的内轮廓断面,这既影响洞内各种设施的布置,又不利于施工时衬砌模板的制作。经过多年的工程实践和内力分析,隧道内轮廓采用拱部为单心圆或三心圆、侧墙为大半径圆弧的断面形状,受力较好。《公路隧道设计规范 第一册 土建工程》(JTG 3370.1—2018)给出了各级公路隧道建筑限界和内轮廓图的参考图。图 3-12、图 3-13 所示分别为高速公路、一级公路两车道隧道、三车道隧道衬砌内轮廓图(100km/h)。

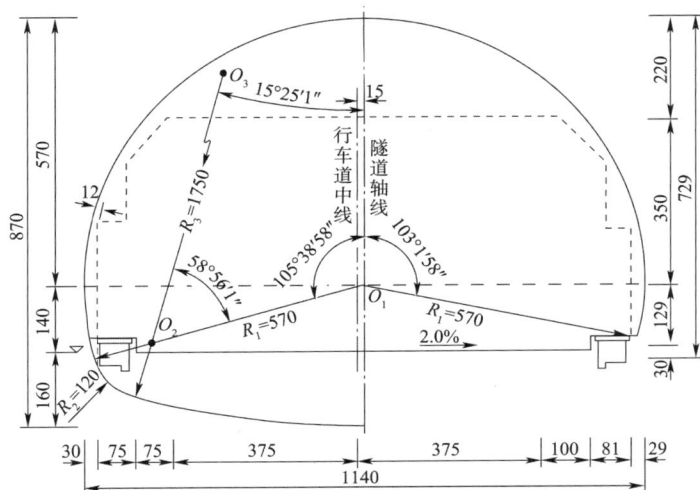

图 3-12 高速公路、一级公路两车道隧道内轮廓图(100km/h)(尺寸单位:cm)

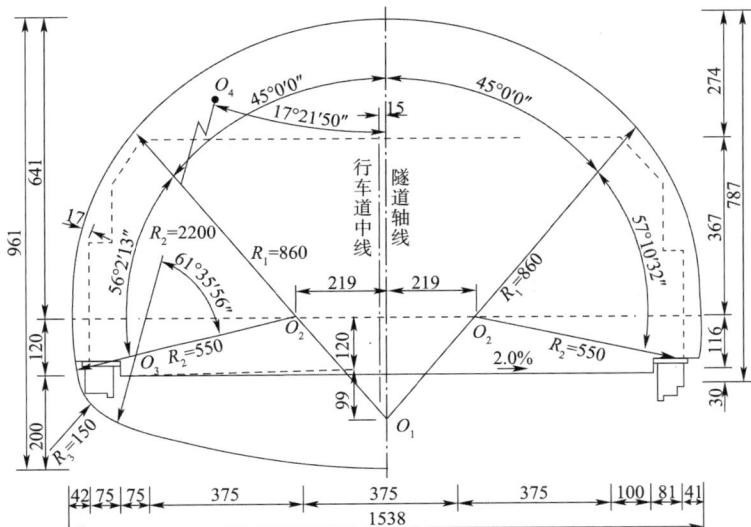

图 3-13 高速公路、一级公路三车道隧道内轮廓图(100km/h)(尺寸单位:cm)

3.5.3 紧急停车带与横通道

紧急停车带的主要功能是停放故障车辆和检修工程车,紧急情况下疏散交通及救援车辆和救援人员用以进行紧急救援活动等。特长隧道、长隧道内不设硬路肩或硬路肩宽度小于

2.5m 时,单洞两车道隧道应设紧急停车带,单洞三车道隧道宜设紧急停车带,单洞四车道隧道可不设紧急停车带。紧急停车带宽度为向行车方向右侧加宽不小于 3.0m,且紧急停车带宽度与右侧侧向宽度(L_R)之和不应小于 3.5m;紧急停车带长度不宜小于 50m,其中有效长度不应小于 40m;横坡可取 0~1.0%。单向行车隧道间距不宜大于 750m,并不应大于 1000m,双向行车隧道紧急停车带应两侧交错设置,同一侧设置间距宜采用 800~1200m,并不应大于 1500m。紧急停车带建筑限界如图 3-14 所示。

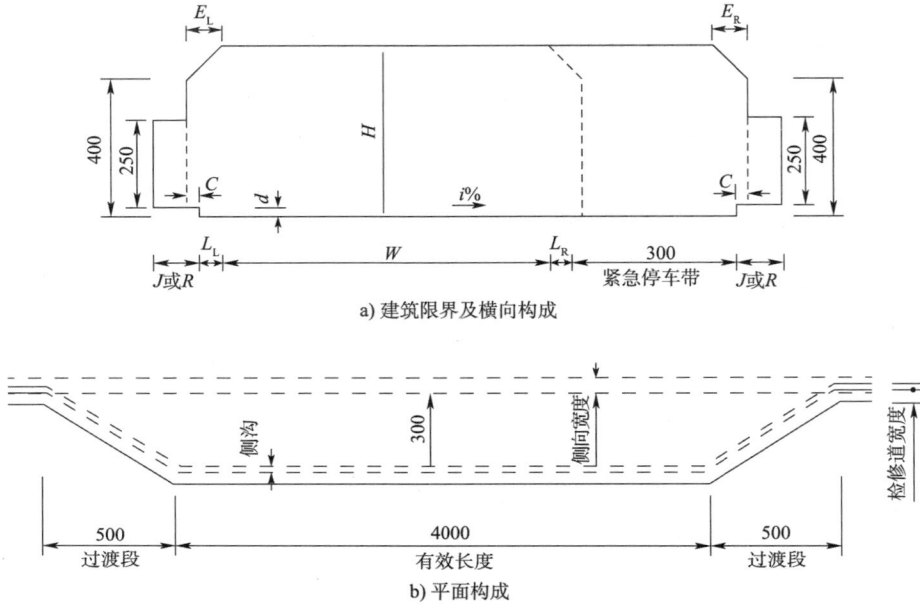

a) 建筑限界及横向构成

b) 平面构成

图 3-14　紧急停车带建筑限界、宽度和长度(尺寸单位:cm)

　　上、下行并行布置的两隧道之间应设人行横通道和车行横通道。人行横通道是为了紧急情况下驾乘人员逃生、救援人员能快速到达事故地点及方便隧道养护人员检测和维修。人行横通道限界宽度不得小于 2.0m,限界高度不得小于 2.5m,如图 3-15a)所示;设置间距宜为 250m,并不应大于 350m。车行横通道是为了其中一条隧道出现交通阻塞时,救援车辆可迂回到达最近事故地点。车行横通道建筑限界宽度不得小于 4.5m,限界高度应与主洞限界高度一致,如图 3-15b)所示。车行横通道设置间距宜为 750m,并不应大于 1000m;中、短隧道可不设。车行横通道路缘高度宜与隧道行车方向左侧检修道高度一致。

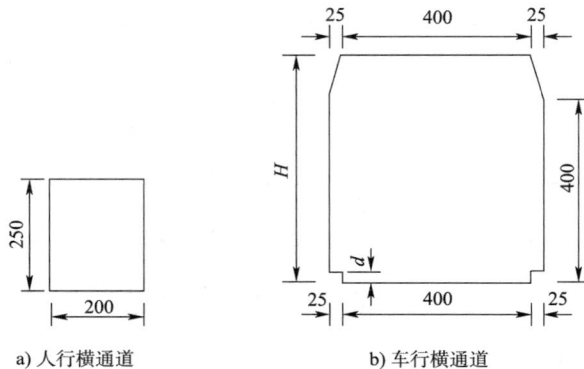

a) 人行横通道　　　　　　b) 车行横通道

图 3-15　横通道的断面建筑限界(尺寸单位:cm)

? 思 考 题

1. 隧道方案相比绕行方案和路堑方案有何优点?

2. 查阅1~2个越岭隧道、傍山隧道位置选择的工程案例,主要考虑比选的方案、比选的过程及其考虑因素。

3. 查阅1~2个隧道地质选线的工程案例,主要考虑比选的方案、比选的过程及其考虑因素。

4. 简述隧道洞口位置选择的原则。

5. 查阅相关资料,试采用具体工程案例比较"零开挖"与"大开挖"进洞方案的优缺点。

6. 简述公路隧道平、纵曲线设置的基本要求。

7. 简述分离式隧道、小净距隧道、连拱隧道及分岔隧道的特点及其适用条件。

8. 简述隧道内检修道与人行道的功能。

9. 试绘制一级公路三车道隧道设计速度分别为 120km/h、100km/h 与 80km/h 时的建筑限界。

10. 试设计高速公路三车道隧道设计速度为 100km/h 的净空断面。

11. 公路隧道如何设置紧急停车带与横通道?

4 隧道结构构造

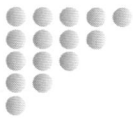

4.1 概　　述

公路隧道结构构造,由主体构造物和附属构造物两大类组成。主体构造物是为了保持岩体的稳定和行车安全而修建的永久性人工建筑物,通常指洞身衬砌和洞门构造物。洞身衬砌的平、纵、横断面形状由公路隧道的几何设计确定,衬砌断面的形状和厚度由衬砌计算确定。在山体坡面有发生崩塌和落石可能时,往往需要接长洞身或修筑明洞。洞门的构造形式由多方面因素决定,如岩体的稳定性、通风方式、照明状况、地形地貌、建筑造型以及环境条件等。附属构造物是主体构造物以外的其他建筑物,是为了运营管理、维修养护、给水排水、供蓄发变电、通风、照明、通信、安全等而修建的构造物。

4.2 衬砌材料与构造

4.2.1 隧道洞身衬砌材料

隧道是埋藏在地层深处的工程建筑物。隧道衬砌是支护隧道围岩的结构体,它的作用就是承受围岩压力、地下水压力和支护结构自重,阻止围岩向隧道内变形,防止围岩风化,有时还要承受化学物质的侵蚀,地处高寒地区的隧道还要承受冻害的影响等。因此,隧道衬砌材料应具有足够的强度、耐久性、抗渗性、抗侵蚀性和抗冻性等;此外,还要满足经济、就地取材、易于机械化施工等要求。

1)隧道衬砌材料的种类

(1)混凝土与钢筋混凝土。

混凝土的优点是整体性和抗渗性较好,既可以在现场浇筑,也可以在加工场预制,而且能采用机械化施工。为保证混凝土质量,不应使用碱活性集料配制混凝土。在水泥中掺入密实性添加剂,可以提高混凝土的密实度,从而改善混凝土的抗渗性和防水性能等。混凝土可以根据需要掺加添加剂,如低温早强剂、常温早强剂、速凝剂、缓凝剂、塑化剂、加气剂和减水剂等,但是添加剂应对混凝土的强度及其与围岩的黏结力基本无影响,对混凝土和钢材无腐蚀作用,对混凝土的凝结时间影响不大(除速凝剂和缓凝剂外),并且添加剂还应不易吸湿、易于保存、不污染环境。现浇混凝土的缺点是:混凝土浇筑后需要养护而不能立即承受荷载,需要达到一定强度才能拆模;占用和耗用较多的拱架及模板;化学稳定性(耐侵蚀性能)较差,但其优点是主要的,所以目前混凝土仍然是隧道衬砌的主要建筑材料。

钢筋混凝土主要在明洞衬砌及地震区、偏压、通过断层破碎带或淤泥、流沙等不良地质地段的隧道衬砌中使用,钢筋混凝土结构的混凝土强度等级不应低于 C25,预应力混凝土结构的混凝土强度等级不应低于 C30。

(2)喷射混凝土。

采用混凝土喷射机,将掺有速凝剂的混凝土干拌混合料和水高速喷射到清洗干净的岩石表面并充填围岩裂隙而凝结成的混凝土保护层,能很快起到支护围岩的作用。喷射混凝土早期强度和密实性较高,其施工过程可以全部机械化,且不需要拱架和模板。在石质较软的围岩处,喷射混凝土还可以与锚杆、钢筋网等配合使用,是一种理想的衬砌材料。喷射混凝土中的水泥强度等级不得低于 32.5 级,并优先采用硅酸盐水泥或普通硅酸盐水泥,也可采用矿渣硅酸盐水泥。集料级配宜采用连续级配,细集料应采用坚硬耐久的中砂或粗砂,细度模数宜大于2.5,砂的含水率宜控制在 5% ~7%。粗集料应采用坚硬耐久的碎石或卵石,不得使用碱活性材料。喷射混凝土中的石子粒径不宜大于 16mm,喷射钢纤维混凝土中的石子粒径不宜大于10mm。混凝土强度等级不低于 C20。

(3)锚杆与钢架。

锚杆是专门机械施工加固围岩的一种材料,种类很多,通常可分为机械型锚杆、黏结型锚杆,或分为非预应力锚杆和预应力锚杆。锚杆的杆体直径宜为 20 ~28mm。砂浆锚杆杆体材料宜采用 HRB400、HRB500 热轧带肋钢筋。锚杆用的各种水泥砂浆强度不应低于 M20。钢架是为了加强支护刚度而在初期支护或二次衬砌中放置的型钢(如 H 形、工字形、U 形等)钢架或格栅钢架,也可用钢管或钢轨制成。钢筋网材料可采用 HPB300 热轧光圆钢筋,直径宜为 6 ~12mm。

(4)片石混凝土。

在岩层较好地段的边墙衬砌,为了节省水泥,可采用片石混凝土。此外,当起拱线以上 1m 以外部位有超挖时,其超挖部分也可用片石混凝土进行回填。选用的片石要坚硬,其强度等级不应低于MU40,片石的掺量不应超过总体积的 30%,严禁使用风化和有裂隙的片石,以保证其质量。

(5)块石或混凝土砌块。

块石强度等级不低于 MU60,混凝土砌块强度等级不低于 MU20。其优点是可以就地取材,大量节约水泥和模板,可保证衬砌厚度并能较早地承受荷载;缺点是整体性和防水性差,施工进度慢,要求砌筑技术高。

(6)装配式材料。

对于软土地区的地铁隧道,常用盾构法施工,衬砌材料可采用装配式材料,如钢筋混凝土大型预制块[图 4-1a)]、加筋肋的铸铁预制块等。图 4-1b)所示为施工技术人员正在进行盾构管片现场安装。另外,为了提高洞内照明、防水、通风、美观、视线诱导或减少噪声等,可在衬砌内表面粘贴各种各样的装修材料。

2)隧道衬砌材料的选用

隧道衬砌材料的强度等级除不应低于表 4-1 的规定值外,还应符合表 4-2 的规定。

隧道衬砌材料选用应考虑以下因素:

(1)符合结构强度和耐久性要求,同时满足抗冻、抗渗和抗侵蚀的需要。

(2)当有侵蚀性水作用时,所用混凝土和水泥砂浆均应采用具有抗侵蚀性能的水泥和集料配置,其抗侵蚀性能的要求视水的侵蚀特征确定。

（3）最冷月平均气温低于 –15℃的地区及受冻害影响的隧道,混凝土强度等级应适当提高。

a) 混凝土预制盾构管片   b) 盾构管片现场安装

图 4-1   钢筋混凝土预制盾构管片和现场安装

隧道衬砌建筑材料强度等级   表 4-1

工 程 部 位	材 料 种 类			
	混凝土	片石混凝土	钢筋混凝土	喷射混凝土
拱圈	C20	—	C25	C20
边墙	C20	—	C25	C20
仰拱	C20	—	C25	C20
底板	C20	—	C25	—
仰拱填充	C15	C15	—	—
水沟沟身、电缆槽身	C25	—	C25	—
水沟盖板、电缆槽盖板	—	—	C25	—

洞门建筑材料强度等级   表 4-2

工 程 部 位	材 料 种 类			
	混凝土	钢筋混凝土	片石混凝土	砌体
端墙	C20	C25	C15	M10 水泥砂浆砌片石、块石或混凝土砌体镶面
顶帽	C20	C25	—	M10 水泥砂浆砌粗料石
翼墙和洞口挡土墙	C20	C25	C15	M10 水泥砂浆砌片石
侧沟、截水沟	C15	—	—	M7.5 水泥砂浆砌片石
护坡	C15	—	—	M7.5 水泥砂浆砌片石

注:1. 护坡材料可采用 C20 喷射混凝土;

     2. 最冷月平均气温低于 –15℃的地区,表中水泥砂浆的强度等级应提高一级。

4.2.2   隧道洞身衬砌类型

隧道衬砌形式主要有整体式衬砌、喷锚衬砌、复合式衬砌与装配式衬砌。《公路隧道设计规范 第一册 土建工程》（JTG 3370.1—2018）规定,公路隧道应设置衬砌,根据隧道围岩级别、施工条件和使用要求选择采用喷锚衬砌、整体式衬砌或复合式衬砌。

1）整体式衬砌

整体式衬砌是传统衬砌结构形式，在新奥法（NATM）问世前，广泛应用于隧道工程中。该方法不考虑围岩的承载作用，主要通过衬砌的结构刚度抵御地层的变形，承受围岩的压力。

整体式衬砌采用就地整体模筑混凝土衬砌，在隧道支护结构中可单独使用，但更多的是作为复合式衬砌中的二次衬砌使用。整体式衬砌可设计为等截面或变截面，对设仰拱的地段，仰拱与边墙宜采用小半径曲线连接，仰拱厚度不应小于边墙厚度。其方法是在隧道内架立模板、拱架，然后浇筑混凝土而成。它作为一种支护结构，具有较强的支护能力、防水能力和耐久性，具有长期可靠的支护作用，有长期的工程实践经验，技术成熟，适用于不同的地质条件，可按需成形，适合多种施工方法，在我国隧道工程中广泛使用。

常见的整体式衬砌断面形式有曲墙拱形衬砌和直墙拱形衬砌。公路隧道一般跨度较大，内轮廓接近限界的高度较铁路双线隧道为小，拱部一般较铁路隧道平坦，墙高稍低。为减少拱肩及墙部的拉应力，提高围岩及结构的稳定性，衬砌结构形式宜采用曲墙拱形衬砌。Ⅱ、Ⅲ级围岩稳定或基本稳定，拱部围岩荷载较小，侧压力较小，一般地区也可采用直墙拱形衬砌。

对于严寒地区与酷热温差变化大的地区，特别是最冷月份平均气温低于 -15℃ 的寒冷地区，距洞口 100~200m 范围内的衬砌应根据情况增设伸缩缝。曲墙式衬砌的抗冻胀能力较强，墙部破坏的情况远小于采用直墙拱形衬砌的隧道，故严寒地区隧道，不管围岩等级如何，只要有地下水存在，衬砌形式仍应采用曲墙式衬砌。

2）喷锚衬砌

喷锚衬砌是喷射混凝土、锚杆、钢筋网和钢架等单独或组合使用的隧道围岩支护结构。当围岩条件比较好时，采用喷锚衬砌可以获得长期的稳定，若达到使用要求，还可以将其作为永久结构。但喷锚衬砌常作为永久支护的一部分，与整体式衬砌组成复合式衬砌。

喷锚衬砌是一种加固围岩、控制围岩变形、能充分利用和发挥围岩自承能力的支护衬砌形式，具有支护及时、柔性、紧贴围岩、与围岩共同变形等特点，在受力条件上比整体式衬砌优越，对加快施工进度、节约劳动力及原材料、降低工程成本等效果显著，能保证围岩的长期稳定。但是由于喷锚衬砌刚度较小，在围岩自稳能力较差的Ⅳ~Ⅵ级围岩中长期稳定性和防水侵蚀能力等方面有一定的局限性，材料及施工工艺还有待进一步提高。

3）复合式衬砌

复合式衬砌是由初期支护和二次衬砌及中间夹防水层组合而成的衬砌形式，初期支护宜采用锚喷支护，二次衬砌宜采用模筑混凝土或模筑钢筋混凝土结构。我国高速公路、一级公路、二级公路隧道已全部采用复合式衬砌，三级公路隧道也大量采用该结构形式。其结构稳定，防水和衬砌外观均能满足公路隧道使用的基本要求，适合多种地质条件，技术较为成熟，是目前公路隧道最好的衬砌结构形式。复合式衬砌已成为公路隧道衬砌的标准结构形式。图 4-2 所示为目前在公路隧道Ⅳ级围岩中比较常见的复合式衬砌结构。表 4-3 给出了两车道隧道复合式衬砌设计参数。

复合式衬砌的二次衬砌，外观成形较好，满足隧道对外观的基本要求，在初期支护与二次衬砌之间铺设防水层，解决隧道衬砌渗漏水问题。因此《公路隧道设计规范　第一册　土建工程》（JTG 3370.1—2018）规定，在"高速公路、一级公路、二级公路中的隧道衬砌应采用复合式衬砌；三级及三级以下公路的隧道洞口段、Ⅳ~Ⅵ级围岩洞身段应采用复合式衬砌或整体式衬砌，Ⅰ~Ⅲ级围岩洞身段可采用喷锚衬砌"。

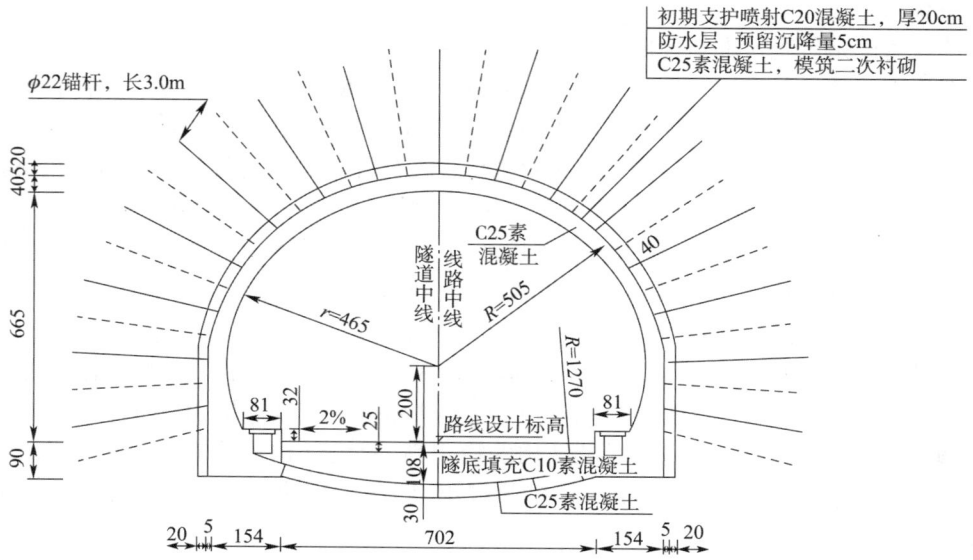

图 4-2　复合式衬砌结构示意图(尺寸单位:cm)

两车道隧道复合式衬砌设计参数　　　　　　　　　　　　　　　　表 4-3

围岩级别	初期支护								二次衬砌	
	喷射混凝土厚度(cm)		锚杆(m)			钢筋网间距(cm)	钢架		拱、墙混凝土厚度(cm)	仰拱混凝土厚度(cm)
	拱、墙	仰拱	位置	长度	间距		间距(m)	截面高(cm)		
I	5	—	局部	2.0～3.0	—	—	—	—	30～35	—
II	5～8	—	局部	2.0～3.0	—	—	—	—	30～35	—
III	8～12	—	拱、墙	2.0～3.0	1.0～1.2	局部@25×25	—	—	30～35	—
IV	12～20	—	拱、墙	2.5～3.0	0.8～1.2	拱、墙@25×25	拱、墙0.8～1.2	0 或14～16	35～40	0 或35～40
V	18～28	—	拱、墙	3.0～3.5	0.6～1.0	拱、墙@20×20	拱、墙、仰拱0.6～1.0	14～22	30～50钢筋混凝土	0 或35～50钢筋混凝土
VI	通过试验或计算确定									

4)装配式衬砌

模筑混凝土整体式衬砌虽然在我国广泛使用,但是它在浇筑以后不能立即承受荷载,必须经过一个养护时期,导致施工进度受到一定的限制。装配式衬砌则不影响施工进度。这种衬砌由工厂或现场预先成批生产运入坑道内,用机械手将它们拼装成一环接一环的衬砌。这种预制衬砌不需要养护时间,一经装配即可承受围岩压力,不仅缩短了工期,还有可能降低造价。装配式衬砌满足具有足够强度和耐久性、能立即承受荷载和有防水设施等条件。但装配式衬砌需要坑道内有足够的拼装空间,制备构件尺寸上要求有一定的精度,它的接缝多,防水较困难。目前基本限于在使用盾构法施工的城市地下铁道中应用。

4.3 洞门及其构造

隧道洞门是为支挡和防护隧道仰坡岩土而设置的结构物。洞门是隧道唯一的外露部分,也是联系洞内衬砌与洞外路基的结构;是隧道结构的重要组成部分,也是标志隧道的建筑物。隧道洞门的作用是支挡洞口正面仰坡和路堑边坡,拦截仰坡上方少量剥落、掉块,维护边坡、仰坡的稳定,并将坡面汇水引离隧道。隧道洞门形式应根据洞口地形、地质条件以及周边环境条件确定。

4.3.1 隧道洞门形式

隧道洞门形式主要有墙式洞门和明洞式洞门两类。墙式洞门主要包括端墙式洞门、环框式洞门、翼墙式洞门、柱式洞门、台阶式洞门和拱翼式洞门,一般垂直于隧道轴线设置;翼墙是隧道洞口平行于路线的路基边坡支挡结构,与洞门端墙相连。墙式洞门适用于仰坡陡峻、山凹地形、斜交地形的狭窄地带。明洞式洞门主要包括喇叭口式洞门、削竹式洞门、棚洞式洞门和框架式洞门等。明洞式洞门(除棚洞式洞门和框架式洞门外)是隧道洞口段衬砌突出于山体坡面的结构。明洞式洞门适用于地形开阔、边仰坡不高、仰坡较平缓、隧道轴线与地形等高线正交或接近正交的地带。棚洞式洞门和框架式洞门是明洞式洞门的一种,在仰坡、边坡较高、易发生碎落的洞口采用棚洞式洞门;在隧道上方覆盖层较薄,又有公路从上跨越或有其他建筑物在隧道上方时,采用框架式洞门。

1)端墙式洞门

端墙式洞门又称为一字式洞门,是一种传统的洞门形式,适用于自然山坡陡峭、隧道轴线与坡面基本正交、洞口地形开阔、岩层较为坚硬完整、山体压力小、开挖坡度为 1:0.3~1:0.5 的洞口地段。当隧道洞口处于仰坡陡峻、沟谷地形、斜交地形的狭窄地带或桥隧相连、延长明洞困难时,也经常采用端墙式洞门。如图 4-3 所示,端墙形状一般根据洞口周边地势及所需承受的土压力确定。端墙式洞门对地基的承载力要求较高。这种洞门具有结构简单、工程量小、施工简便的特点,在岩层较好时使用最为经济,也是最常见的一种洞门。其缺点是洞门顶部排水条件较差,若横向山坡一侧较低,宜开挖沟槽横向引排。采用端墙式洞门时,要注意洞门端墙对驾驶员视线的影响。

2)环框式洞门

当洞口岩层坚硬、整体性好、节理不发育,且不易风化,洞口开挖后仰坡极为稳定,并且没有较大排水要求时,可采用环框式洞门,如图 4-4 所示。环框与洞口段衬砌用混凝土整体灌筑,可以紧贴岩面,也可以离开岩面。

图 4-3　端墙式洞门

图 4-4　环框式洞门

3)翼墙式洞门

翼墙式洞门适用于地质较差的 IV 级以下围岩,以及需要开挖较深路堑、山体纵向推力较大时、在端墙单侧或双侧设置翼墙处。如图 4-5 所示,翼墙式洞门由端墙及翼墙组成。翼墙是为了增加端墙的稳定性而设置的,同时对路堑边坡也起支撑作用。翼墙顶面通常与仰坡坡面一致,习惯上把排水槽设置在坡面下,将端墙背后排水沟汇集的地表水顺排水槽排至路堑边沟内。

a) 双侧设置翼墙
b) 单侧设置翼墙

图 4-5　翼墙式洞门

4)柱式洞门

柱式洞门是由端墙式洞门发展而成的,它实际上也是一种端墙形式的洞门,如图 4-6 所示。当岩层有较大主动侧压力时,如仍像端墙式洞门那样采用同一厚度的端墙,则过于安全,且浪费圬工。因此,为了区别受力大小,可设计成横向不等厚、最厚部位呈柱形的柱式洞门。柱式洞门适用于洞口地形较陡、岩层有较大侧压力的地段,或洞口处地形狭窄、设置翼墙无良好基础时,其仰坡开挖坡度一般为 1:0.5 ~ 1:0.75。此外,在城市、风景区或有建筑艺术装饰要求的地区,采用柱式洞门较为雄伟、美观。柱式洞门工程量较翼墙式洞门大,造价较高,施工也较为复杂。此外,柱式洞门两侧与路堑边坡接触处需嵌入岩层内以期稳固,其嵌入深度及形式可视岩石情况而定。

5)台阶式洞门

傍山隧道洞口,地面横坡较陡,为了适应地形,减少开挖,多采用台阶式洞门,如图 4-7 所示。此种洞门一般配合偏压隧道衬砌使用,故亦称偏压隧道洞门。它在靠山侧通常需设置挡墙以降低边坡开挖高度。低山坡一侧,如地质较差、地面较高,也可采用短挡墙。

图 4-6　柱式洞门效果图
图 4-7　台阶式洞门

6)拱翼式洞门

拱翼式洞门是端墙式洞门的一种,它的特点是将洞门的端墙结构设计成拱翼形式,拱翼的曲线造型设计,取决于地形横断面的起伏情况。拱翼式洞门适用于地面横坡连绵起伏、仰坡较大的地段。特别是洞口地形呈一中间拱起、两端缓慢下降的弧形时,较常使用该种洞门形式,如图4-8所示。其端墙曲线的设计应和隧道身后地形的起伏相协调,从而实现人工建筑物与大自然和谐、统一。

图4-8　拱翼式洞门

7) 喇叭口式洞门

洞口段衬砌在伸出的过程中,有逐渐向外扩张的变化,喇叭口式洞门对洞口光过渡段的处理较好,因此在周边比较开阔的情况下采用较多,如图4-9所示。

高速铁路隧道为了避免由于火车高速运行产生的气压对隧道结构的破坏,也多采用喇叭口式洞门。喇叭口式洞门具有一定的排水功能,故其也适用于有排水要求的地段。有时为了达到更好的排水效果,也可采用加檐型。

8) 削竹式洞门

洞口段衬砌外露端有不同的形态,可呈削竹式(图4-10)、直削竹式(图4-11)、倒削竹式(图4-12)等,这体现了洞门外形的变化。削竹式洞门是一种结合了隧道洞口绿化要求和景观效果的新型洞门。

图4-9　喇叭口式洞门

图4-10　削竹式洞门效果图

削竹式洞门适用于洞口山体坡度较缓、距离城市较近或有风景要求或桥隧相连地段的隧道,当隧道洞口段为松软的堆积层时,为了避免大刷大挖,也可通过加长明洞,采用削竹式洞门。削竹式洞门可以适应地形需要确定削坡坡度,并且可以在护坡上种植草木,起到保护生态环境的作用。

9) 棚洞式洞门

棚洞式洞门是近些年开始流行的新型洞门,通常用于城市隧道中,能起到调节洞口段光线的作用,同时也起到一定的装饰作用,如图4-13所示。近些年在山岭隧道的修建中,这种洞门形式也较多地出现,一方面是由于它能起到过渡洞口光线、装饰美化的作用,另一方面由于它能减少圬工数量,节约建设资金,并且后期可以通过回填耕植土进行洞口段的绿化,从而最大限度地恢复原有植被,保护周边的生态环境。

图4-11 直削竹式洞门

图4-12 倒削竹式洞门

10)框架式洞门

框架式洞门主要用于城市矩形隧道,有时也作为一种特殊造型用于一般公路隧道,如图4-14所示。

图4-13 棚洞式洞门

图4-14 框架式洞门

4.3.2 隧道洞门构造

1)墙式洞门构造

洞门端墙和翼墙应具有抵抗来自仰坡、边坡土压力的能力,洞门墙的厚度可按计算或结合工程类比确定,但端墙墙身最小厚度不应小于0.5m,翼墙墙身厚度不应小于0.3m。洞门端墙应根据需要设置伸缩缝、沉降缝和泄水孔,以防止洞门变形。

如图4-15所示,墙式洞门洞口仰坡坡脚至洞门墙背应有不小于1.5m的水平距离,以防仰坡土石掉落到路面上,危及安全,也便于洞门端墙与仰坡之间排水沟的设置。洞顶排水沟沟底与衬砌拱顶外缘之间的填土厚度不应小于1.0m,以免落石冲击破坏拱圈。洞门端墙墙顶应高

图4-15 墙式洞门墙背顶部构造
(尺寸单位:mm)

出墙背回填面0.5m以上,以防止掉落土石弹出飞落到路面,同时也可作为养护维修人员在拱顶检查维护时的安全护栏。水沟底下填土应夯实,否则会使水沟变形,产生漏水,影响衬砌强度。

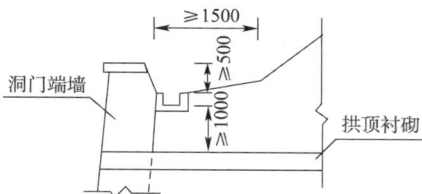

洞门端墙基础应置于稳固的地基上,这是因为通常洞口位置的地形、地质条件比较复杂,有的全为松散堆积覆盖层,有的半软半硬,有的地面倾斜陡峻。为了保

证建筑物稳固,应视地形及地质条件将洞门墙基础埋置足够的深度。基底埋入土质地基的深度不应小于1.0m,嵌入岩石地基的深度不应小于0.2m,并且基底埋置深度应大于靠墙设置的各种沟、槽底的埋置深度。

当基础设置在岩石上时,应清除表面强风化层。当风化层较厚,很难全部清除时,可根据地基的风化程度及其相应的地基容许承载力,将基底埋在风化层中。斜坡岩基应挖台阶,以防墙体滑动。在松软地基上,当地基承载能力不足时,可根据情况采用扩大基础、换土、桩基、压浆加固地基等措施。

地基为冻胀土层时,冻结时土壤隆起、膨胀力大,而解冻时由于水融作用,土壤变软后沉陷,建筑物相应下沉,产生衬砌变形。根据公路工程一般设置基础的经验,基底高程应在最大冻结深度以下不小于0.25m。当冻结深度较深,施工有困难时,可采用非冻结性的砂石材料换填,或设置桩基等处理措施。

2)明洞式洞门构造

明洞式洞门结构是洞口衬砌的一部分,应采用钢筋混凝土结构。洞口段衬砌应伸出原山坡坡面或设计回填坡面不小于500mm(图4-16),以防坡面水和泥土流入衬砌内壁。

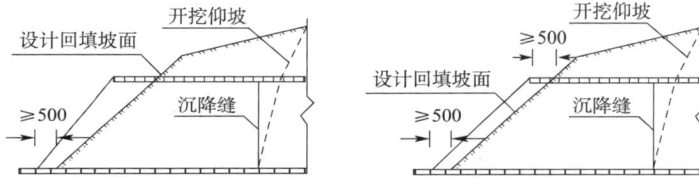

图4-16 洞口衬砌仰斜面伸出坡面构造(尺寸单位:mm)

洞口衬砌外露端有不同形态,可呈直削式、削竹式、倒削竹式或喇叭口式,体现了洞门外形的变化,衬砌端面直立时为直削式洞门、仰斜时为削竹式洞门、俯斜时为倒削竹式洞门、喇叭形时为喇叭口式洞门。采用削竹式洞门时,削竹面仰斜坡率应陡于或等于原山坡坡率或设计回填面坡率。

设计回填坡面宜按自然山坡坡度回填,这是为了恢复原地形。洞口设计回填坡面采用土石回填时,坡率不宜陡于1:1,以保证回填坡面稳定。坡面一般采用适合当地生长条件并与周边协调的植物防护或网格防护。

4.4 明洞与棚洞

4.4.1 明 洞

以明挖法修建的隧道称为明洞。明洞拱背通常有回填土石覆盖,也可裸露或部分裸露。当隧道洞顶覆盖层薄,不宜大开挖修建路堑且难以用暗挖法修建隧道时,或路基、隧道洞口受塌方、岩堆、落石、泥石流等不良地质危害时,或修建路堑会危及附近重要建(构)筑物安全时,或公路、铁路、沟渠和其他人工构造物在隧道上方通过,不宜采用暗挖施工或立交桥跨越时,或为减少洞口开挖、保护洞口自然景观,需延伸隧道长度时,通常修建明洞。

1)明洞类型

明洞按结构类型可分为拱形明洞和矩形明洞。明洞结构类型的选择,应根据地形、地质、施工条件,综合考虑结构安全、经济实用、美观等因素分析确定。

（1）拱形明洞。

拱形明洞主要是由顶拱和内、外边墙组成的混凝土或钢筋混凝土结构,整体性较好,能承受较大的垂直压力和单向侧压力,当侧压力较大或地基承载力不足时可设仰拱。拱形明洞通常用于洞口接长衬砌的明洞、洞顶回填土层较厚或一次塌方量大、落石较多,或用明洞克服来自仰坡方向较大滑坡推力和支撑边坡稳定等情况,适用范围较广。

拱形明洞按其所在的位置可以分为:

①路堑式拱形明洞。它位于两侧都有高边坡的路堑中。在挖出路堑的基面上,先修建与隧道衬砌相似的结构,两侧墙外填以浆砌片石,使其密实。上面填以土石,夯紧并覆盖防水黏土层,土层上留有排水的沟槽,以防止地面水的渗入。路堑式拱形明洞又可以分为对称式(图4-17)和偏压式(图4-18)两种。

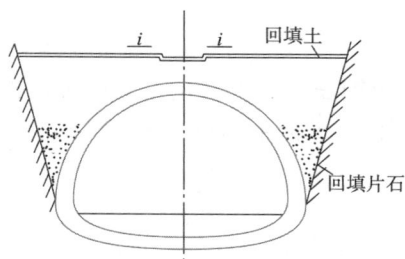

图4-17　对称式拱形明洞

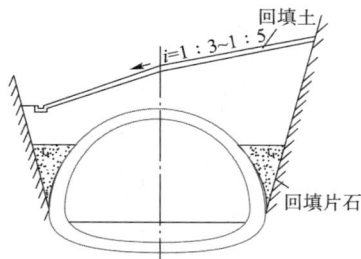

图4-18　偏压式拱形明洞

②半路堑式拱形明洞。在傍山隧道的洞口或傍山线路上,当一侧边坡陡立且有塌方、落石的可能,对行车安全有威胁时,或隧道必须通过不良地质地段而急需提前进洞时,都宜修建半路堑式拱形明洞。由于它受到单侧的压力,虽然其结构内轮廓与隧道一致,仍是左右对称的,但结构截面却是左右不同的,外墙需要相对地加厚,而且必须把基础放在稳固的基岩上。半路堑式明洞又可分为偏压斜墙式(图4-19)和单压耳墙式(图4-20)两种。

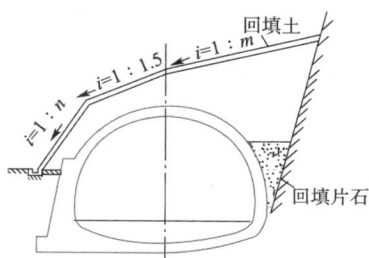

图4-19　偏压斜墙式明洞

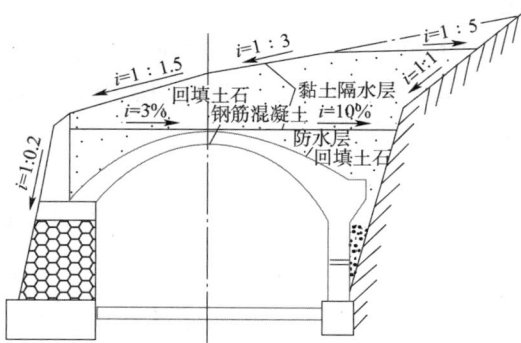

图4-20　单压耳墙式明洞

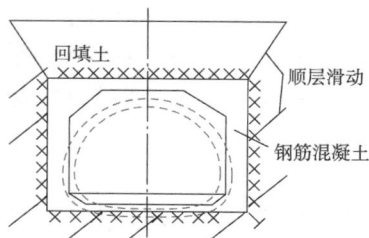

图4-21　矩形刚构明洞

（2）矩形明洞。

矩形框架结构高度较小,对地基要求较低。所以明洞净高、建筑高度受到限制或地基较为软弱时,可采用矩形明洞。图4-21所示为一矩形刚构明洞,全部用钢筋混凝土制成。若右侧岩层顺层滑动,可利用上部回填土石的压力及底层的弹性抗力,平衡侧向岩层滑动的推力,并传于左侧岩层上。

2）明洞衬砌

（1）拱形明洞结构和隧道整体式衬砌基本结构相似，由拱圈、边墙和铺底（或仰拱）组成，应采用钢筋混凝土结构。当采用拱形明洞时，可按整体式衬砌设计。半路堑拱形明洞由于衬砌所受荷载明显不对称，靠山侧所受荷载较大，外边墙及拱圈宜适当加厚，也可对称加厚。当地形条件允许时，采用反压回填或设反压墙，可起到平衡偏压荷载的作用，以减小或消除偏压对结构的不利影响。当拱形明洞侧压力较大或地基承载力不足时，应设仰拱。

（2）当明洞作为整治滑坡的措施时，应按支挡工程设计，充分考虑明洞上方滑坡体的推力，采取综合治理措施，如进行地表排水、减载、反压，设置支撑墙、抗滑桩、地下排水盲沟等，确保明洞与滑坡的稳定。

（3）在地质条件有明显变化的地段，为了减少不均匀受力或不均匀变形对结构的破坏，应设置沉降缝。在气温变化较大的地区，为了减小衬砌收缩变形开裂，应根据具体情况设置伸缩缝。沉降缝、伸缩缝的间距，应根据明洞长度、覆盖层厚度、温差大小及地质情况确定。

3）明洞基础

（1）明洞衬砌基础和隧道衬砌基础一样，应置于稳固的地基上。为防止侧沟及铺底施工开挖时影响边墙地基稳定，明洞基底高程不宜高于隧道侧沟沟底高程或路面基层高程。当基岩裸露或埋深较浅时，基础可设置于基岩上；当基础位于软弱地基上时，可采用仰拱、整体式钢筋混凝土底板，也可采用桩基础、扩大基础、基础加深和地基加固处理等措施。

（2）明洞基础应有一定的嵌岩深度和护基宽度。当地基为斜坡地形时，地基可开挖成台阶。在有冻害地区，基底埋置深度应不小于最大冻结深度以下250mm。

（3）在傍山沿河公路设置明洞时，要考虑河岸冲刷可能影响基础稳定，根据地形、地质、流速等情况，采取加固和防护措施。

（4）在横向斜坡地形，明洞外侧基础埋置深度超过路面以下3.0m时，宜在路面以下设置钢筋混凝土横向水平拉杆，并锚固于内侧基础或岩体中。

4）明洞回填

明洞的用途不同，洞顶回填土的厚度和坡度也不一样。因此，明洞洞顶回填、拱背处理应根据明洞设置的目的、作用，以及地形条件、边仰坡病害确定。

为防御落石、崩塌需要而设的明洞，要保证明洞拱背有一定的填土厚度，是为了不使落石、崩塌物直接作用在拱圈上。根据实践经验，填土的厚度不小于1.2m，洞顶回填表面坡度，以能顺畅排泄坡面水为原则。

明洞拱背部分裸露的设计，近年来在公路隧道中应用较多，对保护洞口自然景观、美化环境起到了很好的效果。拱背裸露部分设不小于20mm的砂浆层或装饰层，起到拱背防水和美观作用。明洞顶设置过水渠、过泥石流渡槽及其他构造物时，设计应考虑其影响。一般过水沟渠或普通排水沟沟底距洞顶外缘不应小于1.0m。当为排泄山沟洪水、泥石流等渡槽时，渡槽沟底距洞顶外缘不宜小于1.5m。

4.4.2 棚　　洞

棚洞又称棚盖，是修建在公路上的棚式建筑物，一侧靠山、一侧临空。靠山一侧是贴壁防护墙，临空一侧为立柱、框架或拱形窗，顶部封闭并回填土石覆盖，形成半掩体结构，近年来逐步得到应用。在线路傍山、开挖山体薄、无不良地质但不宜暗挖隧道，而采用路基则存在较少塌方、落石，或内外墙基底地层软硬差别较大时，不宜设置拱形明洞；而在半路堑外侧地形狭窄或基岩埋藏较深以及有条件设计桩基础等条件下,宜修建棚洞。棚洞主要有下列作用:①防止靠山一侧经常发生的山坡风化碎落、小量坍塌直接掉落在公路上,如四川摩西棚洞、国道317线大岐棚洞、渝湘高速公路秀山隧道洞口棚洞。②为保护环境,减少边坡开挖范围和开挖高度、减少公路建设对山坡植被的破坏、维护山坡稳定,在棚洞顶面回填耕植土、恢复植被和营造美丽景观,如南京老山棚洞。③为防止雪崩、溜雪和风吹雪堆积路面,防止积雪阻塞公路,保证公路畅通,如新疆天山国道217公路哈希勒根防雪走廊。

1)棚洞类型

棚洞结构形式根据受力特点可分为框架结构、简支结构、整体结构;根据上部主体结构横断面几何形状分为拱形棚洞、半拱形棚洞、框架棚洞;棚洞按几何形状分类的常见形式如图4-22所示。根据地形条件、地质条件、气候条件、防护和环境要求,棚洞结构可分别采用拱形棚洞、半拱形棚洞、矩形棚洞。

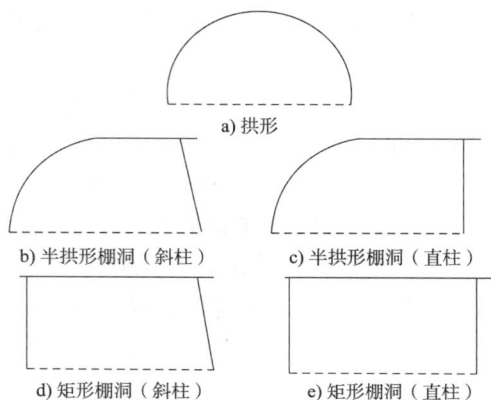

a) 拱形

b) 半拱形棚洞(斜柱)   c) 半拱形棚洞(直柱)

d) 矩形棚洞(斜柱)   e) 矩形棚洞(直柱)

图4-22　棚洞结构形式示意图

(1)拱形棚洞:靠山一侧拱背需要回填密实,对边坡具有一定的支挡作用,临空一侧形成花格透空。一般采用整体式结构。

(2)半拱形棚洞:靠山一侧为拱形,临空一侧为立柱或斜柱,顶部外侧为平顶,拱背需回填密实,对边坡具有一定的支挡作用。一般采用整体式结构,顶部需回填土石或耕植土。

(3)矩形棚洞:靠山一侧为紧贴岩壁的挡墙,临空一侧为立柱或斜腿,棚顶可以是简支结构,也可与边墙结构整体连接形成框架结构,上部为平顶或单坡斜顶,顶面需回填土石或耕植土。

2)棚洞结构

棚洞建筑限界应满足隧道建筑限界的基本要求。在隧道洞口或接近隧道洞口的棚洞,建筑限界应与隧道建筑限界相同;高速公路远离隧道的独立棚洞,为保证行车顺畅、利于行车安全,建筑限界宽度宜与路基建筑限界宽度相同。棚洞内轮廓形状和尺寸应根据地形条件、设置目的和结构形式拟定。

棚洞结构应采用钢筋混凝土结构。拱形及半拱形棚洞主体结构应采用整体式结构,矩形棚洞应采用整体框架结构或简支结构。棚洞应根据地质情况和结构形式设沉降缝,棚洞长度大于40m时宜设伸缩缝。棚洞靠山侧和顶部结构外表面应设防水层,施工缝、沉降缝、变形缝应进行防水设计。靠山一侧结构背面应设排水盲沟,在靠山一侧墙脚应按5~10m间距设泄水孔。

3)棚洞基础

棚洞基础设计规定与明洞基础设计规定一致,棚洞外侧为立柱时,加设纵梁是为了增加立柱间的联系。

4.5 内部装饰、顶棚与路基路面

4.5.1 内部装饰

为了确保行车安全,在公路隧道中必须采取措施使墙面在长期的运营中保持必要的亮度,墙面须用适当材料加以内部装饰(简称内装)处理。内装便于清洗,可改善隧道内的环境,提高墙面反射率,增加照明效果,还可起到美化和一定的吸收噪声的作用。

未经内装的混凝土衬砌表面粗糙,特别容易吸附发动机排出废气中的黏稠油分,并与烟雾、尘埃一起沾在表面上。在隧道内潮湿、漏水的情况下,这种污染的过程出人意料地快,能使墙面的反光率降到极低的水平。经过内装的墙面,污染仍然是不可避免的,但要求它具有不易污染、容易清洗、耐冲刷、耐酸碱、耐腐蚀、用防火涂料粉刷后能耐高温等特点,表面应该光滑、平整、明亮。

提高墙面反射率,可以增加照明效果。因此内装材料表面应当是光洁的,颜色应当是明亮的。人眼对波长为555nm的黄绿光最为敏感,所以内装材料应当是淡黄和浅绿色。作为背景的墙面,能最显著衬托出障碍物的轮廓,这就需要墙面具有良好的扩散反射率,并希望这种反射是漫反射,以免导致炫光。

通常用于隧道的内装材料有:

(1)块状混凝土材料。其表面粗糙,容易污染而且不好清洗,但衬砌表面不需特殊处理即可设置,一般不适于公路隧道使用。

(2)饰面板、镶板等质地致密材料。这种材料不容易污染,清洗效果好,洗净率高。板背后的渗漏水很隐蔽,即使外露也容易洗净。各种管线容易在板背后隐蔽设置,板背后的空间有利于吸收一定的噪声。

(3)瓷砖镶面材料。其表面光滑,最容易洗净,且效果良好;要求衬砌平整,以便镶砌整齐;隧道漏水部位可以考虑用排水导管疏导;镶面后面可以埋设小管线;但这种材料没有任何吸声作用。

(4)油漆材料。其比块状混凝土材料容易清洗,但不及瓷砖镶面材料和饰面板、镶板等质地致密材料,对衬砌表面要求很高,需要压光、整平;隧道不能有漏水现象,浸湿的油漆损坏很快。这种材料也没有吸声作用。

(5)防火涂料。其具有较好的耐高温和耐火性,表面粗糙,易污染,不易清洗,光线反射效果差。

以上几种材料的特点见表4-4。

常用隧道内壁装饰材料及其特点   表4-4

材　　料	特　　点	
	优点	缺点
块状混凝土材料	衬砌表面不需特殊处理	表面粗糙,易污染,不易清洗,光线反射效果较差
饰面板、镶板等致密材料	不易污染,清洗效果好,板后空间有利于吸收噪声,光线反射效果好	要求衬砌平整

材　　料	特　　点	
	优点	缺点
瓷砖镶面材料	表面光滑易清洗,光线反射效果好	没有吸声降噪作用,要求衬砌平整
油漆材料	比混凝土材料易清洗	对衬砌表面要求很高,需压光,平整,浸湿的油漆损坏很快,没有吸声降噪作用
防火涂料	具有较好的耐高温和耐火性	表面粗糙,易污染,不易清洗,光线反射效果差

随着建筑材料工业技术的发展,新材料相继出现,许多新型材料都可以使用。但用于内装的新材料应该具有一定的耐火性,在高温条件下仍能维持一定的时间,不燃烧、不分解有害成分等;具有一定的耐蚀性,长期在油垢及有害气体作用下不变质,在洗涤剂等化学物质作用下不被侵蚀;不怕水,大多数隧道都存在漏水问题,在水的浸泡下,在潮湿环境中不变质、不霉烂;材料来源广泛,价格相对便宜。隧道是大型构造物,用材量很大,价格高昂的材料不适于作隧道内装。

4.5.2　顶　　棚

顶棚的反射率对提高照明效果有利,经过顶棚的反射光使路面受到二次反射,能明显增加路面亮度。顶棚是背景的一部分,特别是在变坡点附近对识别障碍物和察觉隧道内异常现象颇有帮助。

顶棚可以美化隧道,特别是与整齐排列的灯具相互衬托更可以起到美化的效果,并有明显的诱导作用。

顶棚用漫反射材料可以避免产生炫光,其颜色的明亮程度直接影响到路面亮度,所以顶棚应该是浅色的,但是又应有别于墙面,在色调和饱和度上可以有所区别。根据实际需要可以把顶棚做成平顶或者拱顶。在自然通风或诱导通风时,可以用拱顶;在半横向或横向通风时可以用平顶。

4.5.3　路基路面

隧道内的路基路面是承受车辆荷载的基本载体,也是最重要的部位之一。稳定、密实、均质的路基可以为路面提供均匀的支撑,具有足够的强度、抗滑、平整、耐磨等性能的路面是保证行车安全、舒适的基本条件。此外,路面要长期承受高速车辆的冲击与摩擦,保证其耐久性更为重要。

隧道在地层中穿越,其埋置条件、运营环境与洞外有较大不同,隧道内路基路面与洞外路段相比存在如下的特殊性:

(1)隧道路基(底板)处于山体中,地下水对隧道路基路面影响更大。

(2)隧道为管状构造物,空间狭小,存在汽车排放废气、积聚等现象,这些废气、油烟、粉尘在路面表面的黏附程度比洞外大。油渍路面污染,粉尘的黏聚使路面抗滑性能变差,且得不到天然降雨的冲洗,长期作用影响路面的抗滑性能。

(3)洞内发生火灾时,其温度对路面的影响比洞外严重。

(4)洞内路基路面受场地条件限制,施工条件差,维护难度大。

（5）行车安全受雨天影响大，隧道洞口段车辆带进的水会降低路面抗滑性能。

（6）洞内总体上光线差，视觉环境差，对行车不利。

上述特殊性使得隧道内的交通量、行车速度、平纵线形指标、气象条件对行车安全影响比一般路段更大。因此，隧道路面结构对地下水的侵蚀及抗软化能力、路面抗滑性能应比洞外要求高。

1）隧道路基

设置仰拱的隧道，衬砌为封闭结构，地下水的危害影响小，只要严格按仰拱填充材料和填充要求施工，就可以达到较好的路基稳定性、密实性、均质性。路面与仰拱之间可采用混凝土或片石混凝土填充。不设仰拱的天然石质地基作隧道路基，受地下水影响大，除其他物理力学性能要求外还对地基的水稳性、软化程度提出一定的要求。因此，不设仰拱的隧道，其路基应置于稳定的石质地基上。

隧道内路基应设完整的中央管（沟）排水系统。隧道内的路基应具有足够的承载力，尤其要求在有丰富地下水的条件下也能满足要求。隧道路基的地下水一般来说是整个隧道水压最高的部位。排水系统不完整或排水不畅，是造成隧道路面病害最主要的原因之一。在衬砌背后设置盲沟和导水管之后，在车道板下面也应铺设导水管和透水性好的路基材料。在设定隧道纵坡时应保证排水沟排水顺畅，保证路面有 1% ~ 1.5% 的横坡等。

2）隧道路面

刚性路面系统包括面层为水泥混凝土路面和沥青混合料上面层与水泥混凝土下面层组成的复合路面两大类型。刚性路面系统水稳性好，对环境适应性较强，目前国内隧道也多采用刚性路面系统。复合式路面因能明显提高行车安全性、减少事故率而得到了越来越多的应用。因此《公路隧道设计规范　第一册　土建工程》（JTG 3370.1—2018）规定，高速公路、一级公路隧道宜采用沥青混合料上面层与水泥混凝土下面层组成的复合式路面，其他等级公路隧道可采用复合式路面或水泥混凝土路面。

岩石路基因存在超挖与欠挖现象，无仰拱隧道路面应设基层，基层可兼作整平层；底部超挖较大、施工需要时，可单独设整平层。而设置仰拱的隧道，仰拱填充能起到整平及刚性基层的作用，故可不设基层。

地下水对隧道路面基层的作用频率比洞外高，故宜采用水稳性好的刚性基层，推荐采用强度高、稳定性好的素混凝土材料。如设整平层，其圬工数量可按底板允许平均超挖深度确定，平均厚度不宜小于 15cm。

高速公路、一级公路隧道应采用连续配筋混凝土面层或钢纤维混凝土面层，以提高路面耐久性和路用性能，降低养护成本，而二、三、四级公路隧道目前普遍采用设接缝的水泥混凝土面层。为提高公路隧道水泥混凝土表面层的抗滑能力，路面表面构造深度应按相关规范特殊路段考虑，具有耐磨损性能，隧道内特重交通、重交通、急弯，连续的长、陡纵坡路段等不利条件下表面构造深度应取大值。路面表面构造应采用刻槽、压槽、拉毛或凿毛等方法制作（现在通常使用刻槽）。当采用刻槽时，宜采用纵向刻槽，高速公路、一级公路、进洞口段及大纵坡段隧道路面宜同时采用横向刻槽和纵向刻槽的方法提高路面抗滑能力。

隧道内环境为半封闭狭长空间，养护维修困难，复合式路面沥青面层总厚度采用 80 ~ 100mm。沥青面层与混凝土面板间应设置黏结层，以加强层间结合，避免层间滑移。隧道结构变形缝、非连续配筋且无拉杆的水泥混凝土面层接缝和胀缝处，以及后期存在不均匀沉降的软弱底层的隧道段，应在水泥混凝土面板相应位置采取设置加筋土工材料或应力吸收层等减缓反射裂缝的措施。

洞内采用水泥混凝土路面而洞外采用沥青路面时,应设置与洞外路段保持一致的洞内过渡段,以防止洞内外抗滑性能不一致,影响行车安全。高速公路和一级公路的中隧道、长隧道和特长隧道,洞内进口过渡段长度不应小于隧道照明入口段、过渡段合计长度,且不应小于300m,洞内出口过渡段长度不应小于3s设计速度行程长度。高速公路和一级公路短隧道及以下公路隧道,洞内进、出口路面过渡段长度不应小于3s设计速度行程长度,且不应小于50m。

桥隧相接或与固定构造物相衔接的胀缝无法设置传力杆时,可在距接缝10~15m长的水泥混凝土路面结构内配置双层钢筋网;隧道内水泥混凝土路面面层与沥青路面面层相衔接时,沥青路面面层一侧应设不短于3m的过渡段。过渡段的路面采用两种路面呈阶梯状叠合布置,其下面变厚水泥混凝土过渡板厚度不应小于200mm。过渡板与水泥混凝土面层相接处的接缝内宜设直径25mm、长700mm、间距400mm的拉杆,如图4-23所示。

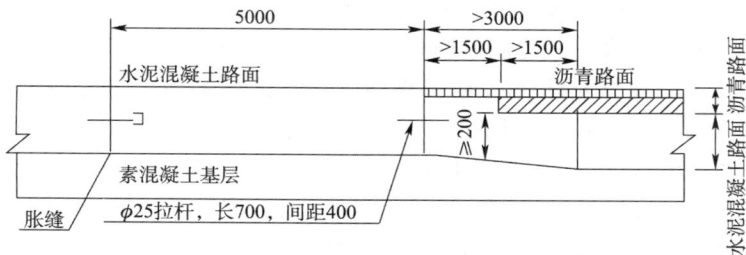

图4-23 混凝土路面与沥青路面相接过渡段(尺寸单位:mm)

4.6 隧道交通工程与附属设施

隧道交通工程与附属设施包括交通安全设施、通风设施、照明设施、交通监控设施、紧急呼叫设施、火灾探测报警设施、消防设施与通道、供配电设施、中央控制管理系统、接地与防雷设施、线缆及相关设施等。设置隧道交通工程与附属设施的主要目的是保障交通安全,特别是在隧道内发生交通事故或火灾等紧急事件时提高救助效率。

公路隧道交通工程与附属设施的配置等级应根据隧道单洞长度和设计年度预测隧道单洞年平均日交通量两个因素,按图4-24所示划分为A+、A、B、C、D五级。

公路隧道交通工程与附属设施配置等级标准应满足规范的相关要求。表4-5为高速公路交通工程与附属设施配置表,一级公路隧道、二级及二级以下公路隧道交通工程与附属设施可参考《公路隧道设计规范 第二册 交通工程与附属设施》(JTG D70/2)配置。

隧道交通安全设施主要有交通标志、标线和轮廓标志等,它们应该简洁明晰、视认性好,应能规范、诱导、指示车辆在隧道区域内安全行驶。交通标志主要有隧道信息标志、隧道开车灯标志、隧道限高与限宽标志、限速标志、紧急电话指示标志、消防设备指示标志、人行横通道指示标志、车行横通道指示标志、疏散指示标志、隧道出口距离预告标志、紧急停车带标志、紧急停车带位置提示标志、公告信息标志、指路标志等。

隧道内的车行道边缘线、车行道分界线可采用振荡标线,单洞双向交通隧道车行道分界线宜采用振荡标线。隧道禁止跨越同向车行道分界线,在入口端应向洞外延伸150m,在出口端应向洞外延伸100m。设置交通信号灯的隧道,入口前应设置停止线;洞口联络通道应进行渠化。隧道交通标线涂料宜采用热熔型反光涂料。

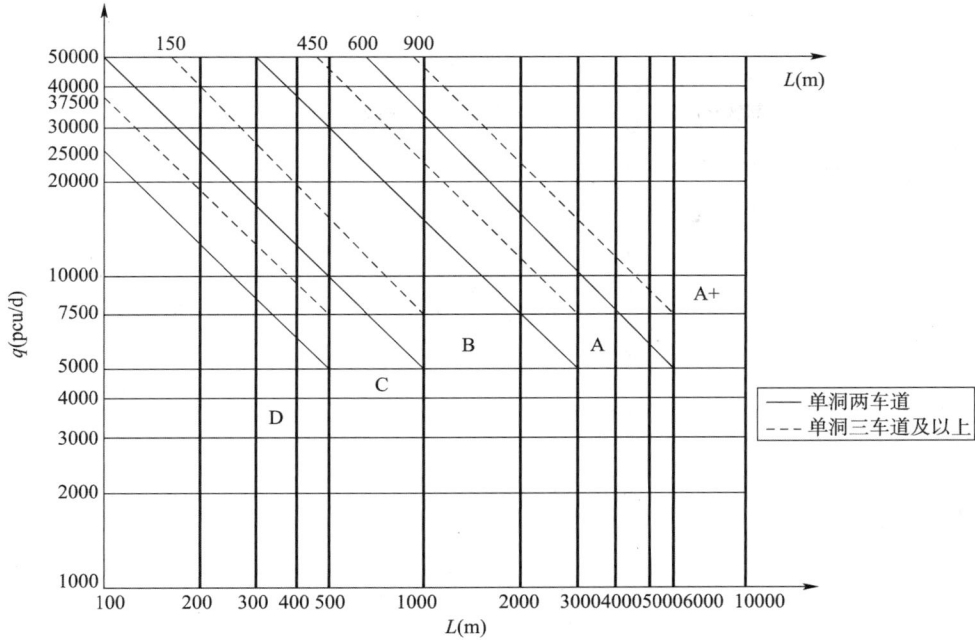

图 4-24　隧道交通工程与附属设施分级图

q-隧道单洞年平均日交通量(折合小客车);L-隧道单洞长度

高速公路隧道交通工程与附属设施配置表　　　　　　　　　　　　表 4-5

设施名称		各类设施分级				
		A +	A	B	C	D
交通安全设施		按《公路隧道设计规范　第二册　交通工程与附属设施》(JTG D70/2)相关规定配置				
通风设施	风机	按《公路隧道设计规范　第二册　交通工程与附属设施》(JTG D70/2)相关规定配置				
	能见度检测器	★	★	■	▲	—
	CO 检测器	★	★	■	▲	—
	NO₂ 检测器	■	■	■	▲	—
	风速风向检测器	★	★	★	▲	—
照明设施	灯具	按《公路隧道设计规范　第二册　交通工程与附属设施》(JTG D70/2)相关规定配置				
	亮度检测器	★	★	★	■	—
交通监控设施	车辆检测器	★	★	■	▲	—
	视频事件检测器	★	★	■	▲	—
	摄像机	●	●	★	■	—
	可变信息标志	★	★	▲	▲	—
	可变限速标志	★	★	■	▲	—
	交通信号灯	★	★	★	■	—
	车道指示器		●	★	★	▲
	交通区域控制单元	★	★	▲	▲	—
紧急呼叫设施	紧急电话	★	★	★	▲	—
	隧道广播	★	★	★	▲	—

设施名称		各类设施分级				
		A +	A	B	C	D
火灾探测报警设施	火灾探测器	●	●	★	▲	—
	手动报警按钮	●	●	●	▲	—
	火灾声光警报器	按《公路隧道设计规范 第二册 交通工程与附属设施》(JTG D70/2)相关规定配置				
消防设施与通道	灭火器	●	●	●	●	●
	消火栓	●	●	■	—	—
	固定式水成膜泡沫灭火装置	●	●	■	—	—
	通道	按《公路隧道设计规范 第二册 交通工程与附属设施》(JTG D70/2)相关规定配置				
中央控制管理设施	计算机设备	★	★	★	▲	—
	显示设备	★	★	★	▲	—
	控制台	★	★	★	▲	—
供配电设施		根据以上用电设施配置情况设置				
接地与防雷设施		根据以上用电设施配置情况设置				
线缆及相关设施		根据以上各类设施配置情况设置				

注:1. "●"-必须设;"★"-应设;"■"-宜设;"▲"-可设;"—"-不作要求。

2. 采用机械通风的隧道,应按表中所列要求设置能见度检测器、CO 检测器、NO_2 检测器、风速风向检测器;不采用机械通风的隧道则不作要求。

3. 长度小于 500m 的高速公路隧道,可不设消火栓系统及固定式水成膜泡沫灭火装置。

隧道内应设置双向轮廓标,并应同时置于隧道侧壁和检修道边缘。轮廓标的设置间距宜为 6 ~ 15m,宜与突起路标设置于相同横断面;设置在隧道侧壁上的轮廓标,安装中心位置与路面边缘高差宜为 70cm。在隧道进、出口段 200 ~ 300m 范围内,可设置主动发光型轮廓标。

思 考 题

1. 简述隧道衬砌常用材料。

2. 简述隧道工程中建筑材料选用的原则。

3. 简述隧道衬砌类型选择的基本要求。

4. 查阅隧道洞门选择具体工程案例,理解影响隧道洞门选择的因素。

5. 简述明洞的适用条件及其特点。

6. 试比较明洞和棚洞的异同。

7. 简述目前常用的隧道内装材料及其特点。

8. 简述隧道路基路面所处的特殊环境条件、特殊要求及其采取的措施。

9. 隧道交通工程与附属设施主要有哪些?

5 围岩压力

5.1 概　　述

5.1.1　围岩的应力状态

由于岩体的自重和地质构造作用,在开挖隧道前岩体中就已存在的地应力场,人们习惯称之为围岩的初始应力场。它是经历了漫长的应力历史而逐渐形成的,并处于相对稳定和平衡的状态。

隧道开挖后,由于围岩在开挖边界处解除了约束,破坏了这种平衡,此时洞内各点的应力状态发生了变化,其结果是引起周围岩体的位移,为适应应力的这种变化而达到新的平衡状态的现象叫作应力重分布。但这种应力重分布仅限于隧道周围一定范围内的岩体(围岩),在此范围以外岩体仍保持在初始应力状态,而把重新分布后的应力状态叫作围岩应力状态或二次应力状态。

由于二次应力状态的作用,使围岩发生向洞内的位移,这种位移称为收敛。若岩体强度高、整体性好、断面形状有利,岩体的变形到一定程度就会自行终止,则围岩是稳定的状态。反之,岩体的变形将自由地发展下去,最终导致隧道围岩整体失稳而破坏。在这种情况下,应在开挖后沿着隧道周边设置支护结构,对岩体的移动产生阻力,形成约束。同时支护结构也将承受围岩所给予的作用力,并产生变形。如果支护结构有一定的强度和刚度,这种围岩和支护结构的相互作用会一直延续到支护所能提供的抗力与围岩作用力之间达到平衡为止,从而形成一个力学上稳定的隧道结构体系,这就是支护应力状态或三次应力状态。支护应力状态满足稳定要求后,就会形成一个稳定的隧道结构。

5.1.2　围岩压力的概念

对于隧道工程而言,围岩压力是指作用在支护结构上的作用力。支护结构上承受的荷载与支护结构的刚度以及支护架设的时间等因素有关。

广义上,我们将围岩二次应力状态的全部作用称为围岩压力。这种作用在无支护洞室中出现在洞室周围的部分区域内(围岩中),在有支护结构的洞室中,表现为围岩和支护结构的相互作用(出现在支护结构及围岩中),这种荷载作用的概念和分配过程在围岩-结构计算模式中得到了充分的体现。一般工程中所认为的围岩压力,是指由于洞室开挖后的二次应力状态,导致围岩产生变形或破坏所引起的作用在衬砌上的压力。

5.1.3　围岩压力的分类

根据围岩变形破坏机理,围岩压力可分为四类,即形变压力、松动压力、膨胀压力和冲击压力。

形变压力是由于围岩变形受到支护的抑制而产生的。按其成因可分为弹性形变压力、塑性形变压力与流变压力。形变压力是由围岩变形表现出来的压力,所以形变压力的大小,既决定于原岩应力大小、岩体力学性质,也决定于支护结构刚度和支护时间。

松动压力是由于开挖而松动或塌落的岩体,以重力形式直接作用在支护上的压力。

由于洞室的开挖,若不进行任何支护,周围岩体会经过应力重分布→变形→开裂→松动→逐渐塌落的过程,在坑道的上方形成近似拱形的空间后停止塌落。将坑道上方所形成的相对稳定的拱称为自然平衡拱(图5-1)。自然平衡拱上方的一部分岩体承受着上覆地层的全部重力,如同一个承载环一样,并将荷载向两侧传递下去,这就是围岩的"成拱作用"。而自然平衡拱范围内破坏了的岩体的重力,就是作用在支护结构上围岩松动压力的来源。其成拱作用也可以解释为在形成松动压力时,围岩的"承载作用"。

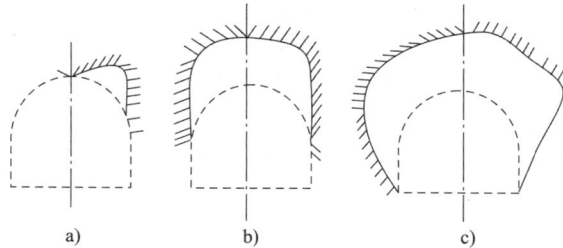

图5-1　因塌方形成的自然平衡拱

实践证明,除围岩地质条件、支护结构架设时间、刚度以及自然平衡拱与围岩的接触状态等因素会影响自然平衡拱范围的大小外,以下因素也会对其范围大小产生影响:

(1)隧道的尺寸。隧道跨度越大,则自然平衡拱越高,围岩压力也越大。

(2)隧道的埋深。人们从实践中得知,只有当隧道埋深超过某一临界值时,才有可能形成自然平衡拱。习惯上,将这种隧道称为深埋隧道,否则称为浅埋隧道。由于浅埋隧道不能形成自然平衡拱,所以,浅埋隧道围岩压力的大小与埋置深度直接相关。

(3)施工因素。如爆破的影响,爆破所产生的震动常常使围岩过度松弛,造成围岩压力过大。又如分部开挖多次扰动围岩,也会引起围岩失稳,使围岩压力加大。

膨胀压力是由于围岩膨胀崩解而引起的压力。膨胀岩具有吸水膨胀崩解的特性,其膨胀、崩解、体积增大可以是物理性的,也可以是化学性的。膨胀压力与形变压力的基本区别在于它是由吸水膨胀引起的。从现象上看,它与流变压力有相似之处,但两者的机理完全不同,因此对它们的处理方法也各不相同。膨胀压力的大小与岩体的状态、隧道结构形式等很多因素有关,目前还没有计算模型来计算膨胀压力的大小,通常只能根据经验数据或量测结果来估计。

冲击压力又称岩爆,它是在围岩积聚了大量的弹性变形能之后,由于开挖突然释放出来时所产生的压力。岩爆一般在高地应力的坚硬岩石中发生。由于冲击压力是岩体能量的积聚与释放问题,所以它与岩体弹性模量直接相关。弹性模量较大的岩体在高地应力作用下,易于积聚大量的弹性变形能,一旦遇到适宜条件,就会突然猛烈地大量释放。这种压力目前还无法计算。

围岩压力按其作用方向,可分为垂直压力、水平侧向压力和底部压力。在坚硬岩层中,围岩水平压力很小,常可忽略不计;在松软岩层中,围岩水平压力较大,计算中必须考虑。围岩底部压力是向上作用在衬砌结构底板上的荷载。一般说来,在松软地层和膨胀性岩层中建造的地下结构会受到较大的底部压力。

此外,还应指出的是时间因素对围岩压力的产生与发展具有重要的意义。但目前常用的围岩压力计算公式都没有考虑时间因素,只考虑最终可能达到的最大压力值,而且一般都是针对松动围岩压力进行计算。

5.1.4　围岩压力的确定方法

目前常用的确定围岩压力的方法有以下 3 种:

(1)直接量测法。直接测量法是一种切合实际的方法,对隧道工程而言,也是研究发展的方向;但由于受量测设备和技术水平的制约,目前还不能普遍采用。

(2)经验法或工程类比法。经验法或工程类比法根据大量以前工程的实际资料的统计和总结,按不同围岩分级提出围岩压力的经验数值,作为后建隧道工程确定围岩压力的依据的方法。它是目前使用较多的方法。

(3)理论估算法。理论估算法是在实践的基础上从理论上研究围岩压力的方法。由于地质条件的不确定性,影响围岩压力的因素较多,试图建立一种完善的和适合各种实际情况的通用围岩压力理论及计算方法是非常困难的。

5.2　工程技术规范采用的围岩压力计算方法

5.2.1　深埋单洞隧道松动围岩压力的确定

根据铁路隧道的塌方资料所反映的围岩松动范围的大小,人们利用统计分析方法得出了深埋单洞隧道松动压力的经验公式,该公式在现行的《公路隧道设计规范　第一册　土建工程》(JTG 3370.1)和《铁路隧道设计规范》(TB 10003)中均得到了应用。深埋单洞隧道围岩压力为松动压力时,其垂直均布压力可按式(5-1)、式(5-2)计算确定:

$$q = \gamma h \tag{5-1}$$
$$h = 0.45 \times 2^{s-1} \omega \tag{5-2}$$

式中:q——垂直均布压力(kN/m^2);

γ——围岩重度(kN/m^3);

h——围岩压力计算高度(m);

S——围岩级别,按 1、2、3、4、5、6 整数取值;

ω——宽度影响系数。

ω 按式(5-3)计算:

$$\omega = 1 + i(B - 5) \tag{5-3}$$

式中:B——隧道宽度(m);

i——隧道宽度每增减 1m 时的围岩压力增减率,以 $B = 5m$ 的围岩垂直均布压力为准,按表 5-1 取值。

围岩压力增减率 i 取值表 表 5-1

隧道宽度 $B(m)$	$B < 5$	$5 \leqslant B < 14$	$14 \leqslant B < 25$	
围岩压力增减率 i	0.2	0.1	考虑施工过程分导洞开挖	0.07
			上下台阶法或一次性开挖	0.12

有围岩 BQ 或 [BQ] 值时,式(5-2)中 S 可用[S]代替。[S]可按式(5-4)或式(5-5)计算:

$$[S] = S + \frac{\dfrac{[BQ]_{上} + [BQ]_{下}}{2} - [BQ]}{[BQ]_{上} - [BQ]_{下}} \tag{5-4}$$

$$[S] = S + \frac{\dfrac{BQ_{上} + BQ_{下}}{2} - BQ}{BQ_{上} - BQ_{下}} \tag{5-5}$$

式中:　　[S]——围岩级别修正值(精确至小数点后一位),当 BQ 或 [BQ] 值大于 800 时,
取 800;

$BQ_{上}$、$[BQ]_{上}$——该围岩级别的岩体基本质量指标 BQ 和岩体修正质量指标 [BQ] 的上限值,
可按表 5-2 取值;

$BQ_{下}$、$[BQ]_{下}$——该围岩级别的岩体基本质量指标 BQ 和岩体修正质量指标 [BQ] 的下限值,
可按表 5-2 取值。

岩体基本质量指标 BQ 和岩体修正质量指标[BQ]的上、下限值 表 5-2

围岩级别	Ⅰ 级	Ⅱ 级	Ⅲ 级	Ⅳ 级	Ⅴ 级
$BQ_{上}$、$[BQ]_{上}$	800	550	450	350	250
$BQ_{下}$、$[BQ]_{下}$	550	450	350	250	0

围岩水平均布压力可按表 5-3 的规定确定。

围岩水平均布压力 表 5-3

围岩级别	Ⅰ 级、Ⅱ 级	Ⅲ 级	Ⅳ 级	Ⅴ 级	Ⅵ 级
水平均布压力 e	0	$<0.15q$	$(0.15 \sim 0.3)q$	$(0.3 \sim 0.5)q$	$(0.5 \sim 1.0)q$

因该计算公式是根据单线铁路隧道施工塌方资料统计归纳的,所以,在应用时要注意以下适用条件:

(1)适用于 $\dfrac{H_t}{B} < 1.7$ 的情景,其中 H_t 为隧道开挖高度,B 为隧道开挖宽度。在高边墙的地下坑道中,由于控制坑道稳定性的是坑道侧壁,故不宜采用式(5-1)和式(5-2)。当边墙较高且无不良地质构造时,可参考选用上式,否则要加大荷载值,或用其他适合高边墙坑道的计算公式。

(2)适用于不产生显著偏压及膨胀力的一般围岩,因为在这些围岩中的荷载分布、数值、时间效应等有显著差异,故不宜采用式(5-1)和式(5-2)。

(3)适用于矿山法施工条件,当采用其他施工方法时,如掘进机、盾构法等,荷载值可适当减小。

(4)对于喷射混凝土、锚杆支护,因荷载性质有很大不同,亦不宜采用。

（5）适用于深埋隧道。

根据围岩压力的实地测量结果及隧道塌方统计资料可知,围岩压力的分布是不均匀的,在块状岩体中这种不均匀性更加明显,各类不均匀荷载分布特征如图5-2所示。因此仅用上述公式计算的均布荷载来进行结构设计不够全面,还必须考虑荷载不均布的情况。这些荷载图形的选择,应根据围岩级别、施工条件及结构的要求而定,在通常情况下,以垂直均布图形为主要荷载图形进行结构设计,用偏压或不均布图形进行校核,其中,荷载值可根据非均布压力总和与均布压力总和相等的原则确定。

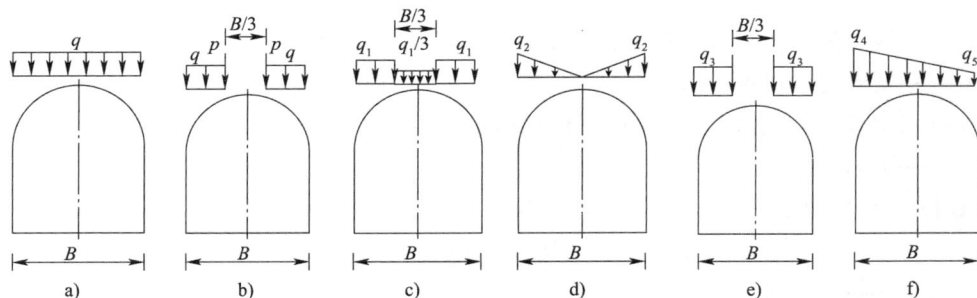

图5-2 不均匀荷载分布特征

[例题] 已知某三车道公路隧道开挖宽度为17.4m,开挖高度11.3m,穿越Ⅳ级围岩的隧道段长度为500m,埋深在50~100m之间,深埋隧道,采用上、下台阶法开挖,该围岩详细分级时得到的岩体修正质量指标[BQ] = 282,重度为23kN/m³,试计算该隧道Ⅳ级围岩段的围岩压力。

解:隧道高度与跨度之比为$\dfrac{H_t}{B} = \dfrac{11.3}{17.4} = 0.65 < 1.7$,故可以用式(5-1)、式(5-2)计算。

根据表5-1,14m < B = 17.4m < 25m,围岩压力增减率为:

$$i = 0.12$$

宽度影响系数为:

$$\omega = 1 + i(B - 5) = 1 + 0.12 \times (17.4 - 5) = 2.488$$

围岩级别修正值为:

$$[S] = S + \frac{\dfrac{[BQ]_上 + [BQ]_下}{2} - [BQ]}{[BQ]_上 - [BQ]_下} = 4 + \frac{\dfrac{350 + 250}{2} - 282}{350 - 250} = 4.2$$

围岩压力计算高度为:

$$h = 0.45 \times 2^{4.2-1} \times 2.488 = 10.29\text{m}$$

围岩垂直均布压力为:

$$q = \gamma h = 23 \times 10.29 = 236.67\text{kPa}$$

围岩水平均布压力为:

$$e = (0.3 \sim 0.5)q = (0.3 \sim 0.5) \times 236.67 = 71 \sim 118.34\text{kPa}$$

5.2.2 浅埋单洞隧道松动围岩压力的确定

1)深埋和浅埋隧道的确定

在隧道埋深较浅时,如隧道的进出口段,开挖的影响会波及地表,无法形成自然平衡拱,围岩压力的计算方法也就不同。深浅埋隧道的判定应以隧道顶部覆盖层能否形成"自然拱"为原则,但确定深埋与浅埋隧道的界限是一个较为复杂的问题。现行《公路隧道设计规范 第一册 土建工程》(JTG 3370.1)规定,浅埋和深埋隧道的分界可按荷载等效高度值,并结合地质条件、施工方法等因素综合判定。按荷载等效高度判定时,可按式(5-6)、式(5-7)计算:

$$H_P = (2 \sim 2.5)h_q \tag{5-6}$$

$$h_q = \frac{q}{\gamma} \tag{5-7}$$

式中:H_P——浅埋隧道分界深度(m);

h_q——荷载等效高度(m);

q——用式(5-1)算出的深埋隧道垂直均布压力(kN/m²);

γ——围岩重度(kN/m³)。

在钻爆法或浅埋暗挖法施工的条件下,Ⅳ~Ⅵ级围岩 H_P 按下式计算:

$$H_P = 2.5 h_q \tag{5-8}$$

Ⅰ~Ⅲ级围岩 H_P 按下式计算:

$$H_P = 2 h_q \tag{5-9}$$

2)埋深小于或等于荷载等效高度时的围岩压力计算

埋深小于或等于等效荷载高度 h_q 时,垂直压力视为均布:

$$q = \gamma \cdot H \tag{5-10}$$

式中:q——垂直均布压力(kN/m²);

γ——隧道上覆围岩重度(kN/m³);

H——隧道埋深,指隧道顶至地面的距离(m)。

侧向压力按均布考虑时,其值为:

$$e = \gamma \left(H + \frac{1}{2}H_t\right)\tan^2\left(45° - \frac{\varphi_c}{2}\right) \tag{5-11}$$

式中:e——侧向均布压力(kN/m²);

H_t——隧道高度(m);

φ_c——围岩计算摩擦角(°),其值见表5-4。

各级围岩计算内摩擦角   表5-4

围岩级别	Ⅰ级	Ⅱ级	Ⅲ级	Ⅳ级	Ⅴ级	Ⅵ级
φ_c(°)	>78	70~78	60~70	50~60	40~50	30~40

3)埋深大于荷载等效高度、小于或等于 H_P 时的围岩压力计算

埋深大于 h_q、小于或等于 H_P 时,为便于计算,假定岩土体中形成的破裂面是一条与水平方向成 β 角的斜直线,如图 5-3 所示。$EFHG$ 岩土体下沉,带动两侧三棱岩土体(图中 FDB 和 ECA)下沉,整体岩体 $ABDC$ 下沉时,又要受到未扰动岩土体的阻力;斜直线 AC 或 BD 是假定的破裂面,分析时考虑黏聚力 c,并采用了计算摩擦角 φ_c;另一滑面 FH 或 EG 则并非破裂面,因此,滑面阻力要小于破裂面 AC、BD 的阻力。若该滑面的摩擦角为 θ,则 θ 值应小于 φ_c 值。无实测资料时,θ 可按表5-5取值。

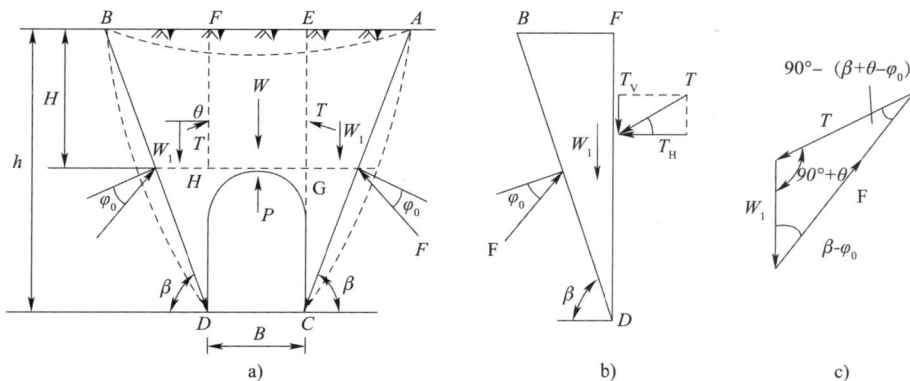

图 5-3 浅埋隧道围岩压力示意图

各级围岩的 θ 取值   表 5-5

围岩级别	Ⅰ、Ⅱ、Ⅲ级	Ⅳ级	Ⅴ级	Ⅵ级
θ	$0.9\varphi_c$	$(0.7\sim0.9)\varphi_c$	$(0.5\sim0.7)\varphi_c$	$(0.3\sim0.5)\varphi_c$

由图 5-3 可知,隧道上覆岩体 $EFHG$ 的重力为 W,两侧三棱岩体 FDB 或 ECA 的重力为 W_1,未扰动岩体对整个滑动土体的阻力为 F。当 $EFHG$ 下沉时,两侧受到的阻力 T 或 T_V,则作用于 HG 面上的垂直压力总值 $Q_浅$ 为:

$$Q_浅 = W - 2T_V = W - 2T\sin\theta \qquad (5\text{-}12)$$

三棱体自重为:

$$W_1 = \frac{1}{2}\gamma h \frac{h}{\tan\beta} \qquad (5\text{-}13)$$

式中:h——隧道底部到地面的距离(m);

β——破裂面与水平面的夹角(°)。

由图 5-3,根据正弦定理可得:

$$T = \frac{\sin(\beta - \varphi_c)}{\sin\left[90^0 - (\beta - \varphi_c + \theta)\right]}W_1 \qquad (5\text{-}14)$$

将式(5-13)代入式(5-14),可得:

$$T = \frac{1}{2}\gamma h^2 \frac{\lambda}{\cos\theta} \qquad (5\text{-}15)$$

$$\lambda = \frac{\tan\beta - \tan\varphi_c}{\tan\beta\left[1 + \tan\beta(\tan\varphi_c - \tan\theta) + \tan\varphi_c\tan\theta\right]} \qquad (5\text{-}16)$$

$$\tan\beta = \tan\varphi_c + \sqrt{\frac{(\tan^2\varphi_c + 1)\tan\varphi_c}{\tan\varphi_c - \tan\theta}} \qquad (5\text{-}17)$$

式中:λ——侧压力系数。

至此,极限最大阻力 T 值可求得。得到 T 值后,代入式(5-12)即可求得作用在 HG 面上的总垂直压力 $Q_浅$:

$$Q_浅 = W - 2T\sin\theta = W - \gamma h^2\lambda\tan\theta \qquad (5\text{-}18)$$

由于 GC、HD 与 EG、FH 相比往往较小,而且衬砌与岩土体之间的摩擦角也不同,前面分析时均按 θ 计算,当中间岩土体下滑时,由 FH 及 EG 面传递,考虑压力稍大些对设计的结构也偏于安全,因此,摩阻力不计隧道部分而只计洞顶部分,即在计算中用 H 代替 h,式(5-18)变为:

$$Q_浅 = W - \gamma H^2 \lambda \tan\theta \qquad (5\text{-}19)$$

由于 $W = BH\gamma$，故有：

$$Q_浅 = \gamma H(B - H\lambda\tan\theta) \qquad (5\text{-}20)$$

式中：B——隧道宽度（m）。

换算为作用在支护结构上的均布荷载，如图 5-4 所示，即：

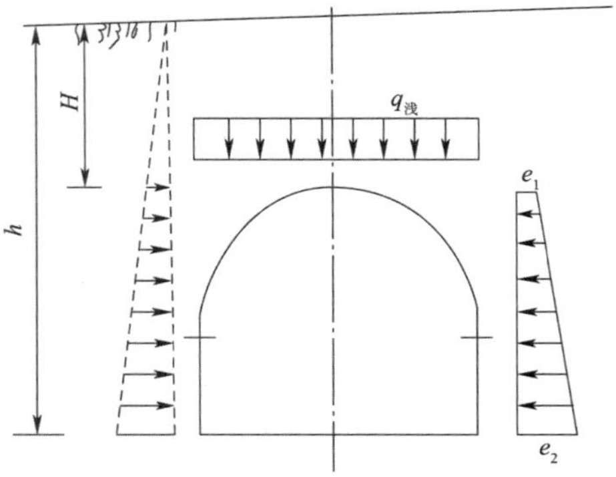

$$q_浅 = \frac{Q_浅}{B} = \gamma H\left(1 - \frac{H}{B}\lambda\tan\theta\right) \qquad (5\text{-}21)$$

式中：$q_浅$——作用在支护结构上的均布荷载（kN/m²）。

此时，作用在支护结构上两侧的水平侧压力为：

$$\left.\begin{array}{l} e_1 = \gamma H\lambda \\ e_2 = \gamma h\lambda \end{array}\right\} \qquad (5\text{-}22)$$

侧压力视均布压力时，为：

$$e = \frac{1}{2}(e_1 + e_2) \qquad (5\text{-}23)$$

图 5-4　均布荷载示意图

5.2.3　偏压单洞隧道围岩压力的确定

一般所指偏压隧道为承受显著偏压荷载（不对称压力）的隧道。对于偏压隧道产生偏压的原因，从地形上讲，是由于洞顶覆盖层较薄，地面横坡显著，有倾斜的松散、软质或土质围岩，多见于洞口浅埋地段或傍山浅埋地段。从地质上讲，是由于围岩为倾斜层状结构，层间黏结力差并伴随以有害节理裂隙切割或洞身有倾角较陡的软弱结构面，导致围岩一部分较软，一部分较硬。此外，如施工期间因各种原因造成一侧塌方，也会形成显著偏压。

偏压隧道围岩压力应根据其引起偏压的原因分别考虑。由地质原因或其他原因（如隧道塌方）引起的偏压，可根据地质勘察资料并结合实践工程经验予以判定。对于单洞隧道，由地形引起的偏压可根据地面横坡和拱肩外侧围岩覆盖层厚度 t 值综合确定。

1）由地形原因引起的偏压的计算

假定偏压分布图（图 5-5）与地面坡度一致，则偏压隧道垂直压力 θ 为：

$$Q = \frac{\gamma}{2}\left[(h + h')B - (\lambda h^2 + \lambda'h'^2)\tan\theta\right] \qquad (5\text{-}24)$$

式中：h、h'——内、外侧由拱顶水平至地面的高度（m）；

$\quad\quad\quad B$——隧道跨度（m）；

$\quad\quad\quad \gamma$——围岩重度（kN/m³）；

$\quad\quad\quad \theta$——顶板岩土柱两侧摩擦角（°），当无实测资料时，可参考表 5-5 选取；

$\quad\quad\quad \lambda$、λ'——内、外侧的侧压力系数。

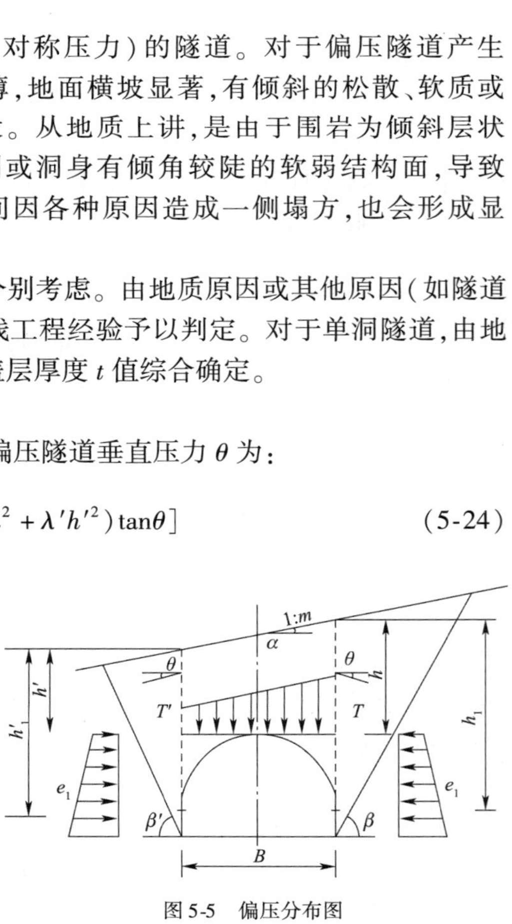

λ、λ' 可按下式计算：

图 5-5　偏压分布图

$$\lambda = \frac{1}{\tan\beta - \tan\alpha} \times \frac{\tan\beta - \tan\varphi_c}{1 + \tan\beta(\tan\varphi_c - \tan\theta) + \tan\varphi_c\tan\theta} \tag{5-25}$$

$$\lambda' = \frac{1}{\tan\beta' - \tan\alpha} \times \frac{\tan\beta' - \tan\varphi_c}{1 + \tan\beta'(\tan\varphi_c - \tan\theta) + \tan\varphi_c\tan\theta} \tag{5-26}$$

式中：α——地面坡坡角(°)；

φ_c——围岩计算摩擦角(°)；

β、β'——内、外侧产生最大推力时的破裂角(°)。

其中：

$$\tan\beta = \tan\varphi_c + \sqrt{\frac{(\tan^2\varphi_c + 1)(\tan\varphi_c - \tan\alpha)}{\tan\varphi_c - \tan\theta}} \tag{5-27}$$

$$\tan\beta' = \tan\varphi_c + \sqrt{\frac{(\tan^2\varphi_c + 1)(\tan\varphi_c + \tan\alpha)}{\tan\varphi_c - \tan\theta}} \tag{5-28}$$

偏压隧道水平侧压力为：

内侧：

$$e_i = \gamma \cdot h_i\lambda \tag{5-29}$$

外侧：

$$e_i = \gamma \cdot h'_i\lambda' \tag{5-30}$$

式中：h_i、h'_i——内、外侧任意一点 i 至地面的距离(m)。

2)由地质构造原因引起偏压的计算

这种情况多发生在多裂隙层状或块状岩体中，但其情况复杂，尚无确定的计算方法。当需要计算时，应注意以下几点：

(1)必须查明围岩可能产生偏压的被割裂或松动的范围大小；

(2)尽量取得控制弱面的强度计算指标，如 c、φ 值等。当弱面的 c、φ 值不能通过强度试验取得时，可结合弱面的性质、充填情况和地下水影响，用工程类比法确定；

(3)当为块体运动时，可近似地按岩块刚体平衡的方法计算。当一部分为软层，另一部分为硬层时，可分别取用不同的指标计算。

5.2.4　明洞围岩压力的确定

此处的明洞是指采用明挖法进行施工的隧道明洞。这类计算主要考虑隧道明洞洞顶的回填与冲击荷载。

1)拱圈回填土石垂直压力的计算

拱圈回填土石垂直压力可按式(5-31)计算：

$$q_i = \gamma_1 h_i \tag{5-31}$$

式中：q_i——明洞结构上任意点 i 的回填土石垂直压力值(kN/m^2)；

γ_1——拱背回填土石重度(kN/m^3)；

h_i——明洞结构上任意点 i 的土柱体高度(m)。

2)拱圈回填土石侧压力的计算

拱圈回填土石侧压力可按式(5-32)计算：

$$e_i = \lambda\gamma_1 h_i \tag{5-32}$$

式中：e_i——明洞结构上任意点 i 的侧压力值(kN/m^2)；

λ——侧压力系数。

侧压力系数可按下列两种情况分别计算。

（1）填土坡面向上倾斜（图5-6），按无限土体计算：

$$\lambda = \cos\alpha \frac{\cos\alpha - \sqrt{\cos^2\alpha - \cos^2\varphi_1}}{\cos\alpha + \sqrt{\cos^2\alpha - \cos^2\varphi_1}} \tag{5-33}$$

式中：α——设计填土面坡度角（°）；

φ_1——拱背回填土石计算摩擦角（°）。

（2）填土坡面向下倾斜（图5-7），按有限土体计算：

$$\lambda = \frac{1 - \mu n}{(\mu + n)\cos\rho + (1 - \mu n)\sin\rho} \cdot \frac{mn}{m - n} \tag{5-34}$$

式中：ρ——侧压力作用方向与水平线夹角（°）；

n——开挖边坡的坡率；

m——回填土石面坡率；

μ——回填土石与开挖边坡面间的摩擦系数。

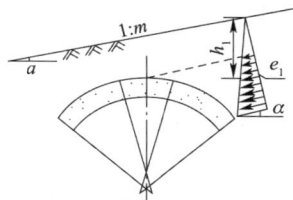

图5-6　填土坡面向上倾斜　　　图5-7　填土坡面向下倾斜

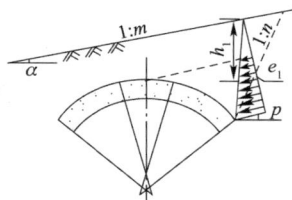

3）边墙回填土石侧压力的计算

边墙回填土石侧压力可按式（5-35）计算：

$$e_i = \lambda \gamma_2 h'_i \tag{5-35}$$

式中：γ_2——墙背回填土石重度（kN/m³）；

h'_i——边墙计算点换算高度（m），$h'_i = h''_i + \dfrac{\gamma_1}{\gamma_2}h_1$；

h''_i——墙顶至计算位置的高度（m）；

h_1——填土坡面至墙顶的高度（m）；

λ——侧压力系数。

侧压力系数可按下列三种情况分别计算。

（1）填土坡面向上倾斜（图5-8）：

$$\lambda = \frac{\cos^2\varphi_2}{\left[1 + \sqrt{\dfrac{\sin\varphi_2\sin(\varphi_2 - \alpha')}{\cos\alpha'}}\right]^2} \tag{5-36}$$

式中：φ_2——墙背回填土石计算摩擦角（°）。

（2）填土坡面向下倾斜（图5-9）：

$$\lambda = \frac{\tan\theta_0}{\tan(\theta_0 + \varphi_2)(1 + \tan\alpha'\tan\theta_0)} \tag{5-37}$$

$$\alpha' = \arctan\left(\frac{\gamma_1}{\gamma_2}\tan\alpha\right) \tag{5-38}$$

$$\tan\theta_0 = \frac{-\tan\varphi_2 + \sqrt{(1 + \tan^2\varphi_2)(1 + \tan\alpha'/\tan\varphi_2)}}{1 + (1 + \tan^2\varphi_2)\tan\alpha'/\tan\varphi_2} \tag{5-39}$$

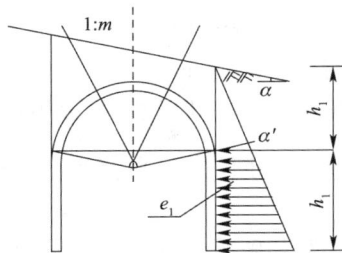

图 5-8　填土坡面向上倾斜　　　　　图 5-9　填土坡面向下倾斜

（3）填土坡面水平时：

$$\lambda = \tan^2\left(\frac{\pi}{4} - \frac{\varphi_2}{2}\right) \tag{5-40}$$

连拱隧道、小净距隧道等围岩压力的计算请参考相关资料。

5.3　其他围岩压力方法简介

5.3.1　普氏方法

普氏方法是以自然平衡拱为基础的围岩压力计算方法。1908 年,俄国学者普罗托季亚科诺夫根据对矿山坑道的观察和砂箱模型试验结果提出了基于自然平衡拱概念的计算理论,他认为在具有一定黏聚力的松散介质中开挖坑道,其上方会形成一个抛物线形平衡拱(图 5-10),这个平衡拱实质上就是破坏范围,破坏范围内的围岩重量就是隧道支护结构所要承受的荷载。普氏方法的基本假定为:

（1）岩体由于节理的切割,经开挖后形成松散岩体,但仍具有一定的黏结力;

（2）洞室开挖后,洞顶岩体形成一自然平衡拱;

（3）采用坚固性系数来表征岩体的特性;

（4）形成的自然平衡拱的洞顶岩体,只能承受压应力,不能承受拉应力。

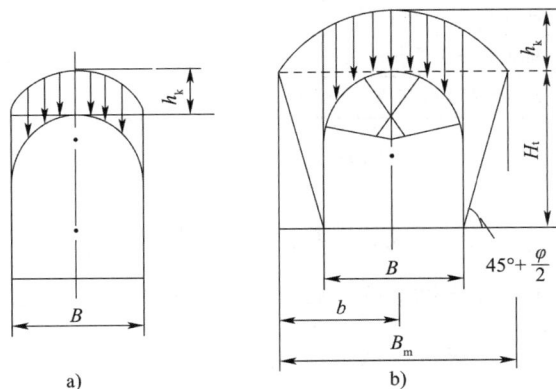

图 5-10　隧道周边形成的自然平衡拱示意图

在这些假定基础上,推导出了深埋单洞隧道围岩压力(q)计算的普氏公式:

$$q = \gamma \, h_k \tag{5-41}$$

$$h_k = \frac{b}{f_{kp}} \tag{5-42}$$

式中：h_k——平衡拱的拱高(m)；

f_{kp}——普氏岩石坚固性系数(似摩擦系数)，可参考式(5-43)或表5-6取值；

b——隧道平衡拱跨度一半，在坚硬岩层中时，因侧壁较稳定，$b = \dfrac{B}{2}$，如图5-10a)所示；

在松散和破碎岩体中，坑道的侧壁受扰动而滑移，$b = \dfrac{B_m}{2} = \dfrac{B}{2} + H_t \tan\left(45° - \dfrac{\varphi}{2}\right)$，

如图5-10b)所示[其中 B_m 为隧道平衡拱宽度(m)]。

普氏岩石坚固性系数分类表　　　　　表5-6

围岩类比	岩石名称	f_{kp}	$\gamma(\text{kN/m}^3)$	$\varphi(°)$
极坚硬	最坚硬、致密及坚韧的石英石和玄武石，非常坚硬的其他岩石	20	28~30	87
	极坚硬的花岗岩、石英斑岩、砂质片岩，最坚硬的砂岩及石灰岩	15	26~27	85
	致密的花岗岩、极坚硬的砂岩及石灰岩、坚硬的砾岩、很坚硬的铁矿	10	25~26	82.5
坚硬	坚硬的石灰岩、不坚硬的花岗岩、坚硬的砂岩、大理岩、黄铁矿及白云石	8	25	80
	普通的砂岩、铁矿	6	24	75
	砂质片岩、片岩状砂岩	5	25	72.5
中等坚硬	坚硬的黏土质片岩、不坚硬的砂岩、石灰岩、软的砾岩	4	26	70
	不坚硬的片岩、致密的泥灰岩、坚硬的胶结黏土	3	25	70
	软的片岩、石灰岩、冻土、普通的泥凝灰岩、破碎的砂岩、胶结的卵石和沙砾掺石的土	2	24	65
	碎石土、破碎的片岩、卵石和碎石、硬黏土、坚硬的煤	1.5	18~20	60
	密实的黏土、普通煤、坚硬冲击土、黏土质土、混有石子的土	1.0	18	45
	轻砂质黏土、黄土、砂砾、软煤	0.8	16	40
松软	湿砂、砂土壤、种植土、泥炭、轻沙壤土	0.6	15	30
不稳定	散沙、小沙砾、新堆积土、开采出的煤	0.5	17	27
	流沙、沼泽土、含水的黄土及其他含水的土	0.3	15~18	9

$$
\left.
\begin{array}{ll}
\text{坚硬岩石：} & f_{kp} \approx \left(\dfrac{1}{12} \sim \dfrac{1}{15}\right) R_c \\[2mm]
\text{较软岩石：} & f_{kp} \approx \left(\dfrac{1}{8} \sim \dfrac{1}{10}\right) R_c \\[2mm]
\text{松散土质或极度破碎岩石：} & f_{kp} = \tan\varphi \\[2mm]
\text{黏性土或黄土：} & f_{kp} = \dfrac{c}{R_c} + \tan\varphi
\end{array}
\right\} \tag{5-43}
$$

式中：R_c——岩石饱和单轴抗压强度(MPa)；

φ——围岩内摩擦角(°)；

c——围岩黏聚力（MPa）。

5.3.2 泰沙基方法

泰沙基方法以松散介质平衡理论为基础。他认为：岩体是有一定黏结力的松散介质，当坑道开挖后，围岩下沉时由于侧压力的作用，对下沉围岩将产生摩阻力。假定滑移面为如图5-11所示的 OAB，当围岩的内摩擦角为 φ 时，滑移面从隧道底面以 $45° - \dfrac{\varphi}{2}$ 的角度倾斜，到洞顶后沿竖直面 AB 到达地面。假定作用在任一水平面上的竖向压应力 σ_v 是均布的，相应的水平应力与竖向应力之比为 k，则 $\sigma_h = k\sigma_v$。

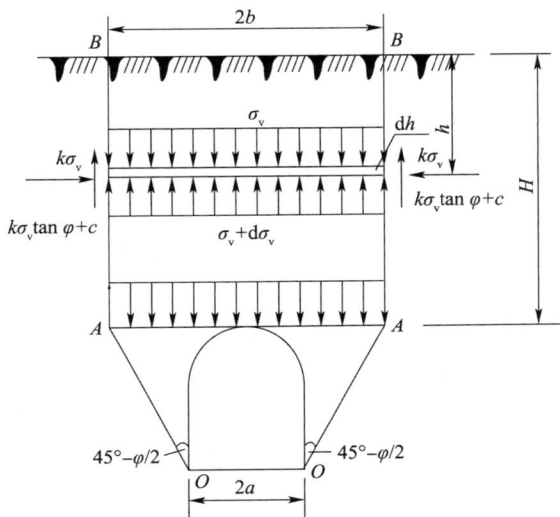

图5-11　泰沙基方法围岩压力示意图

在距地表深 h 处取厚度为 $\mathrm{d}h$ 的水平单元体，该单元体受力情况如图5-11所示，考虑其竖向平衡条件，有：

$$2\gamma b \mathrm{d}h + 2b\sigma_v - 2b(\sigma_v + \mathrm{d}\sigma_v) - 2(k\sigma_v \tan\varphi + c)\mathrm{d}h = 0 \tag{5-44}$$

式中：σ_v——竖向压应力（kPa）；

　　　γ——围岩天然重度（kN/m^3）；

　　　b——洞顶松动宽度的一半（m），$b = a + h_t \tan\left(45° - \dfrac{\varphi}{2}\right)$；

　　　k——水平应力与竖直应力比值；

　　　c——围岩黏聚力（kPa）；

　　　φ——围岩内摩擦角（°）。

求解此微分方程，并引进边界条件 $h = 0$，$\sigma_v = p_0$，得：

$$\sigma_v = \frac{\gamma b - c}{k\tan\varphi}\left(1 - \mathrm{e}^{-k\frac{h}{b}\tan\varphi}\right) + p_0 \mathrm{e}^{-k\frac{h}{b}\tan\varphi} \tag{5-45}$$

将隧道的实际埋深 H 代入上式，即可得到地表有均布荷载 p_0 时，隧道顶竖向均布压力为：

$$q = \frac{\gamma b - c}{k\tan\varphi}\left(1 - \mathrm{e}^{-k\frac{H}{b}\tan\varphi}\right) + p_0 \mathrm{e}^{-k\frac{H}{b}\tan\varphi} \tag{5-46}$$

随着隧道埋深 H 的加大，$\mathrm{e}^{-k\frac{H}{b}\tan\varphi}$ 趋近于零，地表均布荷载对隧道顶部竖向围岩压力已不

产生影响,则 σ_v 趋于某一固定值,即:

$$q = \frac{\gamma b - c}{k \tan\varphi} \tag{5-47}$$

泰沙基根据试验结果得出 $k = 1.0 \sim 1.5$,一般取 $k = 1.0$。如果取 $c = 0, k = 1.0$,并以 f 代替 $\tan\varphi$,可得:

$$q = \gamma h_1 = \frac{\gamma b}{f} \tag{5-48}$$

这与普氏理论中的竖直应力计算公式完全一致。

假设作用在侧壁的水平围岩压力呈梯形分布,则梯形的上、下部的围岩压力可按下式计算:

$$e_1 = q \tan^2\left(45° - \frac{\varphi}{2}\right) \tag{5-49}$$

$$e_2 = q + \gamma h_1 \tan^2\left(45° - \frac{\varphi}{2}\right) \tag{5-50}$$

由式(5-45)得知,出现 q_{max} 的条件是埋深 $H \rightarrow \infty$,即竖向压力达到最大,因此,用该条件来确定深埋与浅埋的分界显然是不可能的。但是根据欧美国家和地区(一般采用泰沙基理论)应用的土压理论计算:当覆土层厚度 $H \geqslant 5b$ 时,土层压力趋于稳定,因此通常将该值作为深埋与浅埋的分界深度。

泰沙基方法综合考虑了岩土体的内摩擦角、黏聚力和隧道几何尺寸等,基于上覆土柱中的应力传递原理,从微元体的应力平衡推导出整个土柱的受力,得出洞室顶部竖向围岩压力;但是该方法采用了侧压力系数 k 这一概念,这使得采用该方法计算围岩压力时具有一定的不确定性,并且在应用时会出现围岩压力为负值的情况,这与实际情况不符;该方法适用于围岩条件较差的隧道围岩压力计算。

5.3.3　比尔鲍曼方法

比尔鲍曼方法在国外应用比较普遍,他认为在松散岩土体中开挖浅埋隧道时,滑移破裂面可以用两条与水平线成 $\left(45° + \frac{\varphi}{2}\right)$ 的直线 AC 与 BD 来代替,如图5-12所示。当洞顶平面以上的岩土体 $EFGH$ 向下移动时,将受到两侧三棱体 AEH、BFG 的牵制,于是作用在支护结构上的垂直围岩压力合力为:

$$P = W - 2T \tag{5-51}$$

式中:W——$EFGH$ 岩土体的总重力(kN),$W = 2(a + b)H\gamma = 2a_1 H\gamma$;

T——作用在 EH、FG 面上夹持力(kN)。

其中,$a_1 = b + H_1 \tan\left(45° - \frac{\varphi}{2}\right)$。

夹持力 T 为摩擦力和黏结力之和,作用在土柱侧面处任一点上的夹持应力 t 为:

$$t = c + e_z \tan\varphi \tag{5-52}$$

式中:c——岩层的黏聚力(kPa);

φ——岩层的内摩擦角(°)。

则有:

$$T = \int_0^H t\mathrm{d}z = \frac{1}{2}\gamma H^2 K_1 + cH(1 - 2K_2) \tag{5-53}$$

其中，$K_1 = \tan\varphi \tan^2\left(45° - \dfrac{\varphi}{2}\right)$，$K_2 = \tan\varphi \tan\left(45^0 - \dfrac{\varphi}{2}\right)$。

代入式(5-49)，可得：

$$P = W - 2T = 2 a_1 \gamma H - \gamma H^2 K_1 - 2cH(1 - 2K_2)$$

假定隧道顶部竖向压力均匀分布，则垂直均布压力为：

$$q = \gamma H \left[1 - \dfrac{H}{2a_1} K_1 - \dfrac{c}{a_1\gamma}(1 - 2K_2) \right]$$

同一深度处的侧向压力为：

$$e = q \tan^2(45° - \varphi/2)$$

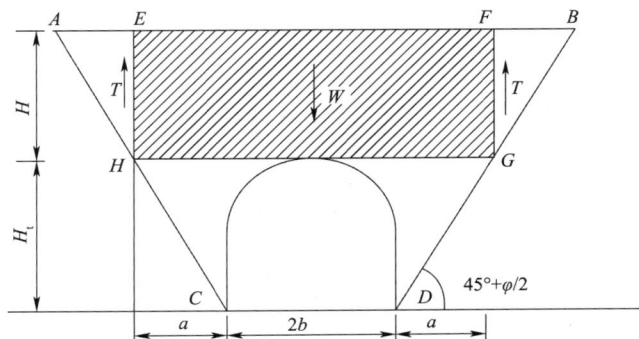

图 5-12　比尔鲍曼方法围岩压力示意图

比尔鲍曼方法考虑了岩土体的内摩擦角和黏聚力，竖向围岩压力随隧道埋深增大呈抛物线形式变化，但是当隧道埋深超过一定数值时，围岩压力会出现负值，当隧道埋深较大时该公式将不再适用，因此该方法仅适用于浅埋隧道。

该方法与我国工程技术规范所用方法的区别在于：①该方法中计算图式有所不同；②该方法中牵制力取了较大值，这意味着把洞顶岩体 EFGH 的两个侧面也按极限平衡状态考虑了；③该方法反映不出洞顶岩体下沉对侧向压力的影响，所以算得的侧向压力较规范法为小；④该方法计算较为简便。

❓ 思　考　题

1. 简述围岩压力的分类。

2. 简述围岩的成拱作用。

3. 某公路隧道通过 V 级围岩，拟采用矿山法施工，其标准断面衬砌顶距地面距离为 14m，隧道开挖宽度为 6.6m，衬砌结构高度为 7.2m，围岩重度为 $\gamma = 22\text{kN/m}^3$，计算内摩擦角 φ_c 取 56°，试确定该段隧道为深埋隧道还是浅埋隧道并计算围岩压力。

4. 简述工程技术规范采用的围岩压力计算方法、普氏法、太沙基方法、全土柱理论的特征和适用范围。

6 衬砌结构计算与设计

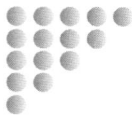

6.1 概 述

6.1.1 隧道衬砌结构受力特点

隧道衬砌结构除必须满足建筑限界和保证足够的净空以外,还要求有足够的强度、稳定性和耐久性,以保证在使用期内结构物有可靠的安全性。早期地下工程的设计主要参照地面结构的计算,但是地下工程所处的环境和受力条件与地面工程有很大不同,主要表现为以下几点:

(1)必须正确认识地质环境对衬砌结构设计的影响。隧道工程是在自然状态下的岩土地质体内开挖的,这种地质体有史以来就在地层的原始应力作用下参与工作,并处于相对的平衡中。因而隧道工程的这种地质环境对衬砌结构设计具有决定性意义。隧道工程上的荷载取决于原岩应力,这种原岩应力是很难预先确定的,这就使得地下工程的计算精度受到影响。其次,地质体力学参数很难通过测试手段准确获得,不仅不同地段差别很大,而且由于开挖过程会引起原有初始荷载的应力释放而改变地层中原有的平衡状态,其后果也会改变围岩的工程性质。这一变化过程不能简单地用一个力学模型来概括,因为它与形成最终稳定的工程结构体系的类型及时间过程有很大关系。这也使得地下工程的计算精度受到影响。因此,对地下工程来说,只有正确认识地质环境对支护结构体系的影响,才能正确地进行支护结构的设计。

(2)隧道工程周围的地质体是工程材料、承载结构,同时又是产生荷载的来源,充分发挥围岩的自承能力是隧道衬砌结构设计的一个根本出发点。

(3)隧道结构施工因素和时间因素会极大地影响结构体系的安全性。与地面结构不同,作用在支护结构上的荷载受到施工方法和施工时机的影响。在某些情况下,即使选用的支护尺寸已经足够大,但由于施工时机和施工方法不当,支护依然会遭受破坏。

(4)与地面结构不同,支护结构安全与否,既要考虑到支护结构能否满足承载要求,又要考虑围岩是否失稳。支护结构的承载力可由衬砌材料强度来判断,但围岩是否失稳至今还没有妥善的判断准则,一般都按经验来确定。

因此,隧道衬砌设计应综合考虑围岩地质条件、断面形状、支护结构、施工条件等,并充分利用围岩的自承能力。衬砌应有足够的强度、稳定性和耐久性,保证隧道长期使用安全。

6.1.2　衬砌结构计算力学模型

隧道工程从开挖、支护,直到形成稳定的隧道结构体系所经历的力学过程中,岩体的地质因素、施工过程等因素对围岩-结构体系终极状态的安全性影响极大。因此,准确地将其反映到计算模型中,是十分困难的。

近年来,各国学者在发展隧道结构计算理论的同时,还致力于研究设计隧道结构的正确途径,着手建立适用于不同情况下进行隧道结构设计的力学模型。

从各国的隧道结构设计实践看,目前用于隧道结构的计算模型有两类:一类是以支护结构作为承载主体,围岩作为荷载的来源,同时考虑其对支护结构的变形约束作用的模型,称为荷载-结构模型;另一类则相反,视围岩为承载主体,支护结构则约束围岩向隧道内变形的模型,称为地层-结构模型。

1)荷载-结构模型

荷载-结构法的设计原理,是认为隧道开挖后地层的作用主要是对衬砌结构产生荷载,衬砌结构应能安全、可靠地承受地层压力等荷载的作用。计算时先按地层分类法或由实用公式确定地层压力,然后按弹性地基上结构物的计算方法计算衬砌的内力,并进行结构截面设计。荷载-结构模型仍是我国目前广泛采用的一种主要的隧道结构计算模型。

荷载-结构模型虽然都是以承受岩体松动、崩塌而产生的竖向和侧向主动压力为主要特征,但在围岩与衬砌结构相互作用的处理上却有以下几种不同的做法。

(1)主动荷载模型。

主动荷载模型不考虑围岩与衬砌结构的相互作用,因此衬砌结构在主动荷载作用下可以自由变形,和地面结构的作用没有什么不同。这种模型主要适用于围岩与衬砌结构的"刚度比"较小的情况下,或是软弱地层对结构变形的约束能力较差时(或衬砌与地层间的空隙回填、灌浆不密实时)。由于围岩没有"能力"去约束刚性衬砌的变形,故可以不考虑围岩对结构的弹性抗力,称为主动-荷载模型[图6-1a)]。如在饱和含水地层中的自由变形圆环、软基础上的闭合框架等,也常用于初步设计中。

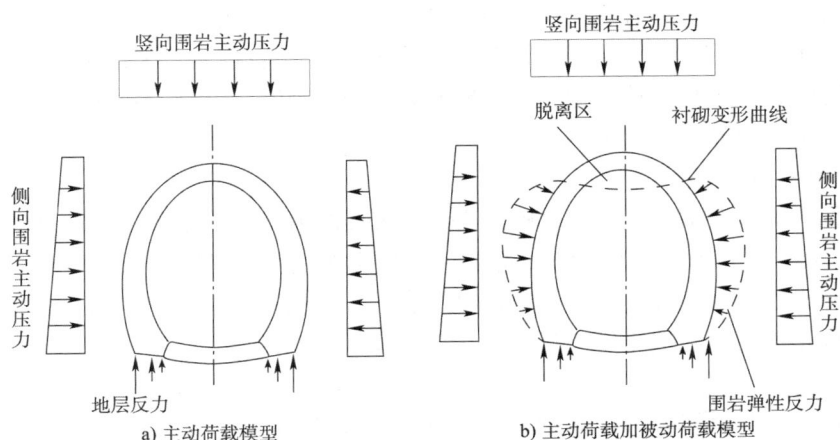

图6-1　结构力学的计算模型

(2)假定弹性抗力模型。

假定弹性抗力模型认为围岩不仅对衬砌结构施加主动荷载,而且由于围岩与衬砌结构的相互作用,还对衬砌结构施加被动的弹性抗力。这是因为在衬砌受力变形过程中,一部分结构脱离围岩形成"脱离区"的趋势,另一部分密贴围岩形成所谓的"抗力区",如图 6-1b)所示。在"抗力区"内,衬砌挤压围岩变形,围岩对衬砌产生反作用抵抗力,即"弹性抗力"。衬砌结构就是在主动荷载和弹性抗力的同时作用下进行工作的。

"抗力区"的范围和弹性抗力的大小,视围岩性质、围岩压力大小和结构变形的不同而异,通常采用局部变形理论[图 6-2a)]或共同变形理论[图 6-2b)]分析。目前常用的是方法以温克勒尔(E. Winkler)假定为基础的局部变形理论来确定。

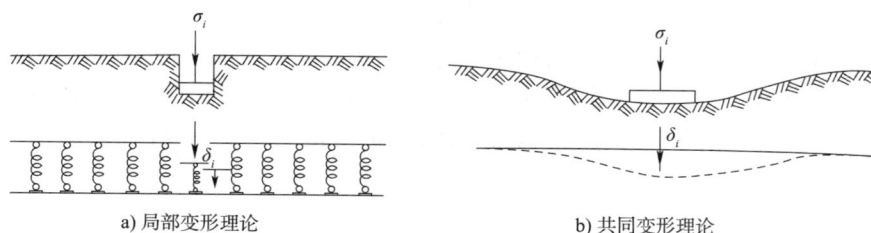

a) 局部变形理论   b) 共同变形理论

图 6-2   弹性抗力计算理论

局部变形理论是以温克勒尔假定为基础。它认为围岩的弹性抗力(σ_i)是与围岩在该点的变形(δ_i)成正比的,即:

$$\sigma_i = K\delta_i \tag{6-1}$$

式中:δ_i——围岩表面上任意一点 i 的压缩变形;

σ_i——围岩在同一点所产生的弹性抗力;

K——围岩的弹性抗力系数。

温克勒尔假定相当于把围岩简化成一系列彼此独立的弹簧,某一弹簧受到压缩时所产生的反作用力只与该弹簧有关,而与其他弹簧无关。这个假定虽然与实际情况不符,但简单明了,而且也满足了一般工程设计的需要精度,因此应用较多。

如图 6-2b)所示,共同变形理论假定地基为弹性半无限体,作用在地基上某一点的力,不仅引起该点地基的变位,也会引起其他点的变位,且会影响到一定的范围。换句话说,共同变形理论假定围岩某一点的变位不仅与该点的作用荷载有关,而且与其他点作用的荷载有关,是一种叠加效应。应用这种计算理论的计算方法是弹性地基梁法(如弹性地基上的闭合框架、直边墙拱形衬砌的计算等)。这种计算理论比较符合实际情况,但计算公式的理论推导比较烦琐,实际应用时,是根据荷载类型和弹性地基梁的相对刚度,整理出不同的计算表格,使用起来比较方便。需要时请读者参考有关专著。

(3)计算弹性抗力模型。

将弹性抗力作用范围内围岩对衬砌的连续约束离散为有限个作用在衬砌节点上的弹性支承,而弹性支承的弹性特性即为所代表地层范围内围岩的弹性特性,根据结构变形计算弹性抗力作用范围和大小的计算方法,称为计算弹性抗力图形的方法。该计算方法需要采用迭代的方式逐步逼近正确的弹性抗力作用范围,如弹性地基上的闭合框架、弹性支承法等。

2)地层-结构模型

地层-结构模型的设计原理,是将衬砌和地层视为整体共同受力的统一体系,在满足变形协调条件的前提下分别计算衬砌与地层的内力,据以验算地层的稳定性和进行结构截面设计。

地层-结构模型又称为现代岩体力学模型。它是将支护结构与围岩视为一个整体,作为共同承载的隧道结构体系,故也称复合整体模型。在这个模型中,围岩是直接的承载单元,支护结构是镶嵌在围岩孔洞上的承载环,只用来约束和限制围岩的变形,两者共同作用的结果是使支护结构体系达到平衡状态。这一点正好和荷载-结构模型相反。

地层-结构模型是目前隧道结构体系设计中力求采用的或正在发展的模型,因为它符合当前的施工技术水平。采用快速和早强的支护技术可以限制围岩的变形,从而阻止围岩松动压力的产生。地层-结构模型特别适用于新奥法施工的支护结构——锚喷衬砌和复合式衬砌。

在地层-结构模型中,可以考虑各种几何形状、围岩和支护材料的非线性特性、开挖面空间效应所形成的三维状态,以及地质中的不连续面等。在这个模型中,只对圆形结构取得了精确的解析解,但绝大部分问题因数学上的困难必须依赖数值方法,所以,目前常用的数值计算主要是以有限单元法(FEM)为主。

6.1.3 衬砌结构设计方法

目前还没有一种很合理的隧道衬砌结构计算和设计方法,因此隧道衬砌结构设计仍以工程类比法为主。由于地质条件复杂,不同围岩地质条件自身的承载能力不同,隧道围岩级别、埋置深度、开挖方式、支护手段和支护时间直接影响到围岩的应力状态和结构受力,有时单凭工程类比还不足以保证设计的合理性和可靠性,故还要进行理论验算。隧道设计阶段,设计者难以准确预测各种复杂条件,在工程实施过程中,应通过现场监控量测,观测围岩与初期支护的变形变化,掌握围岩动态及支护结构受力状态,及时进行支护参数调整。在施工过程中,围岩条件较好、围岩变形小且变形趋于稳定时,适当降低支护参数;反之,增强支护参数,这就是动态设计。对重要工程、特殊路段,当工程类比无法借鉴时,需通过试验确定。

6.2 整体式衬砌设计

目前隧道整体式衬砌是一次浇筑成形的混凝土或钢筋混凝土结构,在隧道支护结构中可单独使用,但更多的是作为复合式衬砌的二次衬砌使用。整体式衬砌支护参数可采用工程类比法或数值计算法确定。

整体式衬砌截面一般采用等截面,当承受偏压荷载或承受垂直荷载较大时,可考虑采用变截面形式。对设仰拱的地段,为保证仰拱与边墙的有效连接,仰拱厚度不应小于边墙厚度。

6.2.1 隧道衬砌荷载分类及组合

1)荷载分类

作用在衬砌上的荷载,按其性质可区分为主动荷载和被动荷载。主动荷载是主动作用于衬砌结构并引起衬砌变形的荷载;被动荷载是因衬砌结构变形压缩围岩而引起的围岩被动抵抗力,即弹性抗力,它对衬砌结构变形起到约束作用。

(1)主动荷载。

①主要荷载:指长期及经常作用于结构上的荷载,有围岩压力、回填土荷载、衬砌自重、地下静水压力以及车辆荷载等。

②附加荷载:指非经常作用于结构上的荷载,有注浆压力、冻胀压力、混凝土收缩应力、温

度应力以及地震力等。

围岩压力按前述章节所述方法确定,衬砌自重按预先拟定的尺寸和材料密度确定。地下静水压力按地下水位计算,由于地下水分布规律很难确定并且有可能使结构受力得到改善,故应按最低水位考虑。对于附加荷载的计算,应按照《公路隧道设计规范 第一册 土建工程》(JTG 3370.1)中的有关规定计算。

(2)被动荷载。弹性抗力属于被动荷载,它只产生在被衬砌约束的那部分周边上,其分布规律和范围一般按工程类比法确定,精确值可以通过数值计算逐渐逼近法确定,但通常可做简化处理。

按作用特点及使用中可能出现的情况,作用在衬砌上的荷载可分为永久荷载、可变荷载、偶然荷载三类。

(1)永久荷载。在设计基准期内,其量值不随时间而变化或其变化与平均值相比可忽略不计的荷载称为永久荷载,包括围岩压力、土压力、结构自重、结构附加恒载、混凝土收缩和徐变的荷载和水压力。

(2)可变荷载。在设计基准期内,其量值随时间变化且变化与平均值相比不可忽略的荷载称为可变荷载,可变荷载又分为基本可变荷载与其他可变荷载。基本可变荷载包括公路车辆荷载、人群荷载,立交公路车辆荷载及其所产生的冲击力、土压力,立交铁路列车荷载及其产生的冲击力、土压力,以及立交渡槽流水压力等;其他可变荷载包括温度变化的影响力、冻胀力和施工荷载等。

(3)偶然荷载。偶然荷载是指在设计基准期内不一定出现,一旦出现,其值很大且持续时间很短的荷载,如落石冲击力、地震力等。

隧道结构上的荷载分类见表6-1。

隧道结构上的荷载分类

表6-1

编号	荷载分类		荷载名称
1	永久荷载		围岩压力
2			土压力
3			结构自重
4			结构附加恒载
5			混凝土收缩和徐变的影响力
6			水压力
7	可变荷载	基本可变荷载	公路车辆荷载、人群荷载
8			立交公路车辆荷载及其所产生的冲击力、土压力
9			立交铁路列车荷载及其所产生的冲击力、土压力
10			立交渡槽流水压力
11		其他可变荷载	温度变化的影响力
12			冻胀力
13			施工荷载
14	偶然荷载		落石冲击力
15			地震力

注:编号1~10为主要荷载;编号11、12、14为附加荷载;编号13、15为特殊荷载。

2）荷载组合

对于一个特定的隧道工程来说，上述荷载不一定都存在，也不可能同时作用在某段衬砌上，因此在设计中应根据实际可能出现的情况进行荷载组合，即：将有可能同时作用在衬砌上的荷载进行编组，并取其最不利者作为设计荷载，求得最危险截面中产生的最大内力值，作为选择截面时的依据。

在隧道结构上可能同时出现的荷载，应按满足承载能力和正常使用要求分别进行组合，并按最不利组合进行设计。按承载能力要求进行组合时，主要考虑基本组合和偶然组合，适用于对结构承载能力及其稳定性进行验算。按满足正常使用要求组合时，主要考虑长期效应组合和短期效应组合，适用于结构变形和开裂及裂缝宽度验算。

6.2.2　半衬砌结构计算

半衬砌结构一般是指隧道开挖后，只在拱部构筑拱圈，而侧壁不构筑侧墙（或仅砌筑构造墙）的结构，该种结构适用于围岩比较稳定、完整性较好的岩层中。半衬砌结构包括半衬砌结构和厚拱薄墙衬砌结构。其中半衬砌结构为仅做拱圈，不做边墙的衬砌结构；厚拱薄墙衬砌结构为拱脚直接放在岩石上起维护作用，与薄墙基本互不联系的衬砌结构。

半衬砌结构的关键部位是拱座，拱座应采取受力明确的合理形式，通常采用斜拱座和折线形拱座（图6-3）。台阶的宽度尺寸 a 与地质条件、施工方法、隧道尺寸等因素有关，一般为 $0.3 \sim 1.2m$，具体可参考相关规范。

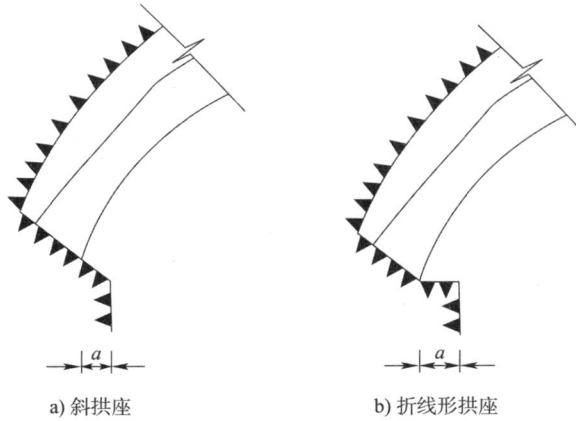

a) 斜拱座　　　　　　　　　　b) 折线形拱座

图6-3　合理拱座形式

1）半衬砌结构计算的假定、计算图式、基本结构及典型方程

根据半衬砌结构的特点和受力特征，其内力计算的基本假定如下：

（1）半衬砌结构的墙与拱脚基本上互不联系，故拱圈对薄墙影响很小。因此内力计算时可忽略拱圈和薄墙的相互影响，把厚拱薄墙衬砌视为半衬砌结构。

（2）拱脚处的约束既非铰接，亦非完全刚性固定，而是介于两者之间的"弹性固定"，并假定其变形符合温克勒尔假设。

（3）半衬砌结构在各种垂直荷载作用下，拱圈的绝大部分位于脱离区，因此可忽略弹性抗力的影响，这样考虑是偏于安全的。

（4）半衬砌结构实际上是一个空间结构，但由于其纵向较之其跨度方向大得多，受力特征符合平截面假设，计算时按平面应变问题处理，这样简化的计算结构偏于安全。

拱脚为弹性固定的无铰拱的计算原理和方法与结构力学中的固端无铰拱基本一样,所不同的是前者支承于弹性支座上,而后者支承于刚性支座上。拱脚支承在弹性的围岩上时,由于在拱脚支承反力作用下围岩表面将发生弹性变形,使拱脚发生角位移和线位移,这些位移将影响拱圈内力。由于拱脚截面的剪力很小,而且拱脚与围岩间存在很大的摩擦力,因而可以假定拱脚只有切向位移而没有径向位移,可用一根径向的刚性支承链杆表示,其计算图如图 6-4 所示。在结构对称及荷载对称的情况下,两拱脚切向位移的竖向分位移是相等的,这时,对拱圈受力状态不发生影响,在计算中仅需考虑转角 β_a 和切向位移的水平分位移 u_a,其方向规定为:拱脚处,截面的转角以向拱外侧旋转为正,反之为负;水平位移以向外移动为正,反之为负。用力法解算这种结构,它是一个二次超静定结构,其基本结构如图 6-5 所示。以拱顶截面的弯矩和轴力为赘余力,分别用 X_1、X_2 表示,则可列出下列典型方程:

$$\left.\begin{array}{l} X_1\delta_{11} + X_2\delta_{12} + \Delta_{1P} + \beta_a = 0 \\ X_1\delta_{21} + X_2\delta_{22} + \Delta_{2P} + f\beta_a + u_a = 0 \end{array}\right\} \tag{6-2}$$

式中:δ_{ik}——单位变位,即基本结构中因 $X_k = 1$ 作用时,在 X_i 方向产生的变位;

Δ_{iP}——荷载变位,即基本结构中因外荷载作用,在 X_i 方向所产生的变位;

f——拱轴的矢高;

β_a、u_a——拱脚截面的最终转角和水平位移。

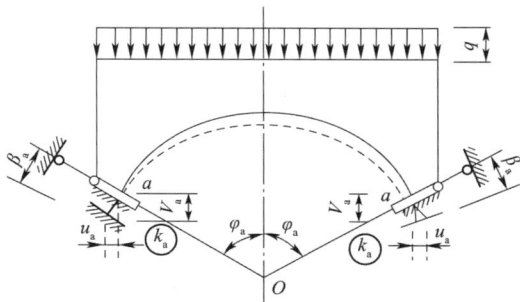

图 6-4 半衬砌结构计算图式   图 6-5 基本结构

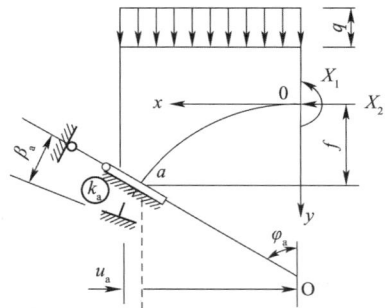

2)单位变位及荷载变位计算

由结构力学求变位的方法(轴力与剪力影响忽略不计)可知:

$$\left.\begin{array}{l} \delta_{ik} = \int \dfrac{\overline{M}_i\,\overline{M}_k}{E \cdot I}\mathrm{d}s \\ \Delta_{iP} = \int \dfrac{\overline{M}_i\,M_P^0}{E \cdot I}\mathrm{d}s \end{array}\right\} \tag{6-3}$$

式中:$\overline{M}_i$——基本结构在 $X_i = 1$ 作用下产生的弯矩;

$\overline{M}_k$——基本结构在 $X_k = 1$ 作用下产生的弯矩;

M_P^0——基本结构在外荷载作用下产生的弯矩;

$E \cdot I$——拱圈结构的抗弯刚度。

在进行具体计算时,由于结构对称、荷载对称,故仅需计算半个拱圈。在大多数情况下,衬砌厚度是变化的,给积分带来不便,此时可将拱圈分成偶数段,用抛物线近似积分法代替,则式(6-3)可以改为:

$$\delta_{ik} \approx \frac{\Delta S}{E} \sum \frac{\overline{M}_i \overline{M}_k}{I} \left.\begin{array}{c}\\\\\end{array}\right\}$$

$$\Delta_{iP} \approx \frac{\Delta S}{E} \sum \frac{\overline{M}_i M_P^0}{I}$$

(6-4)

式中：ΔS——半拱弧长 n 等分后的每段弧长。

利用式(6-4)，参照图 6-6 所示的单位荷载与围岩压力在基本结构引起的内力，可求得以下变位：

$$\delta_{11} \approx \frac{\Delta S}{E} \sum \frac{1}{I}$$

$$\delta_{12} = \delta_{21} \approx \frac{\Delta S}{E} \sum \frac{y}{I}$$

$$\delta_{22} \approx \frac{\Delta S}{E} \sum \frac{y^2}{I}$$

$$\Delta_{1P} \approx \frac{\Delta S}{E} \sum \frac{M_P^0}{I}$$

$$\Delta_{2P} \approx \frac{\Delta S}{E} \sum \frac{y\, M_P^0}{I}$$

(6-5)

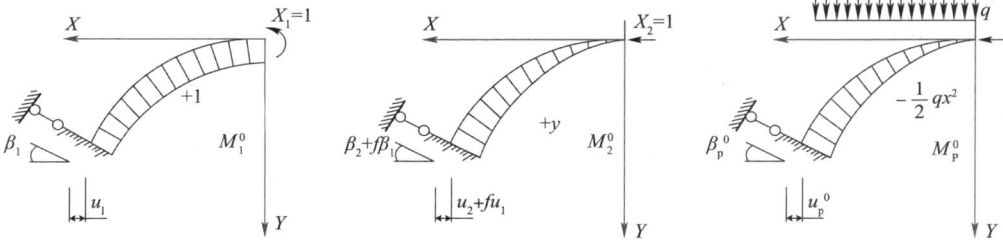

图 6-6　单位荷载与围岩压力在基本结构引起的内力

计算表明，当拱圈厚度 $d \le l/10$（l 为拱的跨度）时，曲率和剪力的影响可以忽略。当矢跨比 $f/l \ge 1/3$ 时，轴力影响可以忽略不计。

如图 6-7 所示，求曲线 $f(x)$ 在 $[a,b]$ 上的曲边梯形的面积，可应用精度较高的辛普生方法计算，即把 $[a,b]$ 分成 n 等份，n 必须为偶数。分别求出 n 个小段曲边梯形的面积（每 3 点组成的曲线用抛物线代替），然后求和：

$$S = \int_a^b f(x)\,\mathrm{d}s = \sum_{i=0}^{n} y_i \Delta s$$

(6-6)

将各分点的坐标代入，得：

$$\sum_{i=0}^{n} y_i \Delta s = \frac{1}{3} \Delta s [\, y_0 + 4(y_1 + y_3 + \cdots + y_{n-1}) + 2(y_2 + y_4 + \cdots + y_{n-2}) + y_n \,]$$

$$= \frac{\Delta s}{3} \sum_{i=0}^{n} n_i y_i$$

(6-7)

式中：n_i——对应于 y_i 的积分系数；

Δs——每段拱轴线长度，$\Delta s = s/n$，s 为半拱轴线长度。

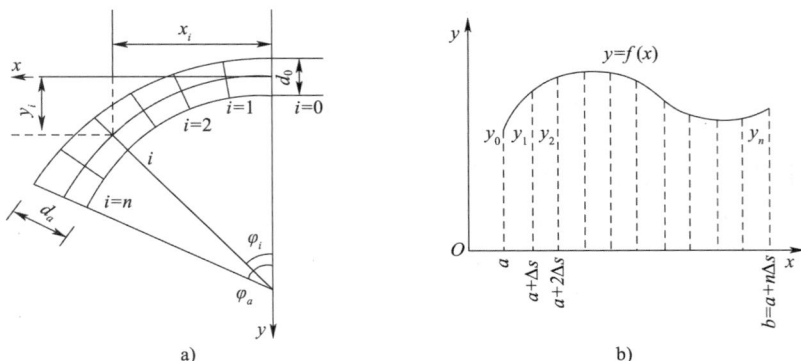

图 6-7 辛普生法计算变位

3）拱脚位移计算

（1）单位力矩作用时。

单位力矩作用在拱脚围岩上时，拱脚截面绕中心点 a 转过一个角度 $\overline{\beta}_1$，如图 6-8 所示。此时，拱脚截面仍保持平面，其内（外）缘处围岩最大应力 σ_1 为：

$$\sigma_1 = \frac{\overline{M}_a}{W_a} = \frac{6}{b \, h_a^2} \tag{6-8}$$

式中：h_a——拱脚截面厚度（m）；

b——拱脚截面纵向单位宽度（m），取 $b = 1\mathrm{m}$；

W_a——拱脚截面的截面模量（m^3），$W_a = b \, h_a^2/6$。

根据温克勒尔假定，拱脚内（外）缘的最大沉降 δ_1 为：

$$\delta_1 = \frac{\sigma_1}{K_a} = \frac{6}{K_a b \, h_a^2} \tag{6-9}$$

式中：K_a——拱脚围岩基底弹性抗力系数。

由于拱脚截面仅绕 a 转过一个角度 $\overline{\beta}_1$，a 点不产生水平位移，故得：

$$\left.\begin{array}{l} \overline{\beta}_1 = \dfrac{\delta_1}{\dfrac{h_a}{2}} = \dfrac{12}{K_a b \, h_a^3} = \dfrac{1}{K_a I_a} \\[4mm] \overline{u}_1 = 0 \end{array}\right\} \tag{6-10}$$

式中：I_a——拱脚截面惯性力矩，$I_a = b \, h_a^3/12$。

（2）单位水平力作用时。

单位水平力可以分解为轴向分力（$1 \times \cos\varphi_a$）和切向分力（$1 \times \sin\varphi_a$），计算时只需考虑轴向分力的影响，如图 6-9 所示。作用在围岩表面的均布应力 σ_2 为：

$$\sigma_2 = \frac{1 \times \cos\varphi_a}{b \, h_a} \tag{6-11}$$

拱脚产生的均匀沉降 δ_2 为：

$$\delta_2 = \frac{\sigma_2}{K_a} = \frac{\cos\varphi_a}{K_a b \, h_a} \tag{6-12}$$

式中：φ_a——拱脚截面与垂直面之间的夹角（°）。

δ_2 的水平投影即为 a 点的水平位移 $\overline{u}_2$，均匀沉降时拱脚截面不发生转动，即：

$$\left.\begin{array}{l} \bar{\beta}_2 = 0 \\[2mm] \bar{u}_2 = \delta_2 \cos \varphi_a = \dfrac{\cos^2 \varphi_a}{K_a b \, h_a} \end{array}\right\} \tag{6-13}$$

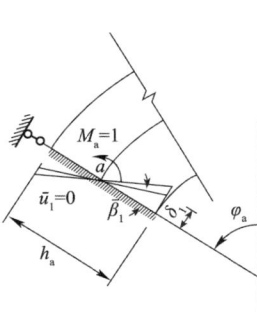

图 6-8　单位力矩作用时拱脚位移　　　　图 6-9　单位水平力作用时拱脚位移

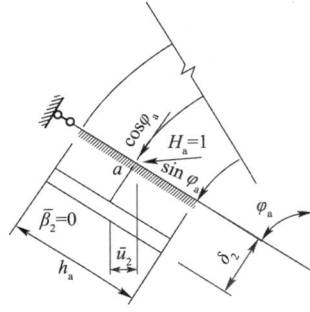

（3）单位竖向力作用时。

计算时只需考虑轴向分力（$1 \times \sin \varphi_a$）的影响，如图 6-10 所示。此时，作用在围岩表面的均布应力 σ_3 和拱脚产生的均匀沉陷 δ_3 分别为：

$$\sigma_3 = \frac{1 \times \sin \varphi_a}{b \, h_a} \tag{6-14}$$

$$\delta_3 = \frac{\sigma_3}{K_a} = \frac{\sin \varphi_a}{K_a b \, h_a} \tag{6-15}$$

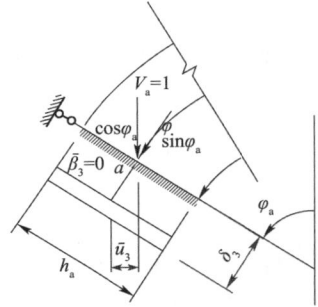

图 6-10　单位竖向力作用时拱脚位移

δ_3 的水平投影即为 a 点的水平位移 $\bar{u}_3$，均匀沉降时拱脚截面不发生转动，即：

$$\left.\begin{array}{l} \bar{\beta}_3 = 0 \\[2mm] \bar{u}_3 = \delta_3 \cos \varphi_a = \dfrac{\sin \varphi_a \cos \varphi_a}{K_a b \, h_a} \end{array}\right\} \tag{6-16}$$

（4）外荷载作用时。

在外荷载作用下，基本结构中拱脚点处产生弯矩 M_{ap}^0 和轴向力 N_{ap}^0，轴向力可分解为水平力 H_{ap}^0 和竖向力 V_{ap}^0，如图 6-11 所示。利用叠加原理，可得到拱脚截面的转角 β_{ap}^0 和水平位移 u_{ap}^0 为：

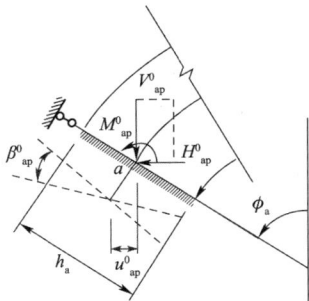

$$\left.\begin{array}{l} \beta_{ap}^0 = M_{ap}^0 \bar{\beta}_1 + H_{ap}^0 \bar{\beta}_2 + V_{ap}^0 \bar{\beta}_3 = M_{ap}^0 \bar{\beta}_1 \\[2mm] u_{ap}^0 = M_{ap}^0 \bar{u}_1 + H_{ap}^0 \bar{u}_2 + V_{ap}^0 \bar{u}_3 = N_{ap}^0 \dfrac{\cos \varphi_a}{K_a b \, h_a} \end{array}\right\} \tag{6-17}$$

（5）拱脚位移。

拱脚的最终转角 β_a 和水平位移 u_a 可按叠加原理分别考虑 X_1、X_2 和外荷载的影响，用下式表达：

图 6-11　外荷载作用时拱脚位移

$$\left.\begin{array}{l} \beta_a = X_1 \bar{\beta}_1 + X_2 (\bar{\beta}_2 + f \bar{\beta}_1) + \beta_{ap}^0 \\[2mm] u_a = X_1 \bar{u}_1 + X_2 (\bar{u}_2 + f \bar{u}_1) + u_{ap}^0 \end{array}\right\} \tag{6-18}$$

4）拱圈截面内力计算

将式(6-17)、式(6-18)代入式(6-2)，整理得：

$$\left.\begin{array}{l} X_1(\delta_{11}+\bar{\beta}_1)+X_2(\delta_{12}+\bar{\beta}_2+f\bar{\beta}_1)+(\Delta_{1p}+\beta_{ap}^0)=0 \\ X_1(\delta_{21}+\bar{u}_1+f\bar{\beta}_1)+X_2(\delta_{22}+\bar{u}_2+f\bar{u}_1+f\bar{\beta}_2+f^2\bar{\beta}_1)+(\Delta_{2p}+f\beta_{ap}^0+u_{ap}^0)=0 \end{array}\right\} \quad (6\text{-}19)$$

令：

$$\left.\begin{array}{l} a_{11}=\delta_{11}+\bar{\beta}_1 \\ a_{22}=\delta_{22}+\bar{u}_2+f\bar{u}_1+f\bar{\beta}_2+f^2\bar{\beta}_1 \\ a_{12}=a_{21}=\delta_{12}+\bar{\beta}_2+f\bar{\beta}_1 \\ a_{10}=\Delta_{1p}+\beta_{ap}^0 \\ a_{20}=\Delta_{2p}+f\beta_{ap}^0+u_{ap}^0 \end{array}\right\} \quad (6\text{-}20)$$

则式(6-19)可以简化为：

$$\left.\begin{array}{l} a_{11}X_1+a_{12}X_2+a_{10}=0 \\ a_{21}X_1+a_{21}X_2+a_{20}=0 \end{array}\right\} \quad (6\text{-}21)$$

解此二元线性方程组，即可求得多余未知力X_1、X_2：

$$\left.\begin{array}{l} X_1=\dfrac{a_{22}a_{10}-a_{12}a_{20}}{a_{12}^2-a_{11}a_{22}} \\[3mm] X_2=\dfrac{a_{11}a_{20}-a_{12}a_{10}}{a_{12}^2-a_{11}a_{22}} \end{array}\right\} \quad (6\text{-}22)$$

根据平衡条件可以计算出任意截面 i 处的内力，规定弯矩M_i以截面内缘受拉为正，轴力N_i以截面受压为正，如图6-12所示。

$$\left.\begin{array}{l} M_i=X_1+X_2y_i+M_{ip}^0 \\ N_i=X_2\cos\varphi_i+N_{ip}^0 \end{array}\right\} \quad (6\text{-}23)$$

式中：M_{ip}^0、N_{ip}^0——基本结构中因外荷载作用，在任一截面 i 处产生的弯矩和轴向力；

y_i——截面 i 的纵坐标；

φ_i——截面 i 与垂直线间的夹角(°)。

求出各截面的弯矩M_i和轴力N_i后，即可绘出结构内力图，如图6-13所示，并确定出非安全截面。同时用偏心距$e=M_i/N_i$表示压力曲线图。

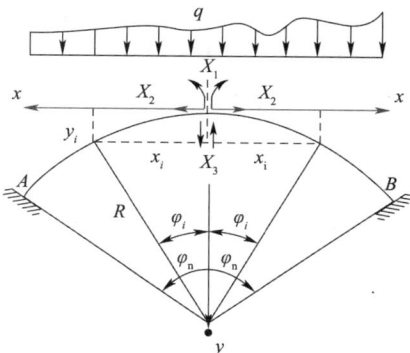

图6-12　拱圈任意截面内力图　　　　　图6-13　半衬砌内力图

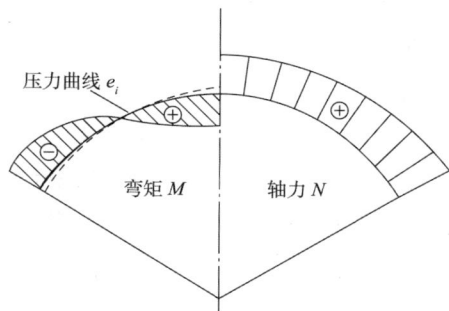

6.2.3　曲墙式衬砌结构计算

1）计算原理

曲墙式衬砌通常用在Ⅳ～Ⅵ级围岩中,由拱圈、曲边墙和仰拱或底板组成,承受较大的竖向和水平侧向围岩压力,有时还可能有向上隆起的底部压力。由于仰拱是在边墙、拱圈受力后才修建的,通常在计算中不考虑仰拱的影响,而将拱圈和边墙作为一个整体,把它看成是一个支承在弹性围岩上的高拱结构。

曲墙式衬砌在以竖向压力为主的主动荷载作用下,拱圈的顶部发生向坑道内的变形且不受围岩约束,形成"脱离区"。衬砌结构的侧面部分则压向围岩,形成"弹性反力区",引起相应的弹性反力。曲墙拱计算图如图6-14所示。假定弹性反力作用的范围、分布规律(例如二次抛物线)和最大弹性反力点的位置(通常在最大跨度附近),根据最大弹性反力点的力与其位移成正比(如局部变形理论)的条件列出方程,从而可以求出假定弹性反力图形的超静定结构的赘余力和最大弹性反力。在列出典型方程组时,对于拱形结构还应计及基础底面的弹性约束条件(如转角 β_a)。

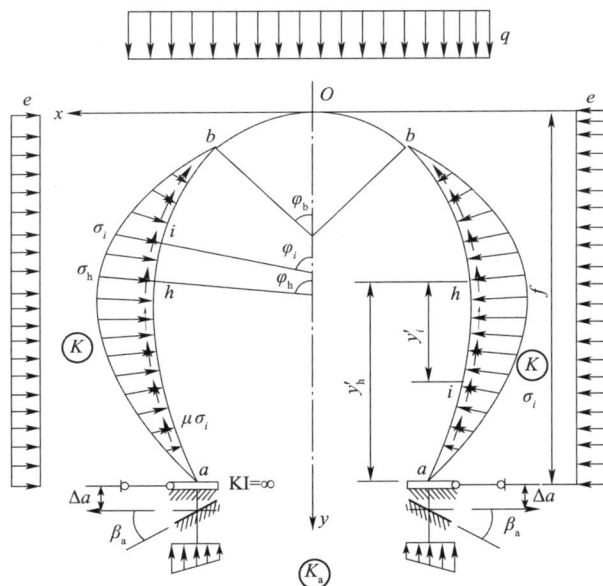

图6-14　曲墙拱计算图

选用的计算图(图6-14)有如下几个要点:

(1)墙基支承在弹性的围岩上,视为弹性固定端。因底部摩擦力很大,无水平位移,故将结构视为支承在弹性地基上的高拱。

(2)侧面弹性反力的分布按结构变形的特征而假设其分布图形,此分布图形用3个特征点控制。上零点 b (即脱离区的边界)与对称轴线间的夹角一般采用 $\varphi_b = 40° \sim 60°$,其精确位置需用逐步近似的方法加以确定;下零点 a 取在墙底,因该处无水平位移;最大弹性反力点 h 可假定在衬砌最大跨度处。实际计算时,为简化起见,上零点和最大弹性反力点最好取在结构分块的接缝上,通常 $\overset{\frown}{ah} = \dfrac{2}{3}\overset{\frown}{ab}$ 。这样,弹性反力图形中各点力的数值与最大弹性反力 σ_h 有下述关系式:

在 $\overset{\frown}{bh}$ 段上,任一点的弹性反力强度为:

$$\sigma_i = \frac{\cos^2\varphi_b - \cos^2\varphi_i}{\cos^2\varphi_b - \cos^2\varphi_h}\sigma_h \qquad (6\text{-}24)$$

式中:φ_i——所论截面与竖直轴的夹角。

在 $\overset{\frown}{ah}$ 段上,考虑边墙刚度较大,且外缘一般为直线形,本身弹性变形较小,故假定其与高度呈线性关系,则任一点的弹性反力强度为:

$$\sigma_i = \left[1 - \left(\frac{y_i'}{y_h'}\right)^2\right]\sigma_h \qquad (6\text{-}25)$$

式中:y_i'——所论截面(外缘点)至 h 点的垂直距离;

$\quad\quad y_h'$——墙底(外缘点)至 h 点的垂直距离。

这样,整个弹性反力是 σ_h 的函数,可将其视为一个外荷载。

围岩弹性反力对于衬砌的变形还会在围岩与衬砌间产生相应的摩擦力 S_i:

$$S_i = \mu\sigma_i \qquad (6\text{-}26)$$

式中:μ——衬砌与围岩间的摩擦系数。

摩擦力 S_i 的分布图形与弹性反力 σ_i 相同,亦是 σ_h 的函数。

根据以上分析,曲墙式衬砌的计算图是拱脚为弹性固定而两侧受围岩约束的无铰拱。在结构与荷载均为对称的条件下,可以从拱顶切开,以一对悬臂曲梁作为基本结构,切开处赘余力 X_1 及 X_2,剪力 $X_3 = 0$。在主动荷载和弹性反力作用下,根据拱顶相对转角及相对水平位移为零的条件,可以得到 2 个典型方程式。但方程中还含有未知数 σ_h,所以还需利用 h 点变形协调条件来增加 1 个方程式才能解出 3 个未知数。而 σ_h 是由衬砌的变形决定的,如图 6-15a) 所示。解决这个问题的方法是利用叠加原理,首先在主动荷载作用下,解出衬砌各截面的内力 M_{ip} 和 N_{ip},并求出 h 点处的位移 δ_{hp}[图 6-15b)]。然后再以 $\sigma_h = 1$ 时的单位弹性反力图形作为外荷载,求出结构各截面的内力 $M_{i\sigma}$、$N_{i\sigma}$ 及相应的 h 点的位移 $\delta_{h\sigma}$[图 6-15c)]。根据叠加原理,h 点的最终位移即为:

$$\delta_h = \delta_{hp} + \sigma_h\delta_{h\sigma} \qquad (6\text{-}27)$$

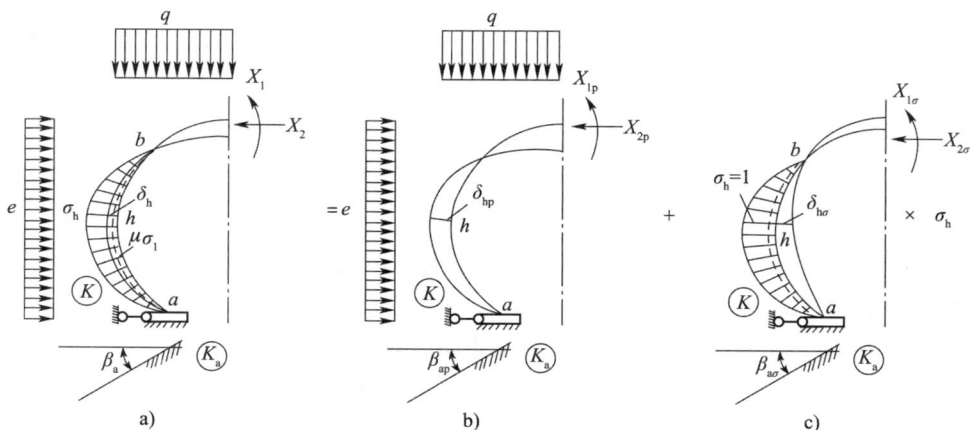

图 6-15　运用叠加法的分解图

而 h 点的位移与该点的弹性反力存在以下关系:

$$\sigma_h = K\delta_h$$

将其代入式(6-27),得:

$$\sigma_{\mathrm{h}} = \frac{\delta_{\mathrm{hp}}}{\dfrac{1}{K} - \delta_{\mathrm{h\sigma}}} \tag{6-28}$$

2）求主动荷载作用下的衬砌内力

主动荷载作用下的基本结构如图 6-16 所示，设未知赘余力为 $X_{1\mathrm{p}}$ 及 $X_{2\mathrm{p}}$，则典型方程为：

$$\left.\begin{array}{l} X_{1\mathrm{p}}\delta_{11} + X_{2\mathrm{p}}\delta_{12} + \Delta_{1\mathrm{p}} + \beta_{\mathrm{ap}} = 0 \\ X_{1\mathrm{p}}\delta_{21} + X_{2\mathrm{p}}\delta_{22} + \Delta_{2\mathrm{p}} + f\beta_{\mathrm{ap}} + u_{\mathrm{ap}} = 0 \end{array}\right\} \tag{6-29}$$

式中墙底的位移 β_{ap} 和 u_{ap} 仍可由式（6-18）得出，分别计算 $X_{1\mathrm{p}}$、$X_{2\mathrm{p}}$ 和外荷载的各个影响，再按叠加原理相加得：

$$\beta_{\mathrm{ap}} = X_{1\mathrm{p}}\overline{\beta}_1 + X_{2\mathrm{p}}(\overline{\beta}_2 + f\overline{\beta}_1) + \beta_{\mathrm{ap}}^0$$

由于不考虑拱脚的径向位移，此处仅 $\overline{\beta}_1$ 及 β_{ap}^0 有意义，代入式（6-29），整理后得：

$$\left.\begin{array}{l} X_{1\mathrm{p}}(\delta_{11} + \overline{\beta}_1) + X_{2\mathrm{p}}(\delta_{12} + f\overline{\beta}_1) + (\Delta_{1\mathrm{p}} + \beta_{\mathrm{ap}}^0) = 0 \\ X_{1\mathrm{p}}(\delta_{21} + f\overline{\beta}_1) + X_{2\mathrm{p}}(\delta_{22} + f^2\overline{\beta}_1) + (\Delta_{2\mathrm{p}} + f\beta_{\mathrm{ap}}^0) = 0 \end{array}\right\} \tag{6-30}$$

式中：δ_{ik}——基本结构的单位位移；

$\Delta_{i\mathrm{p}}$——基本结构的主动荷载位移；

$\overline{\beta}_1$——墙底的单位转角，$\overline{\beta}_1 = \dfrac{12}{K_{\mathrm{a}}b\,h_{\mathrm{a}}^3} = \dfrac{1}{K_{\mathrm{a}}I_{\mathrm{a}}}$；

β_{ap}^0——基本结构墙底的荷载转角，$\beta_{\mathrm{ap}}^0 = M_{\mathrm{ap}}^0\overline{\beta}_1$；

f——曲墙拱轴线的矢高。

解出 $X_{1\mathrm{p}}$ 和 $X_{2\mathrm{p}}$ 后，主动荷载作用下的衬砌内力可按下式求得：

$$\left.\begin{array}{l} M_{i\mathrm{p}} = X_{1\mathrm{p}} + X_{2\mathrm{p}}y_i + M_{i\mathrm{p}}^0 \\ N_{i\mathrm{p}} = X_{2\mathrm{p}}\cos\varphi_i + N_{i\mathrm{p}}^0 \end{array}\right\} \tag{6-31}$$

3）求 $\sigma_{\mathrm{h}} = 1$ 弹性反力图作用下的衬砌内力

在 $\sigma_{\mathrm{h}} = 1$ 的弹性反力图形单独作用下，也可用上述方法求得赘余力 $X_{1\sigma}$ 及 $X_{2\sigma}$，其基本结构如图 6-17 所示。此时，典型方程为：

$$\left.\begin{array}{l} X_{1\sigma}(\delta_{11} + \overline{\beta}_1) + X_{2\sigma}(\delta_{12} + f\overline{\beta}_1) + (\Delta_{1\sigma} + \beta_{\mathrm{a\sigma}}^0) = 0 \\ X_{1\sigma}(\delta_{21} + f\overline{\beta}_1) + X_{2\sigma}(\delta_{22} + f^2\overline{\beta}_1) + (\Delta_{2\sigma} + f\beta_{\mathrm{a\sigma}}^0) = 0 \end{array}\right\} \tag{6-32}$$

式中：$\Delta_{1\sigma}$——以 $\sigma_{\mathrm{h}} = 1$ 单位弹性反力图为荷载引起的基本结构在 $X_{1\sigma}$ 方向的位移；

$\Delta_{2\sigma}$——以 $\sigma_{\mathrm{h}} = 1$ 单位弹性反力图为荷载引起的基本结构在 $X_{2\sigma}$ 方向的位移；

$\beta_{\mathrm{a\sigma}}^0$——由单位弹性反力图引起基本结构墙底的转角，$\beta_{\mathrm{a\sigma}}^0 = M_{\mathrm{a\sigma}}^0\overline{\beta}_1$。

由典型方程中解出赘余力 $X_{1\sigma}$ 和 $X_{2\sigma}$ 后，同样也可求得衬砌结构在单位弹性反力图作用下的内力，即：

$$\left.\begin{array}{l} M_{i\sigma} = X_{1\sigma} + X_{2\sigma}y_i + M_{i\sigma}^0 \\ N_{i\sigma} = X_{2\sigma}\cos\varphi_i + N_{i\sigma}^0 \end{array}\right\} \tag{6-33}$$

4）位移及最大弹性反力值的计算

要按式（6-28）求最大弹性反力值 σ_{h}，必须求 h 点在主动荷载作用下的径向位移 δ_{hp} 及单位弹性反力图作用下的径向位移 $\delta_{\mathrm{h\sigma}}$，求这两项位移时要考虑墙底转角的影响，如图 6-18a）所示。按结构力学的方法，求位移可在原来的基本结构上进行，在基本结构 h 点处，沿 σ_{h} 方向加一单位力。此单位力作用下的弯矩图如图 6-18b) 所示，即在 h 点以下任意面 i 的弯矩为 $M_{ih} = y_{ih}$（y_{ih} 为 i 点到最大弹性反力截面 h 的垂直距离）。图 6-18c) 及图 6-18d) 分别为外荷载及单位弹性反力图作用下的弯矩图，按结构力学方法，得：

$$\left.\begin{aligned} \delta_{hp} &= \int \frac{M_{ip}M_{ih}}{EI}\mathrm{d}s + y_{ah}\beta_{ap} \approx \frac{\Delta s}{E}\sum \frac{M_{ip}M_{ih}}{I} + y_{ah}\beta_{ap} \\ \delta_{h\sigma} &= \int \frac{M_{i\sigma}M_{ih}}{EI}\mathrm{d}s + y_{ah}\beta_{a\sigma} \approx \frac{\Delta s}{E}\sum \frac{M_{i\sigma}M_{ih}}{I} + y_{ah}\beta_{a\sigma} \end{aligned}\right\} \tag{6-34}$$

式中：y_{ah}——墙脚中心至最大弹性反力截面的垂直距离；

$\quad\quad\beta_{ap}$——主动外荷载作用下墙底的转角，$\beta_{ap} = M_{ap}\bar{\beta}_1$；

$\quad\quad\beta_{a\sigma}$——单位弹性反力图作用下墙底的转角，$\beta_{a\sigma} = M_{a\sigma}\bar{\beta}_1$。

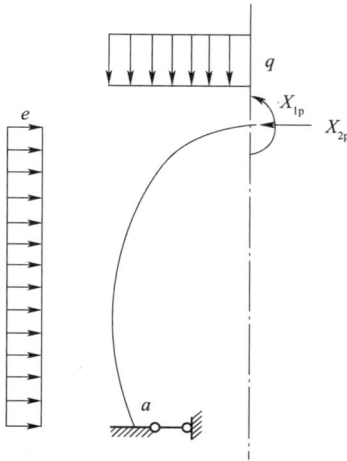

图 6-16　主动荷载作用下的基本结构　　　图 6-17　单位弹性反力作用下的基本结构

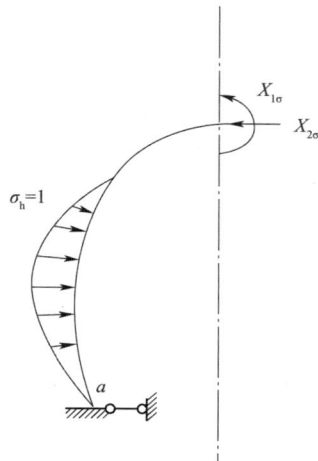

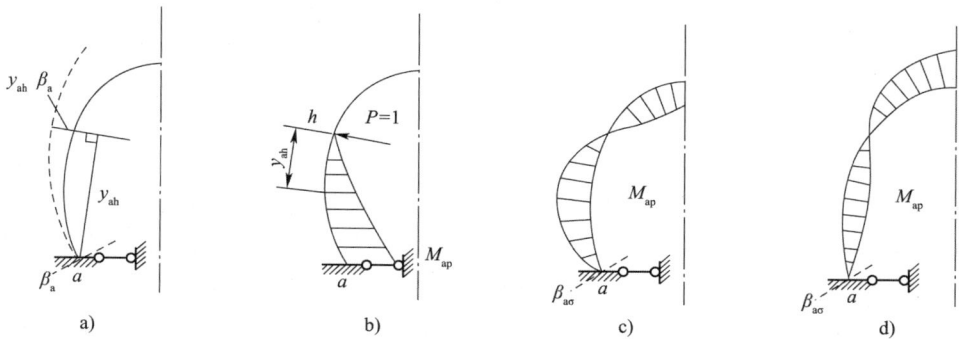

图 6-18　δ_{hp} 及 $\delta_{h\sigma}$ 计算的相关图示

当最大弹性反力截面与竖直轴的夹角接近 90° 时，为了简化计算，可将 h 点的位移方向近似地视为水平。在荷载和结构均对称的情况下，拱顶没有水平位移及转角。因此，h 点相对拱顶而言的水平位移，即为 h 点的实际水平位移。为此，如图 6-19 所示，亦可求得 h 点相应的水平位移：

$$\left.\begin{aligned} \delta_{hp} &= \int \frac{(y_h - y_i)M_{ip}}{EI}\mathrm{d}s \approx \frac{\Delta s}{E}\sum \frac{(y_h - y_i)M_{ip}}{I} \\ \delta_{h\sigma} &= \int \frac{(y_h - y_i)M_{i\sigma}}{EI}\mathrm{d}s \approx \frac{\Delta s}{E}\sum \frac{(y_h - y_i)M_{i\sigma}}{I} \end{aligned}\right\} \tag{6-35}$$

式中：y_i、y_h——以拱顶为原点的所论点的竖直坐标和 h 点的竖直坐标。

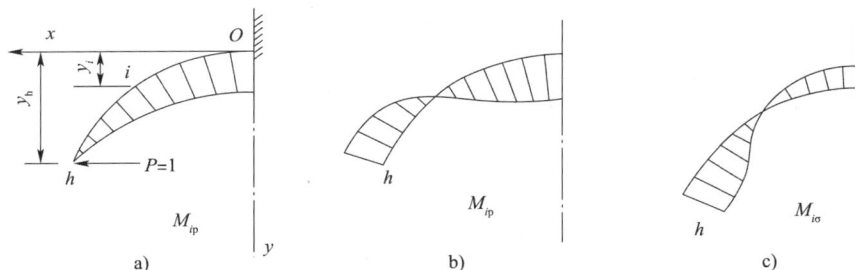

图 6-19　基本结构取拱顶为固定端时最大弹性反力的计算图示

5）衬砌内力计算及校核计算结果的正确性

此后，利用叠加原理可以求出任意截面最终的内力值：

$$\left.\begin{array}{l} M_i = M_{ip} + \sigma_h M_{i\sigma} \\ N_i = N_{ip} + \sigma_h N_{i\sigma} \end{array}\right\} \tag{6-36}$$

拱脚截面最终转角为：

$$\beta_a = \beta_{ap} + \sigma_h \beta_{a\sigma}$$

按变形协调条件，可以校核整个计算过程中有无错误。

拱顶转角：

$$\int \frac{M_i}{EI} ds + \beta_a \approx \frac{\Delta s}{E} \sum \frac{M_i}{I} + \beta_a = 0$$

拱顶水平位移：

$$\int \frac{M_i y_i}{EI} ds + f\beta_a \approx \frac{\Delta s}{E} \sum \frac{M_i y_i}{I} + f\beta_a = 0$$

h 点位移：

$$\int \frac{M_i y_{ih}}{EI} ds + y_{ah}\beta_a \approx \frac{\Delta s}{E} \sum \frac{M_i y_{ih}}{I} + y_{ah}\beta_a = \frac{\sigma_h}{K}$$

用同样方法求上零点 b 的变位 δ_b，可校核上零点假定位置的正确性。一般情况下，差异不大时可不加以修正。

6）曲墙拱结构的设计计算步骤

（1）计算结构的几何尺寸，并绘制断面图；

（2）计算作用在衬砌结构上的主动荷载；

（3）计算半拱轴长度；

（4）绘制分块图；

（5）计算各分段截面中心的几何要素；

（6）计算基本结构的单位位移 δ_{ik}；

（7）计算主动荷载在基本结构中产生的变位 Δ_{1p} 和 Δ_{2p}；

（8）解主动荷载作用下的力法方程；

（9）计算主动荷载作用下各截面的内力，并校核计算精度；

（10）求单位弹性反力图及相应摩擦力作用下基本结构中产生的变位 $\Delta_{1\sigma}$ 和 $\Delta_{2\sigma}$；

（11）解弹性反力及其摩擦力作用下的力法方程；

（12）求单位弹性反力图及摩擦力作用下截面的内力，并校核其计算精度；

（13）最大弹性反力值 σ_h 的计算；

（14）计算赘余力 X_1 和 X_2；

（15）计算衬砌截面总的内力并校核计算精度；

（16）绘制内力图；

（17）衬砌截面强度检算。

6.2.4 衬砌截面强度验算

为了保证衬砌结构强度的安全性，需要在算出结构内力之后进行强度验算。目前我国《公路隧道设计规范 第一册 土建工程》(JTG 3370.1—2018)规定，隧道结构应按破损阶段法验算构件截面的强度。结构抗裂有要求时，对混凝土构件应进行抗裂验算，对钢筋混凝土构件应验算其裂缝宽度。

按破损阶段法验算构件截面的强度时，应根据不同的荷载组合，分别采用不同的安全系数，并不应小于表 6-2 和表 6-3 所列数值。验算施工阶段的强度时，安全系数可采用表 6-2 和表 6-3"永久荷载 + 基本可变荷载 + 其他可变荷载"栏内的数值乘以折减系数 0.9。

混凝土和砌体结构各种荷载组合的强度安全系数　　　　表 6-2

破坏原因	混凝土			砌体		
	永久荷载 + 基本可变荷载	永久荷载 + 基本可变荷载 + 其他可变荷载	永久荷载或永久荷载 + 偶然荷载	永久荷载 + 基本可变荷载	永久荷载 + 基本可变荷载 + 其他可变荷载	永久荷载 + 偶然荷载
混凝土或砌体达到抗压极限强度	2.4	2.0	1.8	2.7	2.3	2.0
混凝土达到抗拉极限强度	3.6	3.0	2.7	—	—	—

钢筋混凝土结构各种荷载组合的强度安全系数　　　　表 6-3

破坏原因	永久荷载或永久荷载 + 基本可变荷载	永久荷载 + 基本可变荷载 + 其他可变荷载	永久荷载 + 偶然荷载
钢筋达到极限强度或混凝土达到抗压或抗剪极限强度	2.0	1.7	1.5
混凝土达到抗拉极限强度	2.4	2.0	1.8

《公路隧道设计规范 第一册 土建工程》(JTG 3370.1—2018)规定，按破损阶段法进行截面强度检算时，依轴力的偏心距 $e_0 = M/N$ 的大小分为两种情况。

1）抗压强度控制（当 $e_0 \leq 0.2h$ 时）

混凝土和砌体矩形截面轴心及偏心受压构件的抗压强度应按式（6-37）计算：

$$K \cdot N \leq \varphi \alpha R_a bh \tag{6-37}$$

式中：K——安全系数，按表 6-2 采用；

　　　N——轴向力（kN）；

　　　φ——构件纵向弯曲系数，对隧道衬砌、明洞拱圈及墙背紧密回填的边墙，可取 $\varphi = 1$；对其他构件，应根据其长细比按表 6-4 采用；

　　　α——轴向力的偏心影响系数，按表 6-5 采用；

R_a——混凝土或砌体的抗压极限强度；

b——截面宽度(m)；

h——截面厚度(m)。

混凝土及砌体构件的纵向弯曲系数表 表6-4

H/h	<4	4	6	8	10	12	14	16
纵向弯曲系数 φ	1.00	0.98	0.96	0.91	0.86	0.82	0.77	0.72
H/h	18	20	22	24	26	28	30	
纵向弯曲系数 φ	0.68	0.63	0.59	0.55	0.51	0.47	0.44	

注：1. H 为构件的高度，h 为截面短边的边长(当中心受压时)或弯矩作用平面内的截面边长(当偏心受压)。

2. 当 H/h 为表列数值的中间值时，可按内插法求得。

偏心影响系数表 表6-5

e_0/h	α	e_0/h	α	e_0/h	α	e_0/h	α	e_0/h	α
0.00	1.000	0.10	0.954	0.20	0.750	0.30	0.480	0.40	0.236
0.02	1.000	0.12	0.923	0.22	0.698	0.32	0.426	0.42	0.199
0.04	1.000	0.14	0.886	0.24	0.645	0.34	0.374	0.44	0.170
0.06	0.996	0.16	0.845	0.26	0.590	0.36	0.324	0.46	0.142
0.08	0.979	0.18	0.799	0.28	0.535	0.38	0.278	0.48	0.123

注：1. e_0 为轴向力偏心距。

2. $\alpha = 1.000 + 0.648(e_0/h) - 12.569(e_0/h)^2 + 15.444(e_0/h)^3$。

2）抗拉强度控制（当 $e_0 > 0.2h$ 时）

按抗裂要求，混凝土矩形截面偏心受压构件的抗拉强度应按式(6-38)计算：

$$K \cdot N \leqslant \frac{1.75 R_1 bh}{\dfrac{6 e_0}{h} - 1} \tag{6-38}$$

式中：R_1——混凝土的抗拉极限强度。

隧道衬砌结构除检算截面的强度外，规范还对轴向力的偏心距有所限制：整体式衬砌、明洞衬砌的混凝土偏心受压构件，其轴向力的偏心距不宜大于截面厚度的 0.45 倍；对半路堑式明洞外墙、棚洞、明洞边墙和砌体偏心受压构件，不应大于截面厚度的 0.3 倍。基底偏心距的限制为：岩石地基$\leqslant B/5 \sim B/4$，土质地基$\leqslant B/6$（B 为墙底厚度）。

隧道衬砌的基底应力不得大于地基的容许承载力，隧道衬砌的地基容许承载力可根据围岩级别，用工程类比法和经验估算的方法加以确定，有条件的还应进行现场试验。

整体式衬砌拱脚截面，当混凝土为间歇浇筑或边墙用砌体、拱圈用混凝土时，其偏心距不应大于截面厚度的 0.3 倍，计算截面抗压强度安全系数应采用表 6-2 中对砌体规定的数值。

6.3 喷锚衬砌设计

喷锚衬砌是指锚杆支护、喷射混凝土支护以及它们与其他支护结构的组合。目前广泛应用的锚喷支护类型有：

（1）锚杆支护；

（2）喷射混凝土支护；

（3）锚杆喷射混凝土支护；

（4）钢筋网喷射混凝土支护；

（5）锚杆、钢筋网、钢架喷射混凝土支护；

（6）锚杆、钢筋网喷射混凝土支护；

（7）预应力锚杆、钢筋网喷射混凝土支护。

作为施工使用的导洞、三级及三级以下公路隧道内Ⅰ~Ⅲ级围岩洞身段、Ⅰ~Ⅲ级围岩段的紧急救援通道、泄水洞等以及施工用的竖井、斜井，可采用喷锚衬砌。此外，喷锚衬砌还能与其他支护结构形式结合组成复合式支护。

喷锚衬砌支护参数可通过工程类比法或数值计算确定，并结合现场监控量测调整。

6.3.1 锚杆支护

锚杆支护是喷锚衬砌的组成部分，是锚固在岩体内部的杆状体。锚杆支护是通过锚入岩体内部的钢筋，与岩体融为一体，达到提高围岩力学性能、改善围岩受力状态、实现加固围岩、维护围岩稳定的目的。大量试验和工程实践表明，锚杆对保持隧道围岩稳定、抑制围岩变形能发挥很好的作用。它可利用锚杆的悬吊作用、组合拱作用、减跨作用、挤压加固作用，将围岩中的节理、裂隙串成一体，提高围岩的整体性，改善围岩的力学性能，从而发挥围岩的自承能力。锚杆支护不仅对硬质围岩，而且对软质围岩也能起到良好的支护效果。为了充分发挥锚杆对围岩的支护作用，从技术上要求：第一要紧跟开挖面及时安装系统锚杆；第二要确保锚杆全长注浆饱满，与岩体连成整体；第三要求锚杆达到使用耐久，避免松弛、锈蚀、腐蚀损坏。

1）锚杆类型

根据锚杆的作用原理，锚杆可分为全长黏结型锚杆、端头锚固型锚杆、摩擦型锚杆以及预应力锚杆等。

（1）全长黏结型锚杆。

全长黏结型锚杆用水泥砂浆或树脂作填充黏结剂，使锚杆和孔壁岩石黏结牢固，提供摩擦阻力，阻止岩体位移，并通过安装在孔口的托板、螺母对岩壁的约束力来抑制围岩变形和承受围岩松弛荷载，如普通水泥砂浆锚杆、早强水泥砂浆锚杆、中空注浆锚杆、自钻式注浆锚杆等。系统锚杆和局部锚杆、锁脚锚杆等永久支护锚杆可采用该类锚杆。

（2）端头锚固型锚杆。

端头锚固型锚杆通过锚杆的机械式锚固或黏结式锚固，将锚杆前端锚固于锚杆孔底部岩体，通过孔口垫板及螺母使锚杆受拉，对孔口附近围岩施加径向约束力，锚杆受力大小取决于锚头的锚固强度。端头锚固型锚杆主要用于预应力锚杆、局部锚杆，起临时支护作用，注满砂浆后可作永久支护锚杆。其锚头按结构又可分为：

①机械式内锚头，如楔缝式锚头、倒楔式锚头、胀壳式锚头，可用于硬岩支护。

②黏结式内锚头，如水泥砂浆内锚头、快硬水泥卷内锚头、树脂药包内锚头，除用于硬岩和中硬岩支护外，也用于软岩支护。

（3）摩擦型锚杆。

将锚杆强行压入比其直径略小的钻孔后，管体受围岩约束而产生径向张力，使孔壁产生压力,挤压岩体,从而使孔壁与锚杆间产生静摩擦力(即锚固力)阻止岩体位移。同时,锚杆末端垫板在安装时紧压孔口岩面,对围岩产生压力,使锚杆周围岩体处于三向应力状态,形成梨形压力球,增加围岩的稳定性,如缝管式锚杆、楔管式锚杆、水胀锚杆。摩擦型锚杆主要用于局部锚杆,起临时支护作用。

(4)预应力锚杆。

预应力锚杆应用端头锚杆,在锚孔口部对锚杆施加拉力,并用垫板和螺栓锁口,压紧孔口岩面,使围岩产生径向压力,约束围岩变形,对改善围岩的力学性能,特别是提高岩体结构面的摩擦力很有帮助。按内锚头的结构形式可分为机械式和胶结式;按锚固段的应力分布可分为集中型和分散型;按岩层的受力性质可分为拉力型、压力型、剪力型和混合型。目前使用最广的是拉力集中型,但近年压力分散型锚杆发展很快。

2)隧道工程中常用的锚杆

(1)水泥砂浆锚杆。

水泥砂浆锚杆由水泥砂浆、杆体、垫板和螺母组成,如图6-20所示。杆体可以采用带肋钢筋或高强度玻纤树脂实心或空心管。垫板可以采用金属材料,也可以用工程塑料。

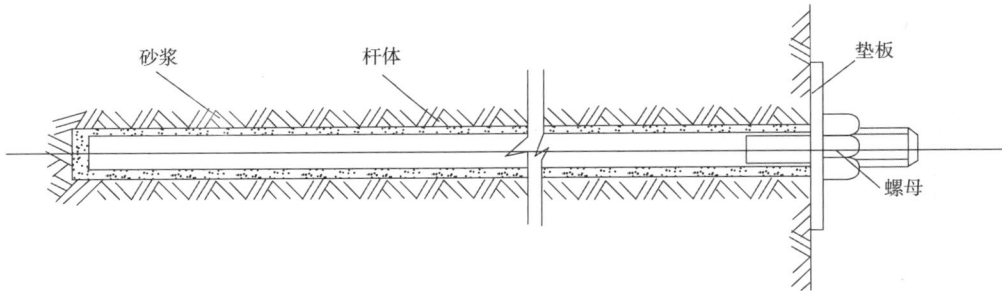

图6-20 水泥砂浆锚杆

水泥砂浆锚杆结构简单,加工、安装方便,价格便宜,对围岩的适用性强,具有一定的锚固力,因此使用较广泛。其缺点是安装后要有一个养护过程,该过程中不能承载。而且它提供的支护反力要依赖围岩变形,如果安装过晚,则锚杆的抗力很小,作用十分有限。另外,由于工艺简陋,易导致注浆不密实。正因为如此,在沿海发达地区,这种锚杆已被中空注浆锚杆取代。

水泥砂浆锚杆的锚固性能与是否带垫板关系很大。理论分析和模型试验表明,垫板具有以下作用:

①增强并扩大锚杆对岩体的锚固范围,特别是能使表层围岩处于三向受力状态,极大增强了围岩的稳固性。测试表明,岩体表面垫板影响的有效范围约为垫板尺寸的1~1.5倍,如果不设垫板,锚杆对表层围岩的影响几乎为零。而隧道的破坏首先是从表层围岩开始,逐步向深部扩展,因此垫板对防止表层围岩破坏具有重要作用。

②垫板能显著提高锚杆的系统刚度,使锚杆在软岩中不至于太软而无法与围岩特征线相交,丧失承载围岩压力的条件。

③通过垫板将喷网与锚杆连成整体,从而形成喷锚网与围岩的联合体,共同承担地层压力的作用。这里,垫板的传递起着重要作用,工程实践表明,软岩隧道失稳首先从垫板之间的环向受拉破坏开始。

④垫板能改变锚杆的受力分布,使锚杆的轴力分布比较均匀,提高锚杆效果。

（2）早强水泥砂浆锚杆。

早强水泥砂浆锚杆与水泥砂浆锚杆的唯一区别是注浆材料（黏结剂）不同。早强砂浆由硫铝酸盐早强水泥、砂、TZ 或 TZS 型早强剂配制而成，一般在 2～4h 就具有 50kN 左右的锚固力，弥补了普通水泥砂浆早期不能承载和强度增长缓慢的缺点，因而在软弱、破碎、自稳时间短的围岩中显示出一定的优越性。

（3）中空注浆锚杆。

中空注浆锚杆与水泥砂浆锚杆的最大差别是所用杆体不同，水泥砂浆锚杆采用 $\phi22mm$ 以上带肋钢筋，为实心杆体。中空注浆锚杆采用冷轧左旋螺纹杆体，为空心管。图 6-21 所示为中空锚杆的构成。

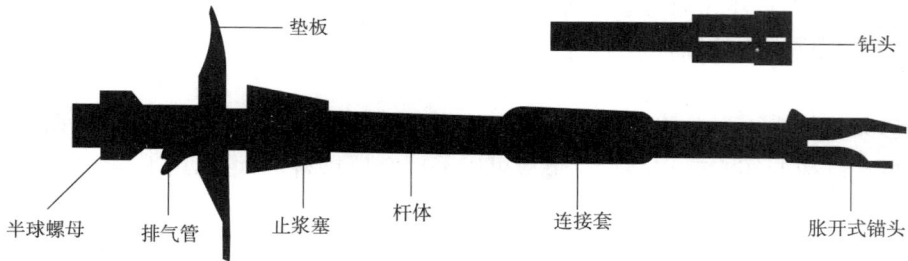

图 6-21　中空注浆锚杆

中空注浆锚杆的最大特点是利用杆体中空管道进行注浆，浆液直达孔底，能保证注浆饱满。如果是向上安装的锚杆还设有排气管，孔底的塑料锚固头用来支撑杆体的重量，以免向上安装时杆体下滑。

凡永久性锚杆均要求压力注浆，其作用有：

①保护锚杆免遭锈蚀；

②将锚杆与围岩连成一体，共同承担地层压力；

③将锚杆施加于围岩的预应力长期封存在岩体中，使围岩受到三向压力作用，从而提高联合支护体的承载力。

注浆锚杆分无压注浆式和压力注浆式两种，注浆时采用封堵技术的为压力注浆，否则为无压注浆。锚杆采用压力注浆的优点有：

①能确保钻孔浆液饱满，确保锚头和锚杆体被浆液包裹严密，由于使用了封堵技术还能少用浆料；

②能使部分浆液渗入岩石裂隙，使裂隙岩石强度得到提高；

③不能成孔的破碎岩石经压力注浆后，使成孔成为可能。

中空注浆锚杆是普通砂浆锚杆的重大改进，由工厂成套生产，不仅质量能得到保证，而且也规范了锚喷支护的施工工艺，在我国沿海地区得到普遍使用。

（4）自钻式中空注浆锚杆。

在中空注浆锚杆的前端再安装一个钻头就成为自钻式注浆锚杆。它由中空杆体、垫板、螺母、连接器、钻头和排气管组成，如图 6-22 所示。杆体应采用厚壁无缝钢管制作，外表全长应具有标准的连接螺纹，并能任意切割和用连接器加长。

图 6-22　自钻式中空注浆锚杆
1-螺母；2-垫板；3-中空杆体；
4-连接器；5-钻头

自钻式中空注浆锚杆适于钻孔过程易塌孔，而且必须采用套管跟进的复杂地层。这种锚杆将钻孔、注浆及锚固等功能一体化,在隧道超前支护系统及高地应力、大变形隧道的变形控制等工程中均取得了良好的效果。但是由于价格较高,其使用范围受到限制。

3)锚杆支护设计与质量控制

(1)锚杆支护设计应根据隧道围岩条件、断面尺寸、作用、施工条件等选择锚杆种类和参数,并符合下列规定:

①用作永久支护的锚杆应为全长黏结型锚杆,端头锚固型锚杆作为永久支护时必须在孔内注满砂浆或树脂,砂浆或树脂的强度等级不应小于 M20。

②自稳时间短的围岩,宜采用全黏结树脂锚杆或早强水泥砂浆锚杆。

③软岩、变形较大的围岩地段,可采用预应力锚杆。预应力锚杆的预加力不应小于100kPa。预应力锚杆的锚固端必须锚固在稳定岩层内。

④对于岩体破碎、成孔困难的围岩,宜采用自进式锚杆。

⑤锚杆直径宜为 20 ~ 28mm。

⑥锚杆露头应设垫板,垫板尺寸不应小于150mm(长)×150mm(宽)×8mm(厚)。

(2)系统锚杆设计应符合下列规定:

①锚杆宜沿隧道周边径向布置。当结构面或岩层层面明显时,锚杆宜与岩体主结构面或岩层层面成大角度布置。

②锚杆宜按梅花形排列,如图 6-23 所示。

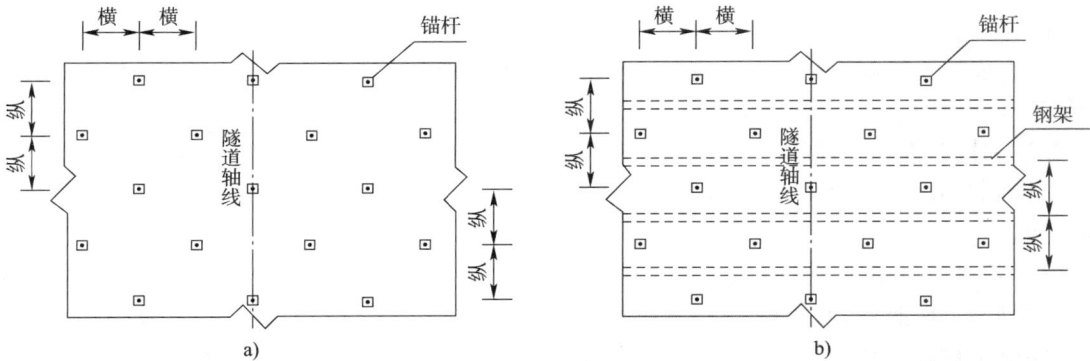

图 6-23 系统锚杆布置方式

③系统锚杆长度和间距应根据围岩条件、隧道宽度,通过计算或工程类比法确定。

④锚杆间距不宜大于锚杆长度的 1/2 且不宜大于 1.5m,锚杆间距较小时,可长短锚杆交错布置。

⑤两车道隧道系统锚杆长度不宜小于 2.0m,三车道隧道系统锚杆长度不宜小于 2.5m。

⑥土质围岩不设系统锚杆时,应采用其他支护方式加强。

(3)局部不稳定的岩块宜设置局部锚杆,可采用全长黏结型锚杆、端头锚固型锚杆和预应力锚杆,锚固端应置于稳定岩体内,锚杆参数可通过工程类比法或计算确定。

6.3.2 喷射混凝土支护

喷射混凝土是利用泵或高压风作动力,把混凝土混合料通过喷射机、输料管及喷头直接喷射到隧道围岩壁上的支护方法。喷射混凝土是维护隧道围岩稳定的结构物,具有不需模板、施作速度快、早期强度高、密实度好、与围岩紧密黏结、不留空隙的突出优点。隧道开挖后及时施作喷射混凝土支护,可以起到封闭岩面、防止风化松动、填充坑凹及裂隙、维护和提高围岩整体性、帮助围岩发挥自身结构能力、调整围岩应力分布、防止应力集中、控制围岩变形、防止掉块、防止坍塌的作用。

1)喷射混凝土的类型

喷射混凝土通常有以下几种类型:

(1)普通喷射混凝土。普通喷射混凝土由水泥、砂、石和水按一定比例混合而成,具有强度高、黏结力强、密度大及抗渗性好等特点。因素喷混凝土的抗拉伸和弯曲的能力较低,抗裂性和延性较差,因此,素喷混凝土通常都配合钢筋网一起使用。

(2)纤维喷射混凝土。纤维喷射混凝土是在喷射混凝土内添加一定数量的钢纤维或合成纤维,其一系列性能都优于普通喷射混凝土。

①钢纤维喷射混凝土。钢纤维喷射混凝土是指在混凝土中加入直径为 0.25 ~ 0.40mm、长度为 20 ~ 30mm、端部带钩或断面形状奇特的钢丝纤维的一种新型混凝土。钢纤维喷射混凝土的韧性比素混凝土提高 10 ~ 50 倍,抗冲击能力比素混凝土提高 8 ~ 30 倍。当钢纤维掺量为 40 ~ 60kg/m^3 时,与不掺钢纤维的混凝土相比,抗压强度增加 10.3% ~ 22.3%,劈裂强度增加 41% ~ 68%。钢纤维喷射混凝土的力学性能随钢纤维掺量的提高而提高,但掺量增大,搅拌的均匀性及喷射流畅性会有所下降。实际上,钢纤维的掺量主要由喷射混凝土工艺决定,钢纤维掺量超过混凝土干混合料质量的 4% 时,搅拌的均匀性和喷射混凝土施工中的流畅性就会变差,回弹增加。因此,钢纤维的掺量宜为干混合料质量的 1.5% ~ 4%。

②合成纤维喷射混凝土。合成纤维喷射混凝土是指由化工原料制成的具有一定抗拉强度的细长纤维(如聚丙烯纤维)掺进混凝土内形成的混凝土,它能显著提高喷射混凝土的抗拉强度、韧度和抗裂性,而对混凝土的施工工艺没有影响。目前合成纤维的种类不同,性能参数不一样,掺量的多少也会影响喷射混凝土的力学性能。由于经验不多,尚难统一,所以应根据试验确定。

(3)高性能喷射混凝土。高性能喷射混凝土是在钢纤维喷射混凝土的基础上,增加少量纤维、微硅粉、矿渣粉、粉煤灰、高效减水剂等成分形成的高强度等级、高抗渗性及高耐久性的喷射混凝土衬砌。高性能喷射混凝土具有较高的强度、耐久性和很好的防水性能。高性能喷射混凝土设计强度等级为 C40、C50,抗渗指标不小于 P12。从已经应用的工程中看,具有一定的效果。

2)喷射混凝土支护设计与质量控制

(1)喷射混凝土最重要的两个设计参数是强度指标和厚度指标。

喷射混凝土的强度等级不应低于 C20,厚度不应小于 50mm。

喷射混凝土强度的基本要求是强度等级不低于 C20。

由于喷射混凝土具有收缩性,当厚度小于 50mm 时,容易引起收缩开裂;同时,喷层过薄也不足以抵抗岩块的移动。喷射混凝土要求具有一定的柔性。一般情况下,两车道隧道喷射混凝土厚度不超过 300mm。对于三车道以上的大断面隧道,喷射混凝土层相对柔性大,对 V 级不稳定的围岩,喷射混凝土厚度可能需要大于 300mm。

(2)在围岩变形大、自稳性差的软弱围岩、膨胀性围岩地段,可采用纤维喷射混凝土支护,纤维喷射混凝土设计应符合下列规定:

①纤维喷射混凝土强度等级不应低于 C25。

②钢纤维喷射混凝土中钢纤维掺量宜为干混合料质量的 1.5% ~4%。

③合成纤维喷射混凝土中纤维掺量应根据试验确定。

④防水要求较高时,可采用强度等级高于 C30 的高性能喷射混凝土。

6.3.3 钢筋网支护

为提高喷射混凝土的抗剪强度和抗弯强度,以及抗冲切能力和抗弯曲能力,提升喷射混凝土的整体性,减少喷射混凝土的收缩裂纹,在喷射混凝土内有时要布设钢筋网。钢筋网喷射混凝土中钢筋网的设计应符合下列规定:

(1)钢筋网钢筋直径不应小于 6mm,不宜大于 12mm。

(2)钢筋网网格应按矩形布置,钢筋间距宜为 150 ~300mm。

(3)钢筋网钢筋的搭接长度不应小于 30d(d 为钢筋直径)。

(4)钢筋网喷射混凝土保护层厚度应不小于 20mm,当采用双层钢筋网时,两层钢筋网之间的间隔距离不宜小于 80mm。

(5)单层钢筋网喷射混凝土厚度不应小于 80mm,双层钢筋网喷射混凝土厚度不应小于 150mm。

(6)钢筋网可配合锚杆或临时短锚杆使用,钢筋网宜与锚杆或其他固定装置连接牢固。

6.3.4 钢架支护

钢架支护(也称钢拱架支护)的作用是加强喷射混凝土层的刚度和强度,同时也是控制围岩变形与松弛、提高喷锚衬砌支护能力的有效措施。

1)钢架类型

钢拱架基本上有两种形式,一种是用型钢做成的钢拱,另一种是用钢筋焊成的格栅拱。其形状与开挖断面吻合,都可以迅速架设,并能提供足够的支护阻力。钢拱架通常和锚杆、钢筋网、喷射混凝土等支护手段一起使用,构成所谓锚杆、钢筋网、钢拱架、喷射混凝土联合支护。这种联合支护主要用于浅埋、偏压和自稳时间很短,要求及时提供支护的软弱围岩,或为了抑制围岩的变形,需要增强支护抗力的情况。

(1)型钢拱架。

型钢拱架是采用 H 形、U 形、工字形等型钢,加工成所需的形状,取整榀安装或构件拼装的方法,用于隧道工程的一种支护结构形式。但必须看到,这种支护钢材消耗大,价格高;用于大跨度断面时,其受力和施工工艺都存在不少缺点。

(2)格栅拱架。

近年来,出现了一种格栅拱架支护,它由普通 Ⅱ 级钢筋经冷弯成形后,按隧道轮廓进行设计,焊接而成,如图 6-24 所示,常用形式有圆形、半圆形、马蹄形等。格栅拱架的断面形式有三角形、矩形、四边形等,如图 6-25 所示。

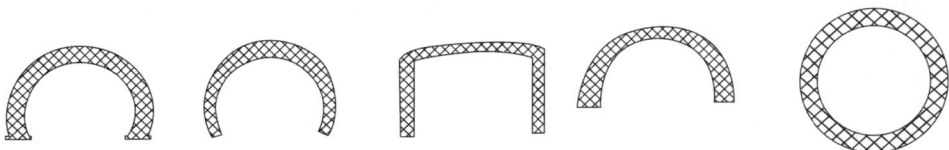

图 6-24 格栅拱架支护基本形式

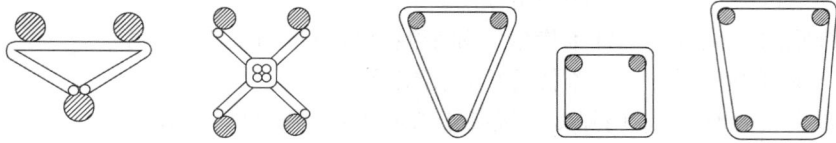

图 6-25 格栅拱架断面形式

格栅拱架与型钢拱架一样,也是分段加工的,分段长度需与开挖断面相适应,在架设时再组装成一体,节段之间通过钢板用螺栓连接和焊接。格栅拱架的接头是整个结构的薄弱环节,必须加强。图 6-26 所示为一些接头的基本形式。

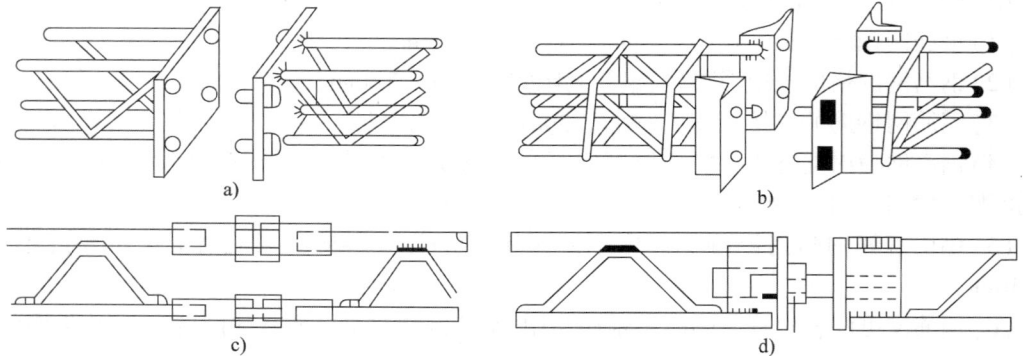

图 6-26 格栅钢架接头形式

2)钢架支护设计与质量控制

(1)钢架设计应符合下列规定:

①钢架支护应有足够的刚度和强度,能够承受隧道施工期间可能出现的荷载。

②宜选用格栅钢架支护。

③钢架间距宜为 0.5～1.2m。

④连续使用钢架的数量不应少于 3 榀。

⑤相邻钢架之间应设横向连接,采用钢筋做横向连接时,钢筋直径不宜小于 20mm,间距不应大于 1m,并在钢架内缘、外缘交错布置。

⑥钢架应分节段制作,节段之间应采用钢板连接。

⑦钢架与围岩之间的混凝土保护层厚度不应小于 40mm;临空一侧的混凝土保护层厚度不应小于 20mm。当采用锚喷单层衬砌时,临空一侧的混凝土保护层厚度不应小于 40mm。

⑧钢架形状和尺寸应根据开挖断面确定,受力变形后不得侵入设计净空或二次衬砌。

(2)格栅钢架设计应符合下列规定:

①主筋应采用 HRB400 钢筋,腹筋可采用 HRB400 或 HPB300 钢筋。

②主钢筋直径宜选用 18～25mm,腹筋直径宜选用 10～20mm。

③截面尺寸通过工程类比法或计算确定,截面高度可采用 120～220mm。

④连接钢板平面宜与钢架轴线垂直,格栅钢架主钢筋与连接钢板焊接应增加 U 形钢筋帮焊。

(3)型钢钢架节段两端的连接钢板平面应与钢架轴线垂直。

(4)在设置超前支护的地段,应设钢架作为超前支护的尾端支点,钢架截面高度不宜小于 160mm。

6.4 复合式衬砌

20世纪50年代以来,新奥法技术在奥地利学者腊布希维兹(L. V. Rabcewicz)等一大批学者和工程技术人员的努力下开始形成,并于1962年正式命名,复合式衬砌结构作为一种结构形式也应运而生。

6.4.1 复合式衬砌的构造

复合式衬砌结构把衬砌分成两层或两层以上,可以是同一种形式、方法和材料施作的,也可以是不同形式、方法和材料施作的。目前,复合式衬砌结构大都采用内外两层衬砌,通常由初期支护和二次衬砌组成,防水要求较高时须在初期支护和二次衬砌间增设防水层。

初期支护应按永久支护结构设计,宜采用喷射混凝土、锚杆、钢筋网和钢拱架等支护单独或组合使用。初期支护常为喷射混凝土支护,必要时增设锚杆加固围岩,成为锚喷支护。岩石条件较差时,可在喷层中增设钢筋网或型钢拱架,也可采用钢纤维喷射混凝土支护围岩。施工时常先施作薄层喷射混凝土封闭围岩,然后施作锚杆,挂网和分次逐步加厚喷层至设计厚度值。穿越石质条件极差的断层破碎带时,常需借助设置超前锚杆和注浆工艺预先加固地层。对大断面隧道,埋深较大、岩石条件中等、成洞条件较差时还常施作预应力锚索改善围岩的受力变形状态,帮助围岩保持稳定。

二次衬砌常为整体式现浇混凝土衬砌,必要时可借助设置钢筋增强截面。整体式浇筑混凝土衬砌有表面平顺光滑、外观视觉较好、通风阻力较小等优点,适宜对洞内环境有较高要求的场合。二次衬砌的厚度和配筋量主要取决于洞形、净空尺寸、围岩地层的工程地质条件和施作支护的时机。岩质较好、跨度不大时常在围岩变形趋于稳定后施作,截面厚度和配筋量可按构造要求确定;岩质较差或岩质中等但跨度较大时,则常在围岩变形尚未稳定时施作,故需与初期支护共同承受形变压力的作用,截面厚度和配筋量需由计算确定。

防水层的常见形式有塑料板防水层和喷涂防水层两类,前者多采用厚1~2mm的聚乙烯塑料板,后者常为厚3~5mm的阳离子乳化沥青氯丁胶乳。防水层应在初期支护变形基本稳定后、二次衬砌灌注前施作,二次衬砌应能同时承受水压力的作用。水压力过大时,应设置合适的排水通道疏水导流。

根据围岩条件不同,复合式衬砌可采用不同的断面形式和支护、衬砌参数。图6-27所示为时速160km及以下铁路隧道Ⅳ级围岩复合式衬砌标准图,图6-28所示为公路隧道Ⅱ级围岩复合式衬砌断面,图6-29所示为双连拱公路隧道Ⅳ级围岩复合式衬砌断面。《铁路隧道设计规范》(TB 10003—2016)规定,隧道应优先采用曲墙式复合式衬砌,其中单线Ⅲ级围岩、双线Ⅲ级围岩及以上地段均应设置仰拱。

目前复合式衬砌已成为世界各国及地区高速铁路山岭隧道衬砌结构的主流。我国客运专线铁路隧道衬砌结构类型选择中,在围岩稳定性差、地下水发育地段,推荐采用复合式衬砌。

6.4.2 复合式衬砌的承载机理

围岩破坏一般自洞周开始,首先出现的破坏通常是张性破裂,接着是塑性剪切流动破坏,如能及时施作支护,使在洞周形成处于稳定状态的承载结构,洞室围岩即可保持稳定。

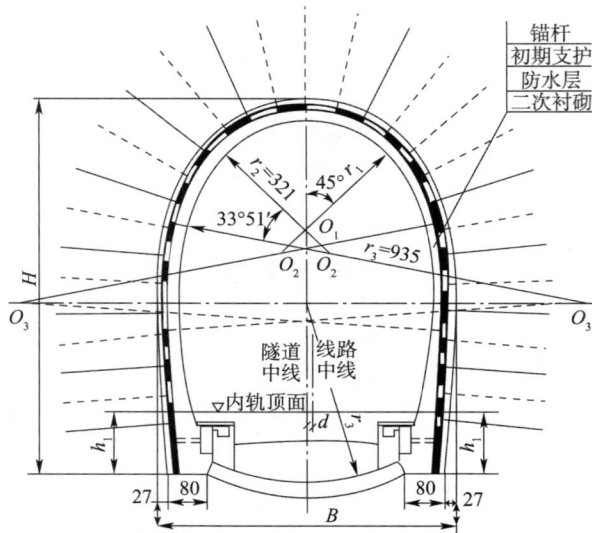

图 6-27　时速 160km 以下铁路隧道Ⅳ级围岩复合式衬砌标准图(尺寸单位:cm)

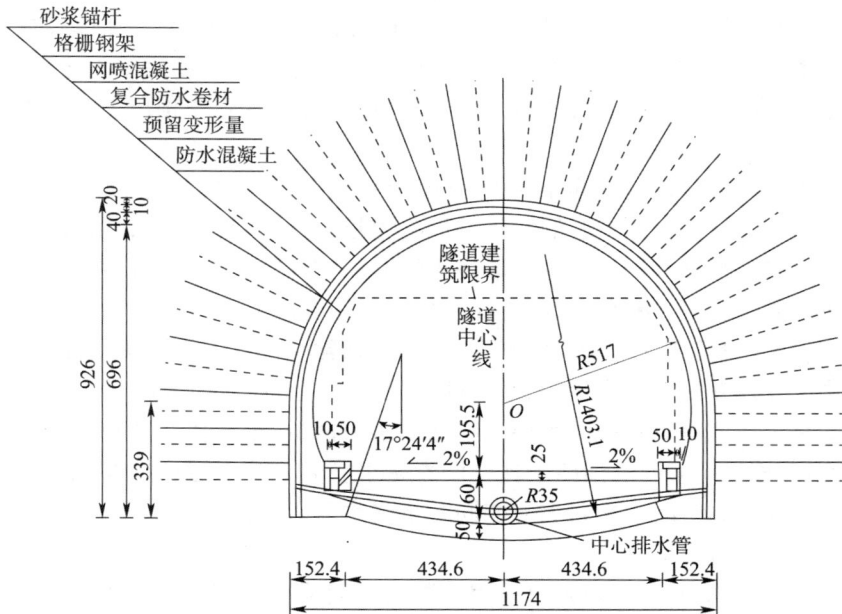

图 6-28　公路隧道Ⅱ级围岩复合式衬砌断面图(尺寸单位:cm)

关于复合式衬砌内外层结构受力状态,一种观点认为,围岩具有自承能力,它与初期支护组合在一起能起到永久支护的作用,故二次衬砌只是用来提高安全度的;另一种看法则认为,二次衬砌的承载作用是主要的,它不仅稳定围岩的变形,更在整个衬砌结构中占有主导地位;还有一种观点认为,内、外衬砌是共同承载受力的。根据模型试验和理论分析的结果表明:复合式衬砌的极限承载能力比同等厚度的单层模筑混凝土衬砌提高 15% ~ 25% ,如能调整好内衬的施作时间,还可以改善结构的受力条件。

总之,复合式衬砌可以满足初期支护施作及时、刚度小易变形的要求,且与围岩密贴,从而能保护和加固围岩,充分发挥围岩的自承作用。二次衬砌后,衬砌内表面光滑平整,可以防止外层风化,装饰内壁,增强安全感,是一种合理的结构形式,是目前公路、铁路隧道主要的结构形式。

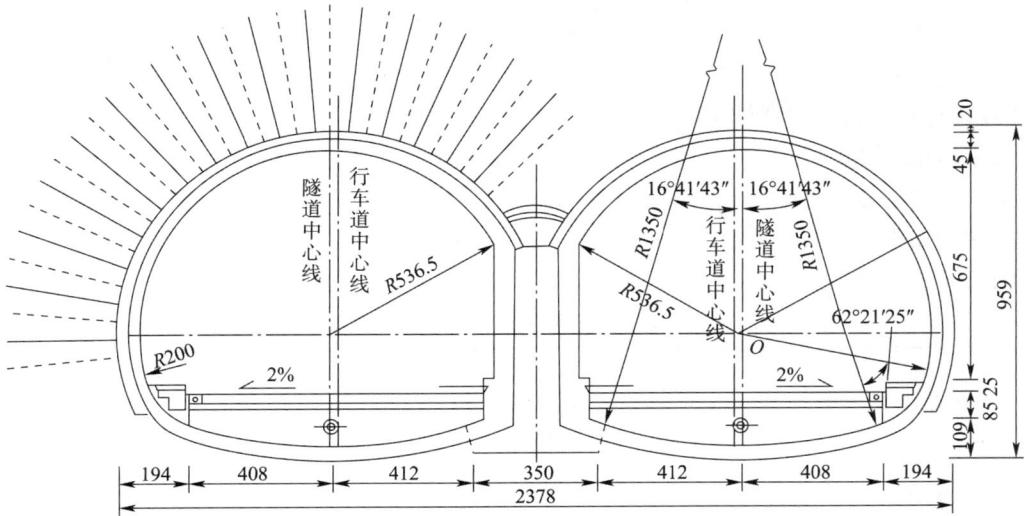

图6-29 双连拱公路隧道Ⅳ级围岩复合式衬砌断面图(尺寸单位:cm)

6.4.3 复合式衬砌的设计

1)预留变形量

对于复合式衬砌,在确定开挖断面时,除应满足隧道净空和结构尺寸要求外,为了减小衬砌所承受的变形压力,允许围岩及初期支护产生一定的变形,释放一定的能量,故在确定开挖尺寸时需预留一定的变形量。预留变形量是围岩在支护控制的条件下设计所允许的变形量。预留变形量应根据围岩级别、断面大小、埋置深度、施工方法和支护情况等,通过计算分析确定或采用工程类比法预测,预测值可参照表6-6的规定选用。Ⅰ~Ⅱ级围岩变形量小,并且多有超挖,所以不考虑预留变形量;而Ⅲ~Ⅳ级围岩则有不同程度的变形,特别是软弱围岩(含浅埋隧道)的情况比较复杂,要确定统一预留变形量是不合适的,因此施工期间预留变形量还应根据现场监控量测结果进行调整。

预留变形量(单位:mm)   表6-6

围岩级别	两车道隧道	三车道隧道	围岩级别	两车道隧道	三车道隧道
Ⅰ级	—		Ⅳ级	50~80	60~120
Ⅱ级	—	10~30	Ⅴ级	80~120	100~150
Ⅲ级	20~50	30~80	Ⅵ级	现场量测确定	—

注:1.围岩软弱、破碎取大值;围岩完整取小值。

2.四车道隧道应通过工程类比法和计算分析确定。

2)初期支护

由于初期支护与围岩紧密接触,因此复合式衬砌的初期支护应主要按工程类比法设计。必要时,支护参数可按地层-结构法计算确定,并按使用阶段和施工阶段分别验算。

对于两车道、三车道隧道,经验表明Ⅰ~Ⅲ级围岩具有较强的自支承能力,对其施作薄层喷射混凝土和少量锚杆后即可保持稳定,不必计算;Ⅳ、Ⅴ级围岩则在根据工程类比法选定支护参数后仍需进行验算。对于四车道隧道，Ⅲ～Ⅴ级围岩在根据工程类比法选定支护参数后仍需进行验算。

初期支护验算采用连续介质力学的有限元方法，按地层-结构法设计模型计算内力和变形，能较好地模拟开挖施工步骤的影响。

采用地层-结构法计算时，可通过对释放荷载设置释放系数控制初期支护的受力，以使初期支护和二次衬砌能按较为合理地分担比例，共同承受释放荷载的作用。二次衬砌的释放荷载分担比例要保证支护结构的永久安全性，围岩及初期支护的释放荷载分担比例要保证工程施工的安全。使用阶段具体分担比例可参考表6-7确定。

两车道隧道释放荷载分担比例建议值 表6-7

围 岩 级 别	分 担 比 例	
	围岩 + 初期支护	二次衬砌
Ⅳ级	60% ～80%	40% ～20%
Ⅴ级	20% ～40%	80% ～60%

注:1. 围岩条件较好时，初期支护取大值，二次衬砌取小值；围岩条件较差时则相反。

2. 施工阶段二次衬砌未施作，对围岩及初期支护共同承受释放荷载的作用的验算，其分担比例比表中值大，最大可达100%。

在采用地层-结构法计算围岩和初期支护稳定性时，为了更加科学合理地判断围岩稳定性，引入隧道强度储备安全系数的概念。在施工期间，主要是由于开挖、施工爆破或水渗入围岩与潮湿空气等原因使围岩强度弱化，最终造成隧道在施工中破坏；在运营期，一般隧道受力变化不大，对深埋隧道即使地面荷载有所变化，其对隧道稳定的影响也不大，一般也是由于水渗入围岩或风化等原因使围岩强度降低而出现病害，因而可以采用强度储备安全系数。对于均质隧道，强度储备安全系数是指隧道破坏部位（破裂面上）的实际岩土强度与破坏时强度的比值。

对于岩土中常用的莫尔-库伦材料，强度折减安全系数 ω 可以定义为：

$$\omega = \frac{c + \sigma \tan\varphi}{\tau} \tag{6-39}$$

式中：τ——围岩的抗剪强度（kPa）；

c——围岩的黏聚力（kPa）；

σ——剪切滑动面上的法向应力（kPa）；

φ——围岩的内摩擦角（°）。

其中，折减后围岩的黏聚力、内摩擦角分别按下式计算：

$$c' = \frac{c}{\omega} \tag{6-40}$$

$$\varphi' = \frac{\varphi}{\omega} \tag{6-41}$$

式中：c'——折减后围岩的黏聚力（kPa）；

φ'——折减后围岩的内摩擦角(°)。

设计计算中,隧道需要考虑三种安全系数:第一种是初期支护后的围岩安全系数,这个安全系数会直接影响施工安全,如果施作初期支护后围岩安全系数达到1.30以上,则表明围岩和初期支护都安全,二次衬砌可作为安全储备;如果安全系数在1.15~1.30之间,表明二次衬砌需要承受一定荷载;如果安全系数小于1.15~1.20,则初期支护能力不足,不能满足施工安全要求,需要加强初期支护,或进行其他辅助措施以满足施工安全要求。第二种是二次衬砌施作后围岩安全系数,此时围岩安全系数会较第一种围岩安全系数有所提高,可保证在1.30以上。第三种就是二次衬砌的安全系数,如果二次衬砌只作为安全储备,这时可依据经验来确定二次衬砌的厚度;如果二次衬砌承受一定荷载,则应对二次衬砌进行力学分析。

3)二次衬砌

复合式衬砌中的二次衬砌与初期支护共同承担围岩压力及其他外部荷载时,可采用地层-结构法计算内力和变形,并可采用荷载-结构法验算。

复合式衬砌的二次衬砌,对于两车道隧道,用于Ⅰ~Ⅲ级围岩时,由于初期支护作为永久结构可使围岩保持稳定,因而二次衬砌可按构造要求选定厚度,不必进行验算。对于三、四车道等大断面隧道,Ⅲ级围岩条件下初期支护和围岩不能确保稳定,二次衬砌也应承担一定的荷载。二次衬砌应按承载结构进行力学分析,计算原理和方法与同类围岩中的初期支护相同。

6.5　工程类比法

目前,隧道工程衬砌结构设计还是以工程类比法为主,只有那些地质条件复杂,或工程规模很大的地下工程,仅靠工程类比法不足以保证设计的可靠性和合理性时,才结合监控量测法和理论验算法进行分析。

6.5.1　工程类比设计的原则与方法

工程类比设计通常有直接对比法和间接类比法两种。直接对比法一般是以围岩的岩体强度和岩体完整性、地下水影响程度、洞室埋深、可能受到的地应力、工程的性状与尺寸、施工的方法、施工的质量以及使用要求等方面因素,将设计的工程与上述条件基本相同的已建工程进行对比,由此确定衬砌类型与参数。间接类比法一般是根据现行支护技术规范或隧道设计规范,按围岩级别表及衬砌设计参数表确定拟建工程的衬砌类型与参数。

6.5.2　用工程类比法设计衬砌支护参数

用工程类比法设计衬砌支护参数的间接方法,是在围岩分级的基础上借助设计规范提供的衬砌支护参数表,基本按对号入座的方法选择衬砌支护类型和参数的一种方法。可以说,工程岩体分级和衬砌支护参数表是工程类比间接设计法的两大支柱,缺一不可。

我国是个幅员辽阔、基建规模宏大的国家,在衬砌支护设计方面积累了十分丰富的经验,但各个行业差别很大,因此不同行业规范提供的衬砌支护参数表差别也较大。

(1)《岩土锚杆与喷射混凝土支护工程技术规范》(GB 50086—2015)提供的锚喷支护参数表见表6-8。

围岩级别	开挖跨度 B(m)						
	$B \leqslant 5$	$5 < B \leqslant 10$	$10 < B \leqslant 15$	$15 < B \leqslant 20$	$20 < B \leqslant 25$	$25 < B \leqslant 30$	$30 < B \leqslant 35$
Ⅰ级	不支护	喷射混凝土 $\delta = 50$	(1)喷射混凝土 $\delta = 50 \sim 80$; (2)喷射混凝土 $\delta = 50$,布置锚杆 $L = 2.0 \sim 2.5$,@ $= 1.0 \sim 1.5$	喷射混凝土 $\delta = 100 \sim 120$,布置锚杆 $L = 2.2 \sim 3.5$,@ $= 1.25 \sim 1.50$,必要时,设置钢筋网	钢筋网喷射混凝土 $\delta = 120 \sim 150$,布置锚杆 $L = 3.0 \sim 4.0$,@ $= 1.5 \sim 2.0$	钢筋网喷射混凝土 $\delta = 150$,相间布置 $L = 4.0$ 锚杆和 $L = 5.0$ 低预应力锚杆,@ $= 1.5 \sim 2.0$	钢筋网喷射混凝土 $\delta = 150 \sim 200$,相间布置 $L = 5.0$ 锚杆和 $L = 6.0$ 低预应力锚杆,@ $= 1.5 \sim 2.0$
Ⅱ级	喷射混凝土 $\delta = 50$	(1)喷射混凝土 $\delta = 50 \sim 80$; (2)喷射混凝土 $\delta = 50$,布置锚杆 $L = 2.0 \sim 2.5$,@ $= 1.0 \sim 1.25$	(1)钢筋网喷射混凝土 $\delta = 100 \sim 120$,局部锚杆; (2)喷射混凝土 $\delta = 80 \sim 100$,布置锚杆 $L = 2.5 \sim 3.5$,@ $= 1.0 \sim 1.50$,必要时,设置钢筋网	钢筋网喷射混凝土 $\delta = 120 \sim 150$,布置锚杆 $L = 3.5 \sim 4.5$,@ $= 1.5 \sim 2.0$	钢筋网喷射混凝土 $\delta = 150 \sim 200$,相间布置 $L = 3.0$ 锚杆和 $L = 4.5$ 低预应力锚杆,@ $= 1.5 \sim 2.0$	钢筋网喷射混凝土 $\delta = 150 \sim 200$,相间布置 $L = 5.0$ 锚杆和 $L = 7.0$ 低预应力锚杆,@ $= 1.5 \sim 2.0$,必要时布置 $L \geqslant 10.0$ 的预应力锚杆	钢筋网喷射混凝土 $\delta = 180 \sim 200$,相间布置 $L = 6.0$ 锚杆和 $L = 8.0$ 低预应力锚杆,@ $= 1.5 \sim 2.0$,必要时布置 $L \geqslant 10.0$ 的预应力锚杆
Ⅲ级	(1)喷射混凝土 $\delta = 80 \sim 100$; (2)喷射混凝土 $\delta = 50$,布置锚杆 $L = 1.5 \sim 2.0$,@ $= 0.75 \sim 1.0$	(1)钢筋网喷射混凝土 $\delta = 120$,局部锚杆; (2)钢筋网喷射混凝土 $\delta = 80 \sim 100$,布置锚杆 $L = 2.5 \sim 3.5$,@ $= 1.0 \sim 1.5$	钢筋网喷射混凝土 $\delta = 100 \sim 150$,布置锚杆 $L = 3.5 \sim 4.5$,@ $= 1.5 \sim 2.0$,局部加强	钢筋网或钢纤维喷射混凝土 $\delta = 150 \sim 200$,布置锚杆 $L = 3.5 \sim 5.0$,@ $= 1.5 \sim 2.0$,局部加强	钢筋网或钢纤维喷射混凝土 $\delta = 150 \sim 200$,相间布置 $L = 4.0$ 锚杆和 $L = 6.0$ 低预应力锚杆,@ $= 1.5$,必要时局部加强或布置 $L \geqslant 10.0$ 的预应力锚杆	钢筋网或钢纤维喷射混凝土 $\delta = 180 \sim 250$,相间布置 $L = 6.0$ 锚杆和 $L = 8.0$ 低预应力锚杆,@ $= 1.5$,必要时布置 $L \geqslant 15.0$ 的预应力锚杆	钢筋网或钢纤维喷射混凝土 $\delta = 200 \sim 250$,相间布置 $L = 6.0$ 锚杆和 $L = 9.0$ 低预应力锚杆,@ $= 1.2 \sim 1.5$,必要时布置 $L \geqslant 15.0$ 的预应力锚杆
Ⅳ级	钢筋网喷射混凝土 $\delta = 80 \sim 100$,布置锚杆 $L = 1.5 \sim 2.5$,@ $= 1.0 \sim 1.25$	钢筋网喷射混凝土 $\delta = 80 \sim 100$,布置低预应力锚杆 $L = 2.0 \sim 3.0$,@ $= 1.0 \sim 1.25$,必要时设置仰拱和实施二次支护	钢筋网或钢纤维喷射混凝土 $\delta = 200$,布置低预应力锚杆 $L = 4.0 \sim 5.0$,@ $= 1.0 \sim 1.25$,局部钢拱架或格栅拱架,必要时设置仰拱和实施二次支护	—	—	—	—

围岩级别	开挖跨度 B(m)						
	$B \leqslant 5$	$5 < B \leqslant 10$	$10 < B \leqslant 15$	$15 < B \leqslant 20$	$20 < B \leqslant 25$	$25 < B \leqslant 30$	$30 < B \leqslant 35$
V级	钢筋网或钢纤维喷射混凝土 δ = 150,布置锚杆 L = 1.5~2.5, @ = 0.75~1.25,设置仰拱和实施二次支护	钢筋网或钢纤维喷射混凝土 δ =200,布置低预应力锚杆 L = 2.5~3.5, @ =0.75~1.0,局部钢拱架或格栅拱架,设置仰拱和实施二次支护	—	—	—	—	—

注:1. 表中的支护类型和参数,是指隧洞和倾角小于30°的斜井的永久支护,包括初期支护和后期支护的类型和参数。

2. 复合式衬砌的隧洞和斜井,初期支护采用表中的参数时,应根据工程的具体情况,予以减小。

3. 表中凡标明有(1)和(2)两款支护参数时,可根据围岩特性选择其中一种作为设计支护参数。

4. 表中表示范围的支护参数,洞室开挖跨度小时取小值,洞室开挖跨度大时取大值。

5. 二次衬砌可以是锚喷支护或现浇钢筋混凝土支护。

6. 开挖跨度大于20m 的隧洞洞室的顶部锚杆宜采用张拉型(低)预应力锚杆。

7. 本表仅适用于洞室高跨比 $H/B \leqslant 1.2$ 情况的锚喷支护设计。

8. 表中符号:L 为锚杆(锚索)长度(m),其直径应与其长度配套协调;@ 为锚杆(锚索)或钢拱架或格栅拱架间距(m);δ 为钢筋网喷混凝土或喷混凝土厚度(mm)。

(2)《公路隧道设计规范》(JTG 3370.1—2018)提供的隧道支护参数表,主要有两车道隧道复合式衬砌(表6-9)、三车道隧道复合式衬砌(表6-10)、双洞四车道小净距隧道复合式衬砌、两车道复合式中墙连拱隧道复合式衬砌、单洞三车道复合式中墙复合式衬砌设计参数表以及喷锚永久支护设计参数表、竖井衬砌支护参数表、斜井、平行导坑、横洞及风道衬砌参数表8个衬砌设计参数表。

两车道隧道复合式衬砌设计参数表　　　　　　　　　表6-9

围岩级别	初 期 支 护							二次衬砌厚度(mm)	
	喷射混凝土厚度(cm)		锚杆(m)			钢筋网间距(cm)	钢架		拱、墙混凝土	仰拱混凝土
	拱、墙	仰拱	位置	长度	间距		间距(m)	截面高(cm)		
Ⅰ级	5	—	局部	2.0~3.0	—	—	—	—	30~35	—
Ⅱ级	5~8	—	局部	2.0~3.0	—	—	—	—	30~35	—
Ⅲ级	8~12	—	拱、墙	2.0~3.0	1.0~1.2	局部 @25×25	—	—	30~35	—
Ⅳ级	12~20	—	拱、墙	2.5~3.0	0.8~1.2	拱、墙 @25×25	拱、墙 0.8~1.2	0 或 14~16	35~40	0 或 35~40

围岩级别	初期支护								二次衬砌厚度（mm）	
	喷射混凝土厚度（cm）		锚杆（m）			钢筋网间距（cm）	钢架		拱、墙混凝土	仰拱混凝土
	拱、墙	仰拱	位置	长度	间距		间距（m）	截面高（cm）		
V级	18~28	—	拱、墙	3.0~3.5	0.6~1.0	拱、墙@20×20	拱、墙仰拱0.6~1.0	14~22	35~50钢筋混凝土	0或35~50钢筋混凝土
VI级	通过试验或计算确定									

注：1. 有地下水时可取大值，无地下水时可取小值。

2. 采用钢架时，宜选用格栅刚架。

3. 喷射混凝土厚度小于18cm时，可不设钢架。

4. "0或—"表示可以不设；要设时，应满足最小厚度要求。

三车道隧道复合式衬砌设计参数表 表6-10

围岩级别	初期支护								二次衬砌厚度（mm）	
	喷射混凝土厚度（cm）		锚杆（m）			钢筋网间距（cm）	钢架		拱、墙混凝土	仰拱混凝土
	拱、墙	仰拱	位置	长度	间距		间距（m）	截面高（cm）		
I级	5~8	—	局部	2.5~3.5	—	—	—	—	35~40	—
II级	8~12	—	局部	2.5~3.5	—	—	—	—	35~40	—
III级	12~20	—	拱、墙	2.5~3.5	1.0~1.2	局部@25×25	拱、墙1.0~1.2	0或14~16	35~45	—
IV级	16~24	—	拱、墙	3.5~4.0	0.8~1.2	拱、墙@20×20	拱、墙0.8~1.2	16~20	40~50■	0或40~50
V级	20~30	—	拱、墙	3.5~4.0	0.5~1.0	拱、墙@20×20	拱、墙仰拱0.5~1.0	18~22	50~60钢筋混凝土	0或50~60钢筋混凝土
VI级	通过试验或计算确定									

注：1. 有地下水时可取大值，无地下水时可取小值。

2. 采用钢架时，宜选用格栅钢架。

3. 喷射混凝土厚度小于18cm时，可不设钢架。

4. "0或—"表示可以不设；要设时，应满足最小厚度要求。

5. "■"表示可采用钢筋混凝土。

衬砌设计还须符合下列规定：

①衬砌断面宜采用曲边墙拱形断面。

②围岩较差、侧压力较大、地下水丰富的地段可设仰拱，仰拱曲率半径应根据地质条件、地下水、隧道断面形状、隧道宽度等条件确定。路面与仰拱之间可采用混凝土或片石混凝土填

充。隧底围岩较好、边墙基底承载力和稳定性满足要求时,可不设仰拱。

③洞口段应设加强衬砌,加强衬砌段长度应根据地形、地质和环境条件确定,两车道隧道不应小于10m,三车道隧道不应小于15m。

④围岩较差段衬砌应向围岩较好地段延伸5~10m。

⑤偏压衬砌段应向一般衬砌段延伸,延伸长度应根据偏压情况确定,不宜小于10m。

⑥净宽大于3.0m的横通道与主洞的交叉段,主洞与横通道衬砌均应加强。加强段衬砌应向各交叉洞延伸,主洞延伸长度不应小于5.0m,横通道延伸长度不应小于3.0m。延伸长度范围内不宜设变形缝。

6.6　监控量测法

6.6.1　监控量测设计原理

与一般地面工程相比,地下工程的监控量测具有特别重要的作用。对这一点,并不是所有人都能认识到。地面结构工程的修建一般采用较为单纯的调查—设计—施工流程,设计主要手段是从荷载-结构模型出发进行力学计算。在隧道工程中,支护系统同围岩之间呈现着错综复杂的关系,这种关系并不总是能用荷载-结构这样一种力学模型加以描述的,特别是在采用密贴围岩甚至深入围岩内部的锚喷支护,并按现代支护理念和原则修建隧道的情况下,荷载-结构模型显然不能正确地反映围岩与支护系统之间的相互关系。

事实证明,孤立地使用力学计算方法或经验方法都不能取得好的效果。片面强调其中某一种手段而排斥另一种也是不正确的。对于工程岩体这样复杂多变的隧道工程,为了选择一条正确的设计途径,一方面要使经验方法科学化,另一方面还要使设计中所进行的力学计算具有实际背景。为了做到这一点,就不能忽视现场量测起到的重要作用。现场量测把施工监控、力学计算以及与经验方法相结合,从而建立了隧道工程特有的修建程序。同地面工程不同,在隧道工程修建过程中,调查、设计、施工等诸环节允许有交叉、反复。在初步地质调查的基础上进行工程岩体分级,按典型工程类比即可初选支护参数。然后,还须在施工过程中根据监测所获得的反映围岩与支护共同工作的动态信息判断隧道的稳定性,并据此对施工方法和支护参数进行调整。实践证明,这种调整和修改是十分必要和有效的。

监控量测设计是在工程类比设计的基础上进行的,它包括监控量测的规划与实施、量测数据的处理与信息反馈两个部分。现场量测包括选择量测项目、量测手段、量测方法及测点布置等内容。数据处理包括分析研究处理目的、处理项目和处理方法以及测试数据的表达形式。量测数据反馈一般有定性反馈(或称经验反馈)与定量反馈(或称理论反馈)两种方式。其中,定性反馈是根据人们的经验以及理论上的推理所获得的一些准则,直接通过量测数据与这些准则的比较而反馈于设计与施工;定量反馈是以测试所得的数据作为计算参数,通过力学计算进行反馈。定量反馈也有两种方式:一种是直接逼近法,它是直接以测试数据作为计算参数进行反馈计算;另一种是逆过程法,它是根据测试数据反推出计算中所需的初始参数,然后再按一般计算方法进行反馈计算,即所谓反分析法。

6.6.2　量测项目的规划与实施

在隧道的施工过程中,使用各种仪器设备和量测元件,对地表沉降、围岩与支护结构的变形、应力、应变进行量测,据此来判断隧道开挖对地表环境的影响范围和程度、围岩的稳定性和支护的工作状态,这种工作称为新奥法的现场监控量测。

采用新奥法设计和施工的隧道,应将监控量测项目列入文件,并在施工中实施。为了使监控量测能充分发挥技术经济效益,要求隧道设计、施工单位编制切实可行的监控量测计划,并在施工中认真组织实施。量测计划应根据隧道的围岩条件、支护类型和参数、施工方法以及确定的量测项目进行编制。同时,应考虑量测的经济性,并注意与施工进度相适应。

1)监控量测的目的

(1)掌握围岩力学形态的变化和规律。

(2)掌握支护结构的工作状态信息并及时反馈,指导施工作业。

(3)做出工程预报,确定施工对策与措施。

(4)监视险情,以确保安全施工。

(5)为理论解析、数据分析提供计算数据与对比指标。

(6)为工程类比提供参考依据。

(7)为隧道工程设计和施工积累经验资料。

2)监控量测的内容和方法

现场监控量测的试验计划应根据隧道的地质地形条件、支护类型和参数、施工方法及有关条件制订。该计划内容应包括量测项目及方法、量测仪器的选定、测点布置、数据处理及量测人员组织等。

(1)监控量测项目选择。

根据围岩条件、隧道工程规模、支护类型和施工方法等进行监控量测项目的选择。

监控量测项目可分为必测项目和选测项目。不同级别的围岩必测项目和选测项目也不同,《公路隧道施工技术规范》(JTG/T 3660—2020)对复合式衬砌和锚喷衬砌隧道的现场监控量测的量测项目作出了规定,分别见表 6-11 和表 6-12。

隧道现场监控量测必测项目

表 6-11

序号	项目名称	方法及工具	测点布置	精 度	量测间隔时间			
					1～15d	16d～1个月	1～3个月	大于3个月
1	洞内、外观察	现场观测、地质罗盘等	开挖及初期支护后进行	—	—			
2	周边位移	各种类型收敛计、全站仪或其他非接触量测仪器	每 5～100m 一个断面,每断面2～3对测点	0.5mm(预留变形量不大于30mm时);	1～2次/d	1次/2d	1～2次/周	1～3次/月
3	拱顶下沉	水准仪、钢钢尺、全站仪或其他非接触量测仪器	每 5～100m 一个断面	1mm(预留变形量大于30mm时)	1～2次/d	1次/2d	1～2次/周	1～3次/月
4	地表下沉	水准仪、钢钢尺、全站仪	洞口段、浅埋段($h\leqslant2.5b$),布置不少于2个断面,每断面不少于3个测点	0.5mm	开挖面距量测断面前后 < 2.5b 时,1～2次/d;开挖面距量测断面前后 <5b 时,1次/2～3d;开挖面距量测断面前后 ≥5b 时,1次/3～7d			

序号	项目名称	方法及工具	测点布置	精度	量测间隔时间			
					1~15d	16d~1个月	1~3个月	大于3个月
5	拱脚下沉	水准仪、铟钢尺、全站仪	富水软弱破碎围岩、流沙、软岩大变形、含水黄土、膨胀岩土等不良地质和特殊性岩土段	0.5mm	仰拱施工前,1~2次/d			

注:b-隧道开挖宽度;h-隧道埋深。

隧道现场监控量测选测项目 表6-12

序号	项目名称	方法及工具	布置	测试精度	量测间隔时间			
					1~15d	16d~1个月	1~3个月	大于3个月
1	钢架内力及外力	支柱压力计或其他测力计	每代表性地段1~2个断面,每断面钢架内力3~7个测点,或外力1对测力计	0.1MPa	1~2次/d	1次/2d	1~2次/周	1~3次/月
2	围岩内部位移(洞内设点)	洞内钻孔中安设单点、多点杆式或钢丝式位移计	每代表性地段1~2个断面,每断面3~7个钻孔	0.1mm	1~2次/d	1次/2d	1~2次/周	1~3次/月
3	围岩内部位移(地表设点)	地面钻孔中安设各类位移计	每代表性地段1~2个断面,每断面3~5个钻孔	0.1mm	同地表下沉要求			
4	围岩压力	各种类型岩土压力盒	每代表性地段1~2个断面,每断面3~7个测点	0.01MPa	1~2次/d	1次/2d	1~2次/周	1~3次/月
5	两层支护间压力	压力盒	每代表性地段1~2个断面,每断面3~7个测点	0.01MPa	1~2次/d	1次/2d	1~2次/周	1~3次/月
6	锚杆轴力	钢筋计、锚杆测力计	每代表性地段1~2个断面,每断面3~7锚杆(索),每根锚杆2~4测点	0.01MPa	1~2次/d	1次/2d	1~2次/周	1~3次/月
7	支护、衬砌内应力	各类混凝土内应变计及表面应力解除法	每代表性地段1~2个断面,每断面3~7个测点	0.01MPa	1~2次/d	1次/2d	1~2次/周	1~3次/月
8	围岩弹性波速度	各种声波仪及配套探头	在有代表性地段设置	—	—			
9	爆破振动	测振及配套传感器	邻近建(构)筑物	—	随爆破进行			
10	渗水压力、水流量	渗压计、流量计	—	0.01MPa				

序号	项目名称	方法及工具	布　　置	测试精度	量测间隔时间 1～15d	16d～1 个月	1～3 个月	大于3 个月
11	地表下沉	水准测量的方法,水准仪、铟钢尺等	有特殊要求段落	0.5mm	开挖面距量测断面前后<2.5b时,1～2次/d;开挖面距量测断面前后<5b时,1次/2～3d;开挖面距量测断面前后>5b时,1次/3～7d			
12	地表水平位移	经纬仪、全站仪	有可能发生滑移的洞口段高边坡	0.5mm	—			

①必测项目。必测项目是隧道施工时必须进行监控量测的项目,是用以判断围岩的变化情况、测定支护结构工作状态需经常进行的量测项目,也是为设计、施工中确保围岩稳定,并通过判断围岩的稳定性来指导设计、施工的经常性量测。必测项目对监视围岩稳定性、指导设计与施工有直接意义。

②选测项目。选测项目是应进行或必要时进行监控量测的项目,是用以判断围岩松动状态、锚喷支护效果和积累技术资料为目的的量测,对一些有特殊意义和具有代表性的区段进行补充测试,以求更深入地掌握稳定状态与锚喷支护的效果,对未开挖区的设计与施工具有指导意义。选测项目量测项目较多,一般只根据需要选择其中部分项目进行测试。

（2）量测方法。

①洞内、外观察。

洞内观察应进行开挖工作面观察和已支护地段观察,开挖工作面观察应在每次开挖后进行,及时绘制开挖工作面地质素描图,填写开挖工作面地质状态记录表。已支护地段观察应每天进行一次,观察围岩、喷射混凝土、锚杆和钢架等的工作状态,记录喷射混凝土表面起鼓、剥落、开裂、渗漏水、钢架变形及发展情况等内容。观察中发现围岩条件变差或支护状态结构异常时,应及时采取相应措施。

洞外观察应观察记录洞口段、偏压段、浅埋段及特殊地质地段的地表开裂、沉降和塌陷,边坡及仰坡稳定状态,地表水渗漏情况,地表植被变化等。应与地表下沉、地表水平位移对照分析洞口段边坡稳定性。观察记录应翔实,应与其他量测数据综合分析。观察记录的主要仪器是地质罗盘、照相机等。

②周边位移(收敛)。

在开挖后的洞壁上及时安设测点,用收敛计(图6-30)量测两测点间的距离,两次测定的距离之差为该时段的收敛值。根据收敛值或位移速度,可判断围岩与支护是否稳定。每5～100m一个断面,每断面2～3对测点,全断面法、台阶法、中隔壁法和双侧壁导洞法的测点布置如图6-31所示。

③拱顶下沉。

隧道拱顶内壁点垂直方向的绝对位移值称为拱顶下沉值。在开挖后的拱顶壁面上及时安设测点,通过已知的高程水准点,用悬吊钢尺和水准仪测出测点高程,两次测定的高程之差即为拱顶下沉量。根据拱顶下沉量和下沉速度,可准确判断围岩的稳定状态和支护效果。每5～100m一个断面,双车道及以下隧道每个量测断面应布置1～2个测点,三车道及以上隧道每个量测断面应布置2～3个测点;采用分部开挖法时,每开挖分部拱部应至少布置1个测点。一般测点与周边位移布设在同一断面上,以便使两项测试结果能够互相验证、协同分析与应用。周边位移和拱顶下沉的量测频率见表6-13和表6-14。

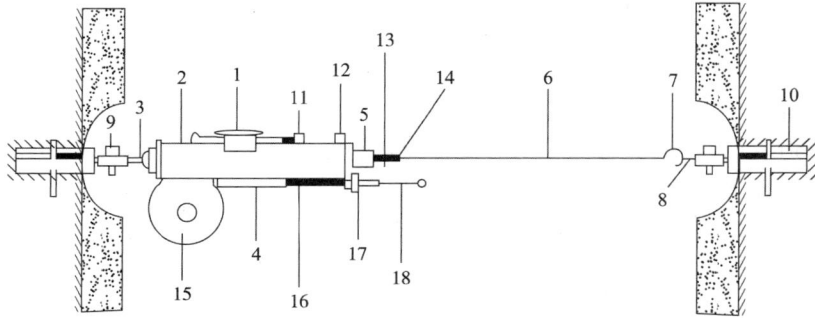

图 6-30　收敛计

1-百分表;2-收敛计架;3-钢球;4-弹簧秤;5-内滑管;6-带孔钢尺;7-连接挂钩;8-羊眼螺栓;9-连接销;10-预埋件;11-触头;12-水准气泡;13-定位销;14-压尺螺钉;15-钢尺架;16-丝杠;17-微调螺栓;18-拉绳

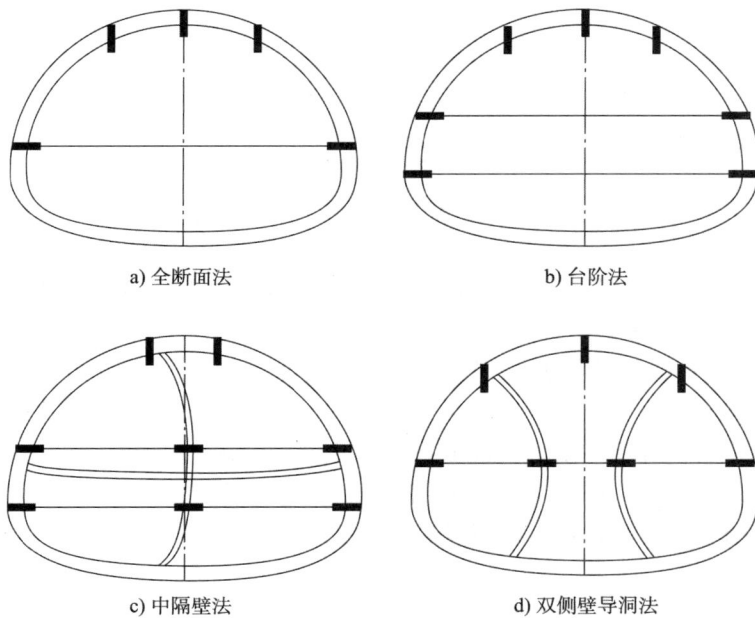

a) 全断面法　　　　　　　　　　　　b) 台阶法

c) 中隔壁法　　　　　　　　　　　　d) 双侧壁导洞法

图 6-31　测点布置示意图

周边位移和拱顶下沉的量测频率(按位移速率)　　　　　　　　　表 6-13

位移速率(mm/d)	量 测 频 率	位移速率(mm/d)	量 测 频 率
≥5	(2～3)次/d	0.2～0.5	1 次/3d
1～5	1 次/d	<0.2	1 次/(3～7)d
0.5～1	1 次/(2～3)d		

量测断面距开挖面距离(m)	量 测 频 率	量测断面距开挖面距离(m)	量 测 频 率
(0~1)b	2 次/d	(2~5)b	1 次/(2~3)d
(1~2)b	1 次/d	>5b	1 次/(3~7)d

注:1.b 为隧道开挖宽度。

2. 变形速率突然变大、喷射混凝土表面、地表有裂缝出现并持续发展时应加大量测频率。

3. 上、下台阶开挖工序转换或拆除临时支撑时应加大量测频率。

④地表下沉。

在浅埋隧道、洞口段或有特殊要求的位置应进行地表下沉量测。地表下沉的量测宜与洞内周边位移和拱顶下沉量测在同一横断面。当地表有建(构)筑物时,应在建(构)筑物周围增设地表下沉测点。地表下沉测点横向间距宜为 2~5m。量测范围应大于隧道开挖影响范围。地表下沉量测应在开挖工作面距离测点不小于隧道埋深与隧道开挖高度之和处开始,直到衬砌结构封闭、下沉基本稳定时为止。地表下沉横断面测点布置示意如图 6-32 所示。

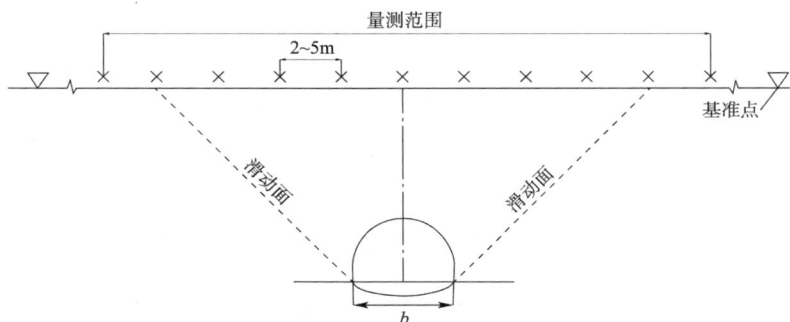

图 6-32　地表下沉横断面测点布置图

⑤围岩内部位移。

围岩内部各点的位移同隧道周边位移一样是围岩的动态表现。它不仅反映了围岩内部的松弛程度,而且更能反映围岩松弛范围的大小,这也是判断围岩稳定性的一个重要参考指标。在实际量测工作中,先是向围岩钻孔,然后用位移计量测钻孔内(围岩内部)各点相对于孔口(岩壁)一点的相对位移。

代表性地段围岩内部位移量测宜设 1~2 个量测断面,每量测断面应设 3~7 个测孔,可采用机械式位移计(图 6-33)、电阻式多点位移计(图 6-34)等进行量测。浅埋软岩隧道可从地表钻孔埋设测点,采用测斜仪及沉降仪等量测。量测精度应不低于 0.1mm。

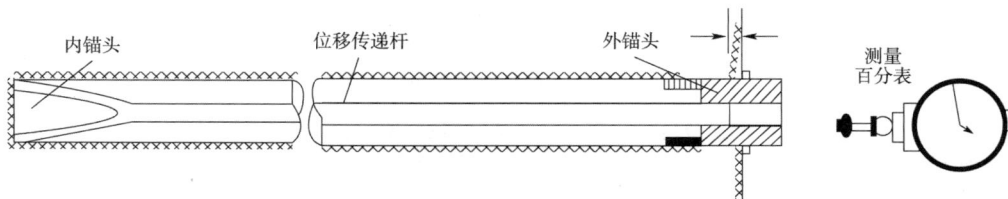

图 6-33　机械式位移计

⑥围岩压力及层间支护压力。

在围岩与初期支护之间(图 6-35)、初期支护与二次衬砌之间(图 6-36)安放压力盒,进行量测。每代表性地段设 1~2 个断面,每断面布设 3~7 个测点。

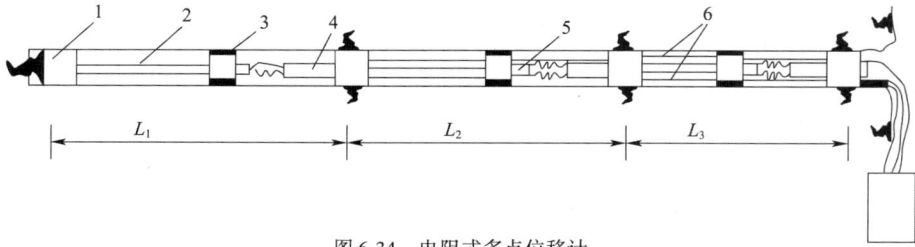

图 6-34　电阻式多点位移计

1-锚固压缩木;2-位移传递杆;3-硬杂木定位器;4-WY-40 位移传感器;5-位移测点;6-测试导线

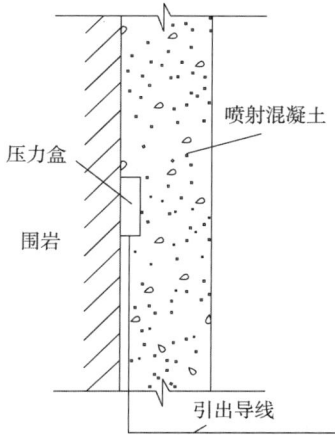

图 6-35　围岩与初期支护间压力量测

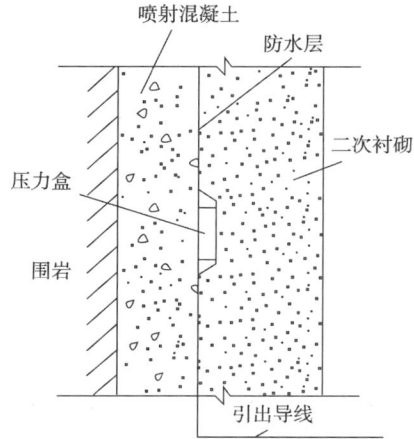

图 6-36　初期支护与二次衬砌间压力量测

⑦锚杆轴力。

在测试断面打孔,安放焊接好的钢筋和钢筋应力计(图 6-37)进行量测。了解锚杆轴力及其应力分布状态;再配合岩体内位移的量测结果就可以设计锚杆长度及锚杆根数,掌握岩体内应力重分布的过程。每代表性地段设 1~2 个断面,每一断面设 3~7 根锚杆(索)。量测锚杆宜根据其长度及量测的需要设 3~6 个测点;长度大于 3m 锚杆测点数不宜少于 4 个;长度大于 4.5m 锚杆测点数不宜少于 5 个。

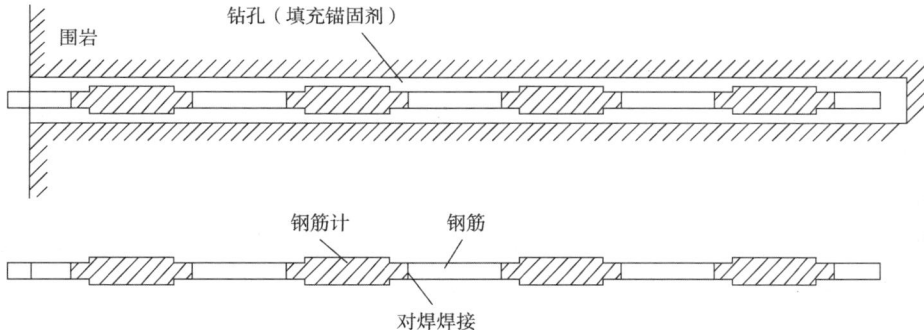

图 6-37　锚杆轴力量测及钢筋应力计

⑧钢支撑内力及外力。

在钢支撑侧面焊接钢筋应力计或表面应变计,或在横断面上安放压力盒进行量测。每代表性地段设 1~2 个断面,每断面钢支撑内力设 3~7 个测点,或外力 1 对测点。一般与围岩压力相应布设。

⑨支护、衬砌内力。

在初期支护内（图6-38）及二次衬砌内部（图6-39）安放应变计，二次衬砌内钢筋用钢筋应力计焊接，进行量测。每代表性地段设1~2个断面，每断面布设3~7个测点。

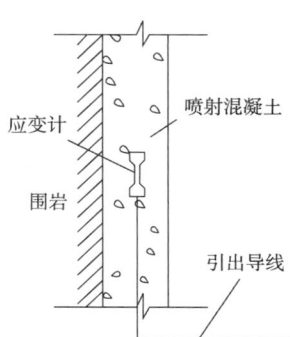

图6-38 初期支护内部应力量测

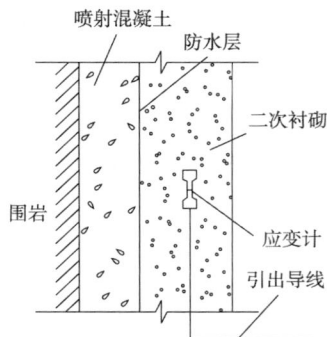

图6-39 二次衬砌内部应力量测

⑩围岩声波测试。

声波测试是地球物理探测方法的一种。它是在岩体的一端激发弹性波，而在另一端接收通过岩体传递过来的波，弹性波通过岩体传递后，其波速、波幅、波频均发生改变。对于同一种激发弹性波，穿过不同的岩层后，发生的改变各不相同，这主要是由于岩体的物理力学性质各不相同所致。因此，弹性波在岩体中的传播特征就反映了岩体的物理力学性质，如动弹性模量、岩体强度、完整性或破碎程度、密实度等。据此可以判别围岩的工程性质，如稳定性，并对围岩进行工程分类。声波测试原理示意图如图6-40所示。

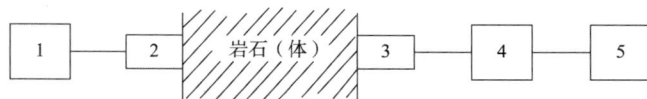

图6-40 声波测试原理示意图

1-振荡器；2-发射换能器；3-接收换能器；4-放大器；5-显示器

目前，在工程测试中，普遍应用声波在岩体中传播的纵波速度（v_p）来作为评价岩体物理力学性质的指标。一般有以下规律：

a. 岩体风化、破碎、结构面发育，则波速低、衰减快、频谱复杂；

b. 岩体充水或应力增加，则波速高、衰减小、频谱简化；

c. 岩体不均匀和存在各向异性，则其波速与频谱也相应表现出不均匀和各向异性。

⑪爆破振动测试。

爆破振动测试的目的有以下几个：进行洞口附近地表的振动监测；进行浅埋隧道地表建筑物的振动监测；进行双洞小间距隧道爆破监测；进行连拱隧道中隔墙的振动监测；进行为改善爆破效果、降低振动效应所需的振动监测。

6.6.3 数据处理与反馈分析

监控量测后，应及时进行数据整理和数据分析，并绘制监控量测数据时态曲线和距开挖面距离变化曲线图；应绘制地表下沉值沿隧道纵向和横向变化量和变化速率曲线。

监控量测数据整理、分析与反馈应符合下列规定：

（1）对初期的时态曲线应进行回归分析，预测可能出现的最大值和变化速度，掌握位置变化的规律。

（2）数据异常时，应及时分析原因，提出对策和建议，并及时向有关单位反馈。

（3）信息反馈程序可按图 6-41 所示步骤进行。

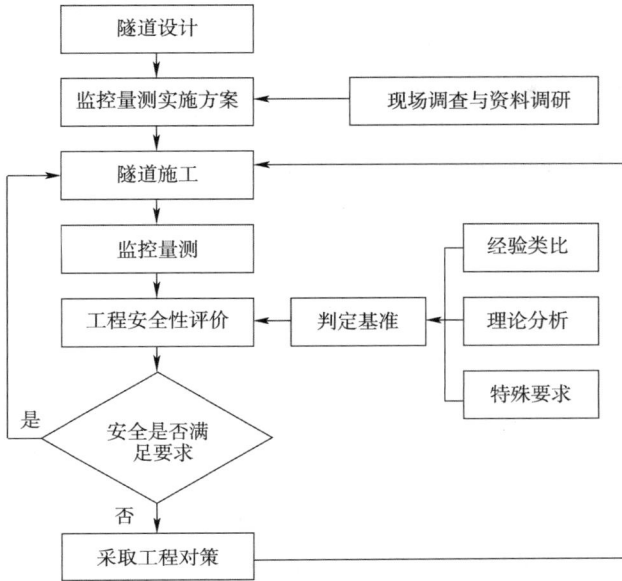

图 6-41　信息反馈程序

量测的偶然误差所造成的离散性，会使得绘制的散点图总是上下波动和不规则的，因此必须进行数字处理才能获得合理的典型曲线，并以相应数字公式进行描述。回归分析是处理测读数据、最终绘制典型曲线（图 6-42）的一种较好方法。

回归分析是对一系列具有内在规律的测试数据进行处理，通过处理和计算得到两个变量之间的函数关系。根据此函数作出的曲线能代表测试数据的散点分布，并能推算出因变量的极限值。

采用回归分析时，测试数据散点分布规律，可选用下列函数关系之一。

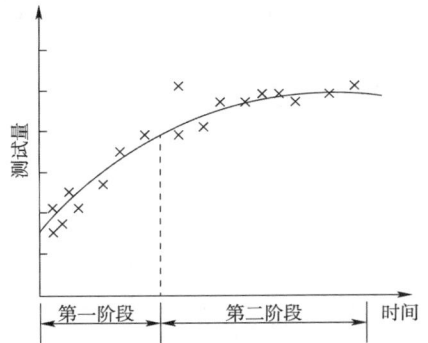

图 6-42　测试典型曲线

（1）对数函数，例如：

$$u = a + b\ln(1 + t) \tag{6-42}$$

$$u = a \cdot \ln\left(\frac{b + t}{b + t_0}\right) \tag{6-43}$$

（2）指数函数，例如：

$$u = a \cdot e^{-b/t} \tag{6-44}$$

$$u = a \cdot (e^{-bt_0} - e^{-bT}) \tag{6-45}$$

（3）双曲函数，例如：

$$u = \frac{t}{a + b \cdot t} \tag{6-46}$$

$$u = a \cdot \left[\left(\frac{1}{1 + b \cdot t_0}\right)^2 - \left(\frac{1}{1 + b \cdot T}\right)^2\right] \tag{6-47}$$

式中：u——位移值（mm）；

　a、b——回归常数；

　t_0——测点初读数时距开挖时的时间（d）；

　t——初读数后的时间（d）；

　T——量测时距开挖时的时间（d）。

在监测过程中，发现数据异常时，需要分析原因，制定对策。位移与时间的正常曲线和反常曲线如图6-43所示。其中，反常曲线是指非工序变化所引起的位移急剧增大现象。此时需要加密监视，必要时需要立即停止开挖并进行施工处理。

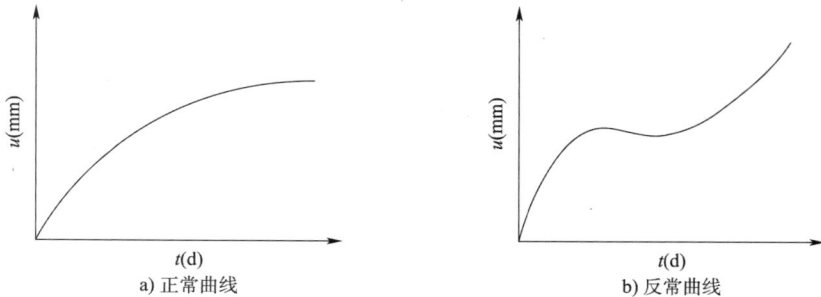

a）正常曲线　　　　　　　　　b）反常曲线

图6-43　位移与时间关系曲线示意图

围岩稳定性应根据监控量测结果，按下列指标判定：

（1）最大位移值。

实测位移值不应大于隧道的极限位移，并按表6-15位移管理等级管理。一般情况下，将隧道设计的预留变形量作为极限位移，设计变形量应根据检测结果不断修正。

位 移 管 理 等 级 　　　　　　　　　表6-15

管 理 等 级	管 理 位 移（mm）	施 工 状 态
Ⅲ	$U < (U_0/3)$	可正常施工
Ⅱ	$(U_0/3) \leq U \leq (2U_0/3)$	应加强支护
Ⅰ	$U > (2U_0/3)$	应采取特殊措施

注：U 为实测位移值；U_0 为设计极限位移值。

（2）位移变化速率。

通过对国内下坑、金家岩、大瑶山、军都山、云台山、五指山、圆梁山等几十座隧道的位移观测可知：变形速率是由大变小的递减过程，变形时程曲线可分为三个阶段：

①变形急剧增长阶段。变形速率大于1.0mm/d，应加强初期支护。

②变形缓慢增长阶段。变形速率1～0.2mm/d，应加强观测，做好加固的准备。

③基本稳定阶段。变形速率小于0.2mm/d。

上述变形速率标准是针对一般隧道净空变形和拱顶下沉量测，对于高地应力、岩溶、膨胀性、挤压性围岩、软弱大变形围岩等不良地质和特殊性岩土，需要根据具体情况制定专门标准进行判定。

（3）位移速率变化趋势。

由于岩体的流变特性，岩体破坏前变形时程曲线可分为三个阶段：

①基本稳定区。基本稳定区的主要标志为位移速率逐渐下降,即$\dfrac{\mathrm{d}^2u}{\mathrm{d}t^2}<0$,围岩处于稳定状态。

②过渡区。过渡区位移速率保持不变,即$\dfrac{\mathrm{d}^2u}{\mathrm{d}t^2}=0$,表明围岩向不稳定状态发展,需发出警告,加强支护系统。

③破坏区。破坏区位移速率逐渐增大,即$\dfrac{\mathrm{d}^2u}{\mathrm{d}t^2}>0$,表明围岩进入危险状态,必须立即停止施工,采取有效手段控制其变形。

(4)围岩内位移及松动区分析与反馈。

与净空位移同理,如果实测围岩的松动区超过了允许的最大松动区(该允许松动区半径与允许位移量相对应),则表明围岩已出现松动破坏,此时必须加强支护或调整施工措施以控制松动范围。如加强锚杆(加长、加密或加粗)等,一般要求锚杆长度大于松动区范围。如果与以上情形相反,甚至锚杆后段的拉应力很小或出现压应力时,则可适当缩短锚杆长度或缩小锚杆直径或减小锚杆数量等。

(5)锚杆轴力分析与反馈。

根据量测锚杆测得的应变,即可算出锚杆的轴力:

$$N = \frac{\pi}{8}D^2E(\varepsilon_1 + \varepsilon_2) \tag{6-48}$$

式中:N——锚杆轴力;

D——锚杆直径;

E——锚杆的弹性模量;

ε_1、ε_2——测试部位对称的一组应变片量得的两个应变值。

锚杆轴力是检验锚杆效果与锚杆强度的依据,根据锚杆极限强度与锚杆应力的比值K(安全系数)即能作出判断。锚杆轴应力越大,则K值越小。一般认为锚杆局部段的K值稍小于1是允许的,因为钢材有一定的延展性。根据实际调查发现锚杆轴应力在洞室断面各部位是不同的,表现为:

①同一断面内,锚杆轴应力最大者多数在拱部45°附近到起拱线之间;

②拱顶锚杆,不管净空位移值大小如何,出现压应力的情况较多。

锚杆的局部段K值稍小于1的允许程度应是不超过锚杆的屈服强度。若锚杆轴应力超过屈服强度,则应优先考虑改变锚杆材料,采用高强度钢材。当然,增加锚杆数量或锚杆直径也可获得降低锚杆轴应力的效果。

(6)围岩压力分析与反馈。

由围岩压力分布曲线可知围岩压力的大小及分布状况。围岩压力的大小与围岩位移量及支护刚度密切相关。围岩压力大,即作用于初期支护的压力大。这可能有两种情况:一是围岩压力大但变形量不大,这表明支护时机,尤其是支护的封底时间可能过早或支护刚度太大,可作适当调整,让围岩释放较多的应力;另一种情况是围岩压力大且变形量也很大,此时应加强支护,限制围岩变形,控制围岩压力的增长。当测得的围岩压力很小但变形量很大时,则应考虑可能会出现围岩失稳。

(7)喷层应力分析与反馈。

喷层应力是指切向应力,因为喷层的径向应力总是不大的。喷层应力与围岩压力及位移有密切关系。喷层应力大有两个方面的原因,一是围岩压力和位移大,二是支护不足。

在实际工程中,一般允许喷层有少量局部裂纹,但不能有明显的裂损或剥落、起鼓等。如果喷层应力过大,或出现明显裂损,则应适当增加初始喷层厚度。如果喷层厚度已较厚,则不应再增加喷层厚度,而应增强锚杆、调整施工措施、改变封底时间等。

(8)地表下沉分析与反馈。

对于浅埋隧道,可能由于隧道的开挖而引起上覆岩体的下沉,导致地面建筑的破坏和地面环境的改变。因此,地表下沉的量测监控对于地面有建筑物的浅埋隧道和城市地下通道尤为重要。

如果量测结果表明地表下沉量不大,能满足限制性更求,则说明支护参数和施工措施是适当的;如果地表下沉量大或出现增加的趋势,则应加强支护和调整施工措施,如适当加喷混凝土、增设锚杆、加钢筋网、加钢支撑、超前支护等,或缩短开挖循环进尺、提前封闭仰拱,甚至预注浆加固围岩等。

另外,还应注意对浅埋隧道的横向地表位移观测。横向地表位移发生在浅埋偏压隧道工程中,其处理较为复杂,应加强治理偏压的对策研究。

(9)声波速度分析与反馈。

围岩的声波速度综合反映了岩体的物理力学特征和动态变化。根据 v_p-L 曲线可以确定围岩松动区的范围,工程中应注意将此结果与围岩内位移量测资料相对照,综合分析和判断围岩的松弛情况,以便为修正支护参数和调整施工措施提供依据和指导。

❓ 思 考 题

1. 简述隧道衬砌结构的受力特点。
2. 试比较荷载-结构模型与地层-结构模型的异同。
3. 简述锚杆的类型及其选择原则。
4. 简述钢架的特点及其适用范围。
5. 简述复合式衬砌设计方法及其适用范围。
6. 简述工程类比设计的优缺点。
7. 简述隧道工程现场量测的目的及意义。
8. 简述隧道现场量测有哪些必测项目和选测项目。
9. 从不同监测手段的监测数据中,能给隧道施工带来哪些信息?

7 隧道防水与排水

7.1 概　　述

防排水工程是隧道工程的重要组成部分之一。防止地下水侵入隧道内部,保持隧道内干燥是保证隧道结构安全和运营安全的重要前提。然而,由于隧道修建在地表之下,地层中存在各种不同类型的地下水,这些地下水总是试图通过各种孔隙侵入隧道内部,从而造成隧道渗漏水。隧道渗漏水对隧道的不良影响是全方位的,主要包括:

(1)对隧道结构安全构成威胁。一方面,地下水对隧道围岩的浸泡、冲蚀,可使软弱围岩强度显著降低,使膨胀性围岩发生膨胀,在黄土地区还可能使黄土产生湿陷,这些变化会造成隧道围岩压力增大,隧道结构所要承受的荷载增大,从而使隧道结构安全受到影响。另一方面,侵蚀性地下水会侵蚀隧道结构,破坏钢筋混凝土结构,锈蚀钢筋,从而降低隧道结构强度,对隧道结构安全构成威胁。此外,隧道渗漏水引发的寒区隧道冻害,增大了隧道结构荷载,降低了隧道结构强度,对隧道结构安全造成威胁。

(2)对隧道运营环境构成威胁。地下水的侵入可使隧道运营环境严重恶化。渗漏水使隧道内潮湿,降低隧道内舒适度,给隧道管理工作人员和通行人员的身体带来不良影响;渗漏水使隧道内道路湿滑,雾气增加而能见度降低,给行车安全造成威胁;渗漏水对隧道内大量运营设施也构成威胁,不仅使电气设施运营效率降低、寿命缩短,还可能引发火灾等安全事故。

目前,渗漏水已经成为我国隧道工程的最主要病害之一。在地下水发育地区修建的隧道,运营若干年后,大部分都出现不同程度的渗漏水情况,有些还相当严重。

隧道防排水是一个复杂的、有机联系的系统工程,无论是设计、施工还是运营过程中任何细小的疏忽或缺陷,都可能造成隧道防排水失败。因此,隧道防排水工程应当合理设计、精心施工和有效养护。其中合理设计是做好隧道防排水的前提条件。隧道防排水设计应遵循"防、排、截、堵相结合,因地制宜,综合治理"的原则,妥善处理地表水、地下水,洞内外防排水系统应完整通畅。采取的隧道防排水措施,应注意保护自然环境。当隧道内渗漏水可能引起地表水减少,影响居民生产、生活用水时,应对围岩采取堵水措施。

高速公路、一级公路、二级公路隧道防排水应满足下列要求:

(1)拱部、边墙、路面、设备箱洞不渗水,路面无湿渍;

（2）有冻害地段的隧道衬砌背后不积水，排水沟不冻结；

（3）车行横道、人行横道等服务通道拱部不滴水，边墙不淌水。

三级、四级公路隧道防排水应满足下列要求：

（1）拱部不滴水，边墙不淌水，设备箱洞不渗水，路面不积水、不淌水；

（2）有冻害地段的隧道衬砌背后不积水，排水沟不冻结。

7.2　隧道防水系统

隧道防水通常分为隧道衬砌防水、设置防水层防水以及注浆封堵防水。隧道衬砌防水主要是指衬砌混凝土自防水和接缝防水，其中衬砌混凝土自防水可通过防水混凝土实现，而施工缝是隧道衬砌的防水薄弱环节，需要对其采取可靠的防水措施，避免其成为渗漏涌水点。对防湿防潮环境要求较高时，需设置衬砌防水层加强隧道防水。注浆封堵防水是通过对隧道洞周围岩进行注浆，提高其密实度和渗透性，并减少围岩裂隙，从而达到防水的目的。

7.2.1　隧道衬砌防水

1）混凝土自防水

隧道衬砌采用防水混凝土实现防水功能，通过调整材料配合比，或掺外加剂、掺合料等方法，配制出符合抗渗要求的混凝土。除抗渗性外，根据隧道所处的环境和工作条件，还需满足抗水压、抗冻和抗侵蚀等耐久性要求。

《公路隧道设计规范　第一册　土建工程》（JTG 3370.1—2018）规定，隧道模筑混凝土衬砌应满足抗渗要求，混凝土的抗渗等级不宜小于 P8。存在侵蚀性地下水时，应针对侵蚀类型采用抗腐蚀性、抗侵蚀性防排水材料，可适当提高混凝土防水等级。

2）接缝防水

隧道二次衬砌存在变形缝（施工缝、沉降缝和伸缩缝）、后浇带、穿墙管等构造。

（1）变形缝的防水措施可根据开挖方法、防水等级按照表 7-1 选用。变形缝的几种复合构造形式分别如图 7-1 ~ 图 7-3 所示。

隧道及地下工程防水措施　　　　　　　　　　　　　　　　表 7-1

工程部位		衬 砌 结 构						内衬砌施工缝						内衬砌变形缝（诱导缝）				
防水措施		防水混凝土	塑料防水板	防水砂浆	防水涂料	防水卷材	金属防水层	外贴式止水带	预埋注浆管	遇水膨胀止水条（胶）	防水密封材料	中埋式止水带	水泥基渗透结晶型防水涂层	中埋式止水带	外贴式止水带	可卸式止水带	防水密封材料	遇水膨胀止水条（胶）
防水等级	一级	必选	应选 1~2 种						应选 1~2 种						应选	应选 1~2 种			
	二级	应选	应选 1 种						应选 1 种						应选	应选 1 种			
	三级	宜选	宜选 1 种						宜选 1 种						应选	宜选 1 种			
	四级	宜选	宜选 1 种						宜选 1 种						应选	宜选 1 种			

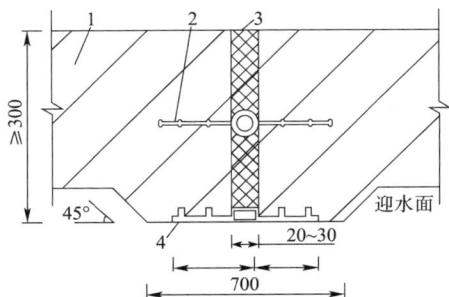

图 7-1　中埋式止水带与外贴防水层复合使用
（尺寸单位：mm）

1-混凝土结构；2-中埋式止水带；3-填缝材料；4-外贴止水带
（外贴式止水带 $L \geqslant 300$，外贴防水卷材 $L \geqslant 400$，外涂防水
涂层 $L \geqslant 400$）

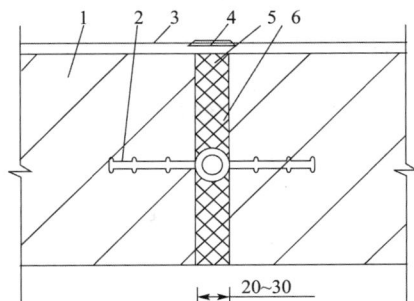

图 7-2　中埋式止水带与嵌缝材料复合使用
（尺寸单位：mm）

1-混凝土结构；2-中埋式止水带；3-防水层；4-隔离层；
5-密封材料；6-填缝材料

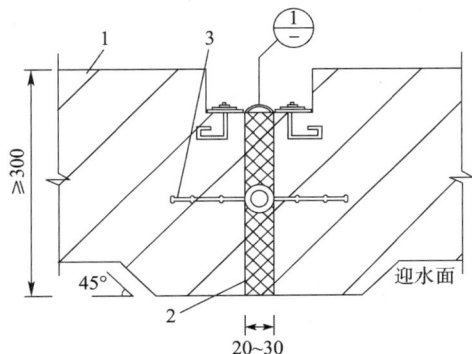

图 7-3　中埋式止水带与可卸式止水带复合使用（尺寸单位：mm）

1-混凝土结构；2-填缝材料；3-中埋式止水带；4-预埋钢板；5-紧固件压板；6-预埋螺栓；7-螺母；8-垫圈；9-紧固件压块；10-止水带；11-紧固件圆钢

《公路隧道设计规范　第一册　土建工程》（JTG 3370.1—2018）规定，隧道模筑混凝土衬砌施工缝、沉降缝、伸缩缝应采取可靠的防水措施。

（2）后浇带用于不允许留设变形缝的工程部位，应设置在受力和变形较小的部位，其间距和位置应按结构设计要求，宽度宜为 700～1000mm。后浇带两侧可做成平直缝或阶梯缝，其防水构造形式分别如图 7-4、图 7-5 所示。

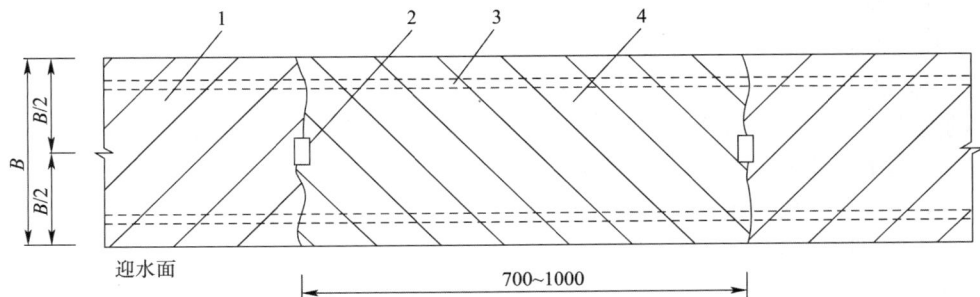

图 7-4　后浇带防水构造（一）（尺寸单位：mm）

1-先浇混凝土；2-遇水膨胀止水条（胶）；3-结构主筋；4-后浇补偿收缩混凝土

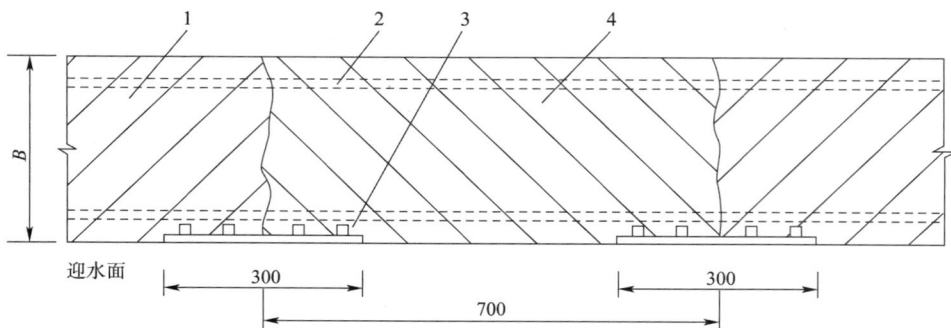

图 7-5 后浇带防水构造(二)(尺寸单位:mm)

1-先浇混凝土;2-结构主筋;3-外贴式止水带;4-后浇补偿收缩混凝土

(3)穿墙管应在浇筑混凝土前预埋,结构变形或管道伸缩量较小时,穿墙管可采用主管直接埋入混凝土内的固定式防水法,主管应加焊止水环或环绕遇水膨胀止水圈,并在迎水面预留凹槽,槽内采用密封材料嵌填密实,其防水构造宜采用图7-6及图7-7所示形式。

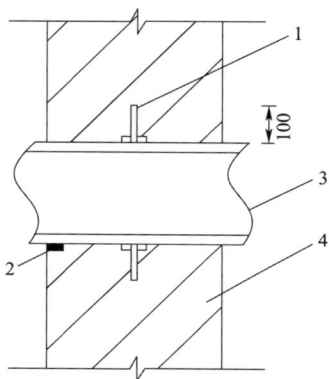

图 7-6 固定式穿墙管防水构造(一)

1-止水环;2-密封材料;3-主管;4-混凝土结构

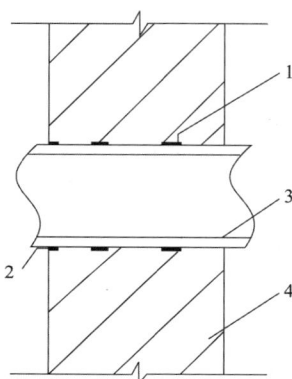

图 7-7 固定式穿墙管防水构造(二)

1-遇水膨胀止水圈;2-密封材料;3-主管;
4-混凝土结构

7.2.2 防水层防水

防水层分为水泥砂浆防水层、卷材防水层、涂料防水层和塑料防水板。水泥砂浆防水层可用于隧道主体结构的迎水面或背水面,不能用于受持续振动或环境温度高于80℃的隧道。卷材防水层用于经常处于地下水环境,且受侵蚀性介质作用或受振动作用的地下工程,应铺设在混凝土结构的迎水面。涂料防水层用于结构主体的背水面时采用无机防水涂料,用于主体结构主体的迎水面时宜采用有机防水涂料。塑料防水板防水层宜用于经常承受水压、侵蚀性介质或受振动作用的地下工程,宜铺设在复合式衬砌的初期支护和二次衬砌之间。塑料防水板防水层应由塑料防水板与缓冲层组成,可根据工程地质、水文地质条件和工程防水要求,采用全封闭、半封闭或局部封闭铺设。

《公路隧道设计规范 第一册 土建工程》(JTG 3370.1—2018)规定,隧道采用复合式衬砌,应在初期支护与二次衬砌之间设置防水层。防水层宜采用防水板与无纺布的组合,并应符合下列规定:防水板宜采用易于焊接的防水卷材,厚度不应小于1.0mm,接缝搭接长度不应小于100mm;无纺布密度不应小于300g/m²;无纺布不宜与防水板黏合使用。

7.2.3 注浆防水

当隧道修建过程中穿越涌水量大的地段、溶洞以及断层破碎带或隧道运营期衬砌发生渗漏等情况时,应该在查明地下水性质的基础上,有针对性地采取注浆全封堵或堵排结合措施,以达到预期防水效果。

针对不同地质情况,可采取水泥(普通水泥、超细水泥)单液浆、水泥-水玻璃双液浆以及化学材料等不透水的凝胶物质通过钻孔注入扩散到岩层裂隙中,驱除裂隙中的地下水,从而阻断地下水渗流路径,同时起到加固软弱破碎围岩的作用。

当隧道水压较大时,应先采取合适的方法释放压力,然后采用高压注浆进行封堵。当局部水量较大时,可采用水泥-水玻璃双液浆进行灌注,达到加快凝胶时间、防止浆液流失的目的。对于粉砂、细砂地层,不宜采用普通水泥浆液进行灌注。

《公路隧道设计规范 第一册 土建工程》(JTG 3370.1—2018)规定,围岩渗水、涌水较大的地段,可采取向围岩内注浆堵水措施。

7.2.4 地表及明洞防水

1)地表防水

防止地表水下渗的常用处理措施为填充、铺砌、勾补、抹面等。当地下水主要由地表水补给时,可根据实际情况进行处理,以隔断水源。

(1)对于洞顶坑洼、洞穴积水地段,应对该区域进行地表整平,防止积水下渗破坏隧道围岩及支护结构。

(2)浅埋隧道洞顶及附近有江、河、池塘、水田等水源时,应调查分析其对隧道修建的影响,同时也应分析隧道是否造成地表水和地下水位的降低、流失等,并采取相应措施。

(3)当隧道顶部有沟谷通过,且岩石裂隙节理发育,使地表水对隧道影响较大时,可采用浆砌片石铺砌沟谷底部,厚度不小于30cm。当沟谷底岩石破碎,且隧道埋深较浅时,应结合隧道支护设计采用注浆措施加固围岩。

2)明洞防水

明洞一般采用明挖回填法施工,洞顶及两侧通常容易存在较为发育的渗水通道,因此,明洞防水应符合以下规定:

(1)明洞外缘采用全断面铺设宽幅高分子柔性防水卷材进行防水。

(2)洞顶回填土石表面一般应铺设黏土隔水层,且应与边坡地表搭接良好,以利于泄水和防止地表水渗入地层。

(3)黏土隔水层表面宜种植草皮保护,防止雨水冲刷。

3)洞门防水

洞门防水方式与具体洞门形式相关。

削竹式洞门应沿环向设置高度不小于30cm的钢筋混凝土,以防雨水渗流,影响美观和降低结构的耐久性。

对于带有翼墙的各种洞门,洞口仰坡坡脚至洞门墙背的水平距离应不小于150cm,洞门墙顶应高出仰坡坡脚50cm以上,洞门翼墙与仰坡之间水沟的沟底至衬砌拱顶外缘的高度不应小于100cm。

7.3　隧道排水系统

隧道排水系统设计宜按地下水和运营清洗污水、消防污水分离排放的原则进行设计,设置完善的纵横向排水沟管。

7.3.1　洞口段排水

洞口段排水应根据地形、地质、气象等情况,结合环境保护,全面规划、综合治理、因地制宜,设置疏水、截水以及引水设施。洞口段排水按设置位置,包含洞顶天沟、墙背(墙顶)排水沟、洞外路基边沟及明洞结构排水等。

1)洞顶天沟

为防止地表水冲刷边仰坡,流入隧道,一般应在洞口边仰坡上方设置洞顶天沟。洞顶天沟设于边仰坡坡顶以外的距离不应小于 5m,黄土地区不应小于 10m。洞顶天沟宜沿等高线向路线一侧或两侧排水。洞顶天沟长度应使边仰坡坡面不受冲刷为宜,下游应将水引至适当地点排泄,避免冲刷山体。流量较大时,不宜将水引入路基排水边沟排泄,应根据地形将水引至附近沟谷或涵洞排泄。洞顶天沟的坡度宜根据地形设置,但不应小于 0.5%,以避免淤积。当纵坡过陡时,应设置急流槽或跌水连接。地面自然坡度陡于 1:2 时,水沟应做成阶梯式。土质地段水沟纵坡大于 20% 或石质地段水沟纵坡大于 40% 时,应设置抗滑基座。水沟深度应高出计算水位 20cm,断面的底宽和深度均不应小于 60cm。水沟宜采用浆砌片石砌筑,浆砌片石层厚度不应小于 30cm,断面形式宜为梯形,石质地段可采用矩形断面。

2)墙背(墙顶)排水沟

洞口仰坡范围内的水,一般可由洞门墙顶水沟排泄,并根据实际地形条件,为墙顶水沟设计合理的出水口。一般要求洞口仰坡坡脚至洞门墙背水平距离不宜小于 1.5m,洞门端墙与仰坡之间水沟沟底至衬砌拱顶外缘高度不小于 1.0m,洞门墙顶高于仰坡坡脚不小于 0.5m。

3)洞外路基边沟

洞外路堑的水不宜流入隧道。当出洞口路线方向为上坡时,洞外路基边沟宜设置坡度不小于 0.5% 的反坡。在隧道短、洞外路堑流量不大、含泥沙量小、修建反向边沟将增加大量土石方等困难条件下,洞外路堑的水可经隧道流出,但应验算隧道水沟断面,不够时应予扩大,并在高洞口端设置沉砂井。

4)明洞结构

明洞防水层外侧应间隔 2~3m 环向设置干砌片石排水盲沟,排水盲沟用土工布包裹,直接将水引入墙脚外侧设置的纵向排水管中。对于端墙式洞门,根据实际需要,可适当布置泄水孔。

7.3.2　洞内排水系统

隧道洞内宜按地下水与运营清洗污水、消防污水分离排放的原则设置纵向排水系统,分离排放不仅可减少地下水污染,还有利于地下水的利用。对地下水较少的短隧道,不受此限制。

隧道内路面两侧应设路侧边沟,可方便引排运营清洗污水、消防污水和其他废水,防止这些废水沿路面横向漫流。路侧边沟排水坡度应与隧道纵坡一致,不宜小于 0.5%,困难地段不应小于 0.3%。路侧边沟形式有开口式侧沟和盖板式侧沟两种。工程实践表明,开口式侧沟开口尺寸和过水断面较小,深度较浅,路面垃圾容易掉进侧沟,不便于清理、易淤积和堵塞,容易被车辆压坏,可维护性差。矩形盖板式侧沟过水断面较大,排水能力强,路面垃圾不易进入边沟,便于路面清扫和边沟清理。矩形盖板式路侧边沟有活动盖板(明沟)和覆盖式盖板(暗沟)两种。当路侧边沟为暗沟时,应按 25 ~ 30m 间距设滤水篦和沉砂池。当隧道内不设中心水沟时,衬砌背后的地下水可引入路侧边沟,路侧边沟沟底低于路面结构底层不宜小于50mm。电缆沟积水会对设备运行产生影响,寒冷地区会结冰,因此应采取措施防止电缆沟积水。

隧道路面结构层以下中心水沟是为了排出衬砌背后积水,同时疏导隧道底部渗水、冒水,也是实现清洁水与污水分离排放的需要。严寒地区,设中心水沟,还可以起到防寒保温作用。短隧道视具体情况确定。中心水沟宜与路侧边沟分开设置。布置在隧道中央的中心水沟通常是"单沟",布置在路基两侧的中心水沟是两侧各一个,即"双沟"。对两车道隧道,由于仰拱的限制和排水能力的要求,通常采用单沟。采用单沟时,为避免中心水沟维修养护时同时占用两个车道,采用偏离行车道中线设置。对三车道、四车道的大断面隧道,仰拱中央深度较大,中心水沟设在仰拱填充层中央时,施工定位困难,加之横向导水管从边墙接入中心水沟距离较长,因此,对断面较大的三车道、四车道隧道,中心水沟可双侧布置。中心水沟断面形式有矩形和圆形。矩形过水断面较大,施工不易堵塞、便于清理,沟身和盖板可以预制,因此提倡采用矩形断面,断面尺寸应根据隧道长度、纵坡、地下水涌水量确定。中心水沟宜按 50 ~ 200m 间距设沉砂池,并根据需要设检查井。检查井有覆盖式检查井和外露式检查井。外露式检查井井盖与路面面层平齐,检查、维护方便,但影响行车舒适性;覆盖式检查井是将检查井井盖下沉,井盖被路面面层覆盖。中心水沟局部堵塞需要检查时,可破除井盖上路面面层进行检查。覆盖式检查井位置需在隧道边墙上设明显标记。沉砂池和检查井通常合并设置。沉砂池和检查井间距根据围岩地质条件、地下水特性和养护条件确定。断层裂隙水、地下水清澈时,间距较大;有岩溶水、容易结晶的地下水时,间距较小。

隧道路面垫层(找平层)或仰拱填充层顶面是与路面结构底部的接触面,为有利于路面底排水,应设不小于 1.5% 的横向排水坡度,在设有中心水沟的地段,应向中心水沟一侧倾斜。隧道底部有渗水的地段,宜沿隧道纵向每隔 3 ~ 8m 设横向透水盲管,横向透水盲管宜设在垫层或仰拱填充施工缝位置或隧底冒水位置。在地下水较丰富地段,横向透水盲管的纵向间距加密。不设中心水沟的隧道,横向透水盲沟排水坡度宜与路面横坡一致,并应与较低一侧路侧边沟连通,连通口不应低于路侧边沟沟底。设有中心水沟的隧道,横向透水盲沟排水坡度不应小于 1.5%,并向中心水沟倾斜,与中心水沟连通。横向透水盲管宜采用透水性较好的渗水管,直径不应小于 50mm。

为了将衬砌背后的地下水迅速引到边墙脚,防止衬砌背后积水,防水层与初期支护之间应设环向、竖向排水通道,排水通道可以是环向盲管、竖向盲管、排水板、排水型防水板等。隧道衬砌排水系统如图 7-8 所示。环向排水盲管,其间距不宜大于 10m,水量较大的地段应加密,围岩有集中水渗出时可单独加设竖向排水盲管直接引排。环向排水盲管、竖向排水盲管应与纵向排水盲管连通,直径不应小于 50mm。纵向排水盲管应设在二次衬砌边墙背后底部,其排水坡度应与隧道纵坡一致,管径不应小于 100mm,纵向排水盲管设置位置不得侵占二次衬砌空间。横向导水管应在衬砌边墙脚穿过二次衬砌与纵向排水盲管连通,设有中心水沟的隧道应连接至中心水沟,不设中心水沟的隧道应连接至路侧边沟。横向导水管直径不宜小于80mm,排水坡度不宜小于 1%,沿隧道纵向间距不宜大于 10m,水量较大的地段应加密。

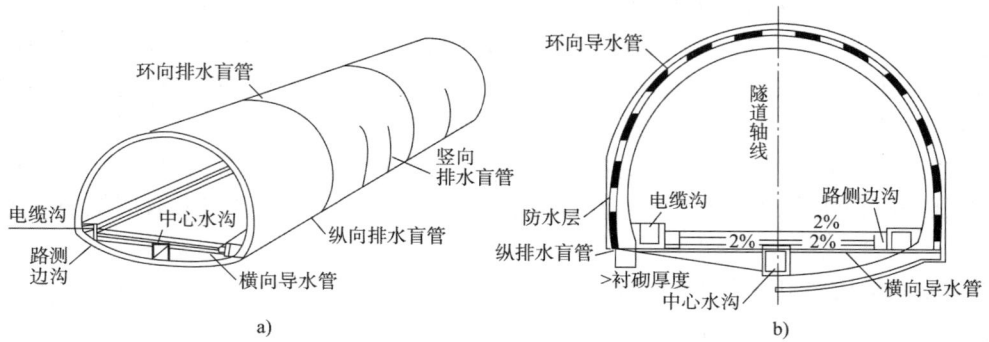

图 7-8　隧道衬砌排水系统

7.3.3　洞内外排水衔接

洞外路基排水边沟至汇水坑以外不小于 2m 范围内，除岩质坚硬、不易风化的路基地基段外，均采用浆砌片石铺砌。当隧道洞口为反坡排水时，需结合实际工程地形，采用可靠的截水措施，以免地表水进入隧道，影响行车安全。

在寒冷或严寒地区应设置保温水沟，出水口采用保温出水口。洞口检查井与洞外暗沟连接时，其连接暗沟应采用内径不小于 40cm 的预制钢筋混凝土圆管。为加快流速，防止水流冻结，暗沟坡度不应小于 1%，沟身设置在当地冻土层以下。

7.4　寒冷地区隧道防排水

在实际工程中，经常会遇到建于寒冷地区、严寒地区的隧道。寒冷地区是指历年最冷月平均气温在 -5 ~ -15℃的地区，严寒地区是指历年最冷月平均气温低于 -15℃的地区。这些地区的隧道除了按一般地区进行防排水处理外，还应考虑排水设施的防寒保温措施，保证水流畅通，避免冻害。

7.4.1　隧道防水措施

寒冷和严寒地区的隧道，必须加强隧道的防水工作，方能消除地表水和地下水对隧道的危害。根据工程实践经验，在常用的几种防水措施中，以采用防水混凝土效果较好，但需与其他防排水措施密切配合，使大部分地下水汇集导引至排水系统内排出。因此，寒区隧道衬砌混凝土抗渗等级可适当提高。此外，要做好衬砌接缝的防水处理，注意施工质量，才能充分起到防水的作用。

7.4.2　隧道保温排水措施

隧道排水系统冻结是导致寒区隧道渗漏的重要原因之一。由于排水系统冻结，隧道渗水下排不畅，上游水压升高。在高水压作用下，渗水总是能从衬砌结构的薄弱环节渗出。有关研究表明，春融期是寒区隧道渗漏水的主要发生季节，其主要原因就是春融期隧道围岩内冻结线外移，当冻结线外移至防水层附近时，往往由于防水层局部接触到液态水，而大部分防水层和渗水下排通道仍然冻结，此时上游液态水无法排泄，造成渗漏。此外，隧道排水沟的冻结也会给隧道防水带来不良影响。因此，在寒区隧道防排水中，往往要设计专门的保温排水措施，保证排水系统冬季不冻结。

1)保温水沟

保温水沟用于寒冷地区、最冷月平均气温在 −5 ~ −15°C、冻结深度在 1 ~ 1.5m 范围内，且冬季有水或可能有水的隧道。

保温水沟应采用浅埋形式，埋设于隧道内最大冻结深度以上。水沟所采取的保温措施要求能使冬季水流不冻结。水沟的设置长度根据隧道长度、地下水量大小、水温等因素综合确定。隧道长度小于 1000m 时，应全洞设置；隧道长度大于 1000m 时，可在进出口 300 − 400m 范围内设置。

保温水沟采用侧沟式，其结构形式应与隧道衬砌断面设计相配合。水沟上部设双层盖板，在上、下两层盖板之间充填保温材料，其厚度不小于 35cm，下部为排水沟构造。水沟断面不小于 30cm × 30cm，沟底纵坡与隧道纵坡一致。保温材料宜采用 PU（聚氨酯）泡沫塑料、沥青玻璃棉、矿渣棉等，并应有防水、防潮措施，将保温材料四周用塑料薄膜或沥青玻璃布包裹封闭。

保温水沟通常间隔 50m 设置检查井，检查井内应设置沉淀池，以方便检查和清淤。

2)中心深埋水沟

中心深埋水沟是将水沟埋置于洞内相应的冻结深度以下，充分利用地温达到使水沟内水流不冻结的排水目的，多用于严寒地区、最冷月平均气温在 −15 ~ −25°C 之间、冻结深度在 1.5 ~ 2.5m 之间，且冬季有水的隧道。

中心深埋水沟断面形式应根据隧道地质条件确定，其断面尺寸应根据水力计算确定。一般地质条件下，采用内径不小于 40cm 的预制钢筋混凝土圆管。中心深埋水沟的回填直接影响到水沟的使用功能，水沟采用素混凝土基座固定，回填材料除满足保温条件、方便施工外，先回填厚 50cm、粒径为 3 ~ 5cm 的碎石层，碎石层至路面面层底面以下均采用水泥处治碎石排水基层材料或素混凝土回填。

中心深埋水沟应设置沉淀检查井，间距为 200 ~ 250m，断面形状为圆形，也可采用矩形。为防止水流冻结，检查井下应设双层盖板，在两层盖板之间填塞泡沫塑料或其他保温材料，厚度不应小于 100cm。

3)防寒泄水洞

防寒泄水洞多用于严寒地区、最冷月平均气温低于 −25°C、当地黏性土的冻结深度大于 2.5m，或因深埋水沟埋深较大，明挖施工可能影响边墙的稳定性，且冬季有水的隧道。

防寒泄水洞通常设置于隧道中心线底部，其衬砌结构尺寸根据工程地质条件、水文地质条件、埋深、公路等级等因素进行结构计算后确定，工程类比法可作为参考。设计计算时，参照隧道的计算方法执行，但应计入洞内动荷载和冻胀力的作用效应。

防寒泄水洞的埋置深度应保证沟内水流不冻结，且不小于隧址区围岩最大冻结深度，应满足暗挖时不致引起隧底坍塌的要求；埋置深度不宜过深，避免不必要地延长防寒泄水洞的长度和增加工程造价。

防寒泄水洞的断面尺寸应根据实际泄水量及施工条件等因素综合确定，且不小于 1.8m × 1.8m。防寒泄水洞应做模筑混凝土衬砌或混凝土预制块衬砌，其纵坡应与隧道纵坡一致。

防寒泄水洞衬砌上应设置足够的泄水孔，使地下水能充分排出。围岩中有细小颗粒可能流失时，衬砌背面应设置反滤层。泄水孔直径取 100mm，环向间距为 50 ~ 80cm，呈梅花形布置，沿隧道纵向中心线设钻孔将隧道仰拱底部排水盲沟与泄水洞连通，泄水钻孔的深度、角度、位置应根据地下水量的大小及围岩情况确定，间距为 8 ~ 10m，钻孔直径为 100mm。

隧道进出口各 300m 范围内的防寒泄水洞设置横导洞，横导洞纵向间距为 30 ~ 50m，衬砌背面盲沟与横导洞应以直径 100mm 的钻孔连通。防寒泄水洞应设置检查井,间距为 300m,断面形状为圆形或矩形。为防止水流冻结,检查井下应设双层盖板,两层盖板之间充填泡沫塑料或其他保温材料,厚度不小于 150cm。

寒冷和严寒地区的隧道应设置保温出水口,出水口处地形较陡且地质条件较好时,采用端墙式,地形平坦时,采用圆端掩埋保温包头式。

❓ 思 考 题

1. 简述隧道渗漏水的危害。
2. 简述隧道主要防排水措施。
3. 试分析隧道如何实现地下水、污水分类排放。
4. 简述寒区隧道常用的保温排水措施。

8 隧道运营通风

8.1 概　　述

汽车通过隧道时,要不断地向隧道内排放废气。汽车所排放的废气中有害物质很多,包括 CO、NO_2、Pb、CO_2、SO_2、$HCHO$ 和烟尘等;柴油车在通过隧道过程中也要排放大量的烟雾;汽车因轮胎、制动及道路磨损也会产生颗粒物和扬尘。而隧道是一个闭塞空间,一般只有进出口与大气相通,如果隧道较长,污染物将不能很快扩散,隧道内有害物质会逐渐积聚。当浓度达到一定水平时,有害物质就会对驾驶员的身体、行车安全性与舒适性构成威胁。

改善隧道内的空气污染的途径大体上有三种,即:生产无公害汽车;使用滤毒装置还原被污染的空气;把污染空气中有害物质稀释到容许值以下。无公害汽车现在仍为有待解决的重大课题,随着对新能源的开发和环境公害问题的深入研究,这个问题已经得到某种程度的解决,新型环保车辆应用也随之增多,但大规模的应用还有待时日;目前用滤毒装置已经可以还原像 CO 之类的有害气体,但在效率上和经济上还没达到实用化的程度。现阶段实用的方法还是从洞外引入新鲜空气,稀释隧道内的有害物质,还有使用静电吸附办法减少过量尘埃,使空气质量满足卫生标准、行车安全性及舒适性等方面的要求。

公路隧道运营通风设计是隧道总体设计的重要组成部分。通风设计是从隧道调查时开始入手的,公路隧道通风设计应对隧道所在区域的交通、气象、环境及地形、地物、地质等进行调查。

公路隧道交通调查应包括隧道所在路段设计预测年份的交通量、交通组成、交通阻滞和人行情况等,隧道通行的不同燃料类型的车辆构成,隧道所在路段的交通高峰时间段、交通出行规律。

公路隧道通风设计的气象调查应包括隧址区域自然风速、隧道洞口或通风塔位置的气流扩散以及隧道洞口及通风塔位置的气压、风向、风速、温度、特殊气象条件等。

公路隧道通风设计的环境调查应包括隧道洞口或通风塔周围的敏感地物,以及隧址区域的环境空气背景浓度等以及通风井位和风机房的地质情况,通风塔所在区域的地形、地物。

公路隧道运营通风设计要考虑的主要问题是:隧道内空气中有害物质的容许浓度;新风量的确定方法;判断自然通风的能力;机械通风方式的讨论;隧道火灾防烟与排烟;设计通风设备的选择以及经济性等。

8.2   通 风 方 式

隧道通风方式是指隧道内风流在行车空间的流动方式,它包括两个方面的内容:一是风流在行车空间中的流动方向;二是风机的工作方式。隧道通风方式主要分为自然通风和机械通风两大类。自然通风是通过气象因素形成的隧道内空气流动,以及机动车从洞外带入新鲜空气来实现隧道内空气交换。机械通风是通过风机作用使空气沿着预定路线流动来实现隧道内外空气交换。按风流的流动方向划分,机械通风方式有纵向通风、横向通风和半横向通风三种。纵向通风风流沿隧道轴线方向(纵向)流动,横向通风风流沿垂直于隧道轴线的方向(横向)流动,半横向通风风流在行车空间既做横向流动,又做纵向流动。通风机的工作方式有送风式和排风式两种,送风式新鲜空气经风机送入隧道,排风式隧道中的污染空气则经风机排放于大气,也有在同一隧道中既采用排风又采用送风的混合通风方式。当把不同的风流方向和风机工作方式相组合时就形成了许多种通风方式,见表8-1。

机械通风方式的分类 表8-1

纵向通风方式	半横向通风方式	全横向通风方式	组合通风方式
(1)全射流风机式; (2)集中送入式; (3)通风井排出式; (4)通风井送排式; (5)吸尘式	(1)送风式; (2)排风式; (3)平导压入式	(1)顶送顶排式; (2)底送顶排式; (3)顶送底排式; (4)侧送侧排式	(1)纵向组合式; (2)纵向 + 半横向组合式; (3)纵向 + 集中排烟组合式

8.2.1   自 然 通 风

自然通风是公路隧道应用最早的,也是最经济的通风方式。自然通风利用存在于洞口间的自然压力差或车辆行驶时活塞作用产生的交通风力进行通风。交通风,通俗地说是指汽车在行驶过程中所携带的风。在隧道内这种效应特别明显,运动中的汽车很像一个活塞,所以又称为活塞风,因而这种效应也称为活塞效应。例如,英国的罗瑟利瑟隧道,全长 1.91km,单纯依靠自然通风就足以保证隧道内的空气质量。

自然风的变化是复杂而不稳定的,用它来作为通风计算的依据,其可靠性自然很差。但是其作为机械通风时的辅助作用,却不应忽视,至少可以调节通风机的转数,有利于节能。但是这样只能给车道空间提供 2~3m/s 的自然风风压,随着隧道长度的增加,洞壁的沿途阻抗也相应增加,达到某个长度后,自然风的作用就很小了。

不稳定的自然风对单向交通隧道的影响较小。不过,若车速能稳定在 50~60km/h,则交通风风速可以达 6m/s,就不能忽视。当行车道空间为 40~45m² 时,交通风的风量可达 240~275m³/s。这样大的通风量完全可以满足数百米长隧道的通风需要。但是重要的是隧道长度和交通量,前提是保证设计速度。因此,自然通风方式一般只适用于短隧道,且交通量较小的情况。

目前还没有可靠的计算自然通风的隧道最大容许长度的一般算式。根据对世界上一些有名的隧道的统计数据绘制的自然通风限界,公路隧道设置机械通风可按下列条件初步判定:

（1）双向交通隧道，当符合下式的条件时，可设置机械通风：

$$L \cdot N \geq 6 \times 10^5 \qquad (8\text{-}1)$$

式中：L——隧道长度（m）；

N——设计小时交通量（veh/h）。

（2）单向交通隧道，当符合下式的条件时，可设置机械通风：

$$L \cdot N \geq 2 \times 10^6 \qquad (8\text{-}2)$$

8.2.2　纵　向　通　风

纵向通风是一种最简单的机械通风方式。它只需在隧道适当位置安装通风机，靠风机产生的通风压力迫使隧道内空气沿隧道轴线方向流动，以此达到通风的目的。隧道内沿纵向流动的空气速度，可以认为从入口至出口是匀速的；空气污染浓度，由入口向出口直线增加，入口处污染浓度最小，出口内侧污染浓度最大。纵向式通风沿车道纵向风速较大，在发生火灾时，对下风方向的车辆威胁很大。纵向通风所需的动力与隧道长度的立方成正比，但是由于该通风系统简单，研究较多，经过长期实践，形成了多种多样的纵向通风方式，纵向通风在公路隧道中的应用日益广泛。工程上常用的纵向通风方式主要有射流风机式、洞口集中送入式、通风井集中排出式、通风井送排式和吸尘式等。

1）全射流纵向通风

全射流纵向通风是最常用的纵向通风方式，这种通风方式在隧道的顶部间隔一定距离设置射流风机，隧道需要机械通风时开启射流风机，工作的射流风机朝一个方向吹出射流，风机产生的高速气流推动前方空气流动，同时在后方形成一个负压区，带动后方空气流动，从而在隧道内风机的前后一定范围内形成空气沿隧道轴线（纵向）的定向流动，新鲜空气从隧道的一侧洞口进入，污染空气从隧道的另一侧洞口排出，达到隧道通风的目的。全射流纵向通风示意图如图 8-1 所示。

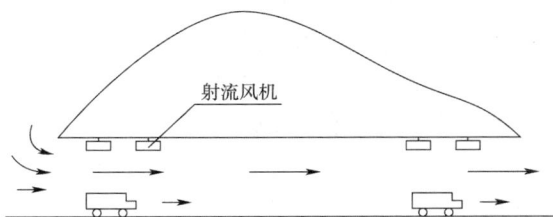

图 8-1　全射流纵向通风示意图

如图 8-2 所示，射流风机是一种开放进、出口特殊轴流风机，与一般通风机相比，射流风机具有风速高、风量小的特点，其喷射口的风速能达到 25 ~ 30m/s。射流风机功率小，通风距离短，一般在一座隧道中需要安装多台射流风机才能实现隧道的正常通风。

射流风机纵向通风无须开凿通风井，通风设施简单，工程造价低，设备费用少。我国机械通风的公路隧道中绝大多数采用的是射流风机纵向通风。但是，射流风机纵向通风的风机工作效率低，噪声大，高速射流可能影响正常行车。我国《公路隧道通风设计细则》（JTG/T D70/2-02—2014）规定，单向交通且隧道长度不大于

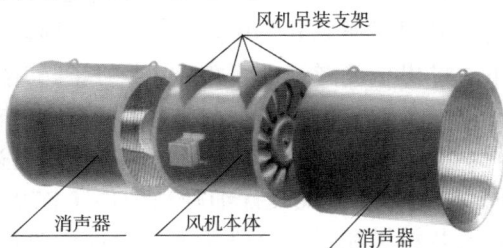

图 8-2　射流风机

5000m 和双向交通且隧道长度不大于 3000m 的隧道可采用全射流纵向通风方案。

2）设置通风井的纵向通风

采用纵向通风方式的隧道空气污染物浓度在入口和出口之间呈直线分布，通风所需阻力与隧道长度的立方成正比，因此长大隧道采用常规的纵向通风方式就不经济了。为了解决一些长大隧道的纵向通风问题，工程上常用竖井或斜井对长大隧道进行分段。目前设置通风竖井的纵向通风方式主要有集中排风纵向通风方式、集中送风纵向通风方式以及通风井送排式纵向通风方式等。

（1）集中排风纵向通风。

集中排风纵向通风设施主要由通风井（竖井或斜井）、风道和风机构成，如图 8-3 所示。通风井可利用隧道施工井，也可以专门开凿。专门开凿需考虑通风井的深度、开凿费用等。风道是为安装风机开凿的，工程量较小，可根据所选风机的安装要求施工；风机工作方式为排风式，新鲜空气经两端洞口进入隧道，在中央处汇入通风井，污染空气经通风井、通风机集中排入大气。该种通风模式下，隧道内有害气体浓度最大的地方是通风井的底部。

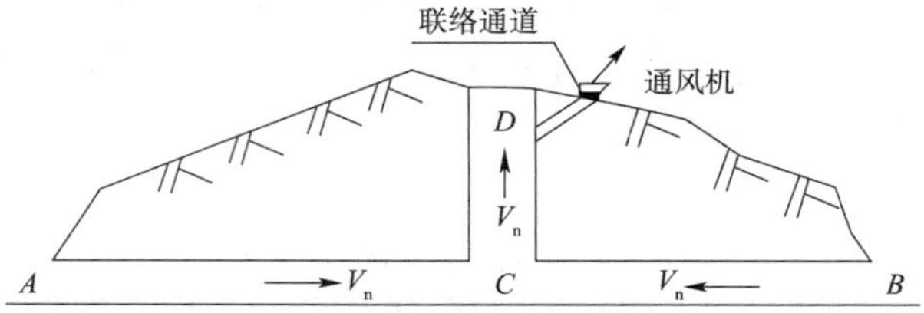

图 8-3　集中排风纵向通风示意图

双向交通隧道，通风井宜设在隧道长度的中部，但是多数情况下受地形条件限制，很难刚好在中间位置设置。当被通风井分割的两段长度不等时，将会出现两段隧道通风阻抗不等的情况，此时需要用射流风机调整两段压力，使其在通风井底部进风口处的负压达到所需的平衡状态，从而使两段的需风量刚好满足要求。此时，需要采用试算法逐步逼近。

单向交通隧道，通风井应设在靠近出口侧。新风从两个洞口进入，车辆在出口一侧逆风行驶，交通风成为隧道通风阻力。当在出口一侧有居民区或有较严格的环境要求，不允许洞内污染空气吹出时，也可以采用该通风方式。单向交通隧道采用这种通风方式显然并不理想，只在不得已时采用。

（2）集中送风纵向式通风。

隧道内有害气体浓度最大的地方是隧道两洞口处。洞口处的污染空气有时会产生光幕现象，影响行车安全，所以较少采用这种通风方式。

（3）通风井送排式纵向通风。

为了在单向交通纵向通风的隧道内充分利用车辆产生的交通风，高等级公路上的长大隧道采用了通风井集中送排式纵向通风方式。该种通风方式把通风井分割成两部分，半边用于排出一侧隧道的污染空气，另半边用于向隧道内送入新鲜空气。这样，在通风井两侧隧道内车辆行驶方向都与隧道内风流方向一致，因此不论是对隧道通风的节能，还是对车辆本身的节能，都大有裨益。国内长度超过 5000m 的公路隧道大多采用这种通风方式。我国《公路隧道通风设计细则》（JTG/T D70/2-02—2014）规定，通风井送排式纵向通风方式的通风井数量和隧道分段长度应根据隧道长度、防灾排烟需求、通风井设置条件、建设与运营费用等综合考虑。

3)吸尘式纵向通风

吸尘式纵向通风方式就是在隧道内适当位置(一处或数处)设置吸尘装置滤除汽车排放有害气体中的烟尘的一种纵向通风方式。利用静电吸尘装置对污染空气进行净化处理再利用,这样既有利于环保,也可以取消或减少通风井,并使隧道的适用长度增大。但是就目前来讲,静电除尘设施价格较高。该种通风方式已在日本、挪威的公路隧道中成功应用。

8.2.3 全横向通风

全横向通风隧道断面被分为送风道、排风道和行车道三部分。一般地,送风系统是由送风塔吸入新鲜空气,经过通风机升压,然后通过连接风道将空气送入隧道的送风道,再经过送风孔将空气送入行车道。排风系统是把车道空间的污染空气经排风孔、排风道、连接风道由通风机加负压经排风塔排入大气。这种通风模式下,隧道内基本不产生沿纵向流动的风,只有横方向的风流动。全横向通风示意图如图8-4所示。

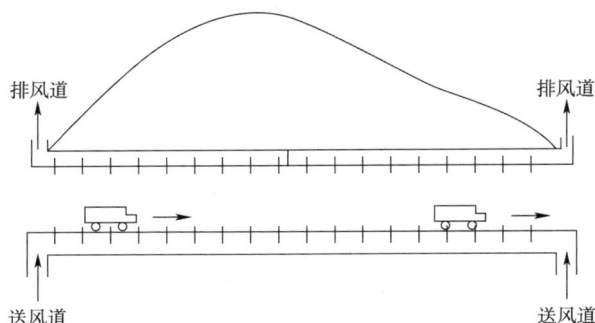

图8-4　全横向通风示意图

双向交通隧道,车道的纵向风速大致为零,污染物浓度沿隧道全长大体上均匀分布;单向交通隧道,因为受交通风的影响,在纵向能产生一定的风速,污染物浓度由入口至出口有逐渐增加的趋势,一部分污染空气能直接由出口排出洞外。

与纵向通风相比较,全横向通风供风均匀,污染空气在隧道内滞留时间短,隧道内能见度高,从保证行车安全和舒适性角度看,是相当理想的隧道通风方式。但横向通风需设置专门的送风道、排风道等,从而使隧道土建工程量增大,工程造价增加;由于受隧道施工断面限制,送风道与排风道断面小,隧道通风阻力大,通风能耗大,运营管理费用高;通风计算中各种系数的确定比较困难。

较高的建设费用和运营管理费用使横向通风的使用受到了很大限制。目前,这种通风方式仅在非常重要的长大隧道中使用。

8.2.4 半横向通风

半横向通风只需设置一个送风道或排风道,隧道断面被分成送风道(排风道)和行车道两部分。半横向通风可使隧道内的空气污染浓度大体上保持一致。送风式半横向通风是半横向通风的常用形式,新鲜空气由风机、通风井送入送风道,经送风道进入行车道,在行车道内与污染空气混合后沿隧道纵向排出。

双向交通隧道,不论送风式还是排风式,如果交通流的强度相同,两洞口的气象条件也相同,则隧道内的风压分布为中央最大(排风式为负压),两洞口排出或送入等量的空气。因此在隧道中点处,空气是静止的,风速为零。这一点称为中性点。除这一点以外,风速向两洞口呈直线增加。空气污染浓度,送风式各处是相同的,排风式中性点处最大。如果交通流强度不等,或两洞口的气象条件发生变化,则中性点的位置也随之变动。

单向交通隧道,送风式的中性点多半移至入口之外。排风式的中性点则靠近出口,污染浓度和双向交通隧道一样,中性点附近污染浓度最高。

8.2.5 组合式通风

组合式通风为采用两种或两种以上基本通风方式进行组合的通风方式。目前采用的组合式通风方式主要有纵向组合式、纵向+半横向组合式与纵向+集中排烟组合式等。我国已建的长度大于 5000m 的高速公路隧道普遍采用"通风井送排式+射流风机"的组合通风方式,其中以秦岭终南山公路隧道为典型代表。

8.2.6 通风方式选择

通风方式种类很多,各种通风方式均有其优缺点,应使所选择的通风方式与隧道的具体工程条件相匹配,选择隧道通风方式应考虑的因素如下:

(1)隧道长度;
(2)交通条件;
(3)地形、地物、地质条件;
(4)通风要求;
(5)环境保护要求;
(6)火灾时的通风控制;
(7)维护与管理水平;
(8)分期实施的可能性;
(9)工程造价、运营电力费和维护管理费。

选择通风方式时应按"系统安全可靠、建设投资少、运营费用低、维护管理方便"的原则,综合考虑各种因素。合理的通风方式是安全可靠性高、建设安装方便、投资小、隧道内环境好、对灾害的适应能力强、运营管理方便的通风方式。但是,各种通风方式都有优缺点,一种通风方式不可能完全满足所有要求。所以应充分考虑各种通风方式的特点,并根据隧道长度、结构形式、纵坡、平曲线半径、高程、交通条件、气象条件和环境条件,经综合比较后,选择较为安全、经济和运营维护方便,并能够充分发挥隧道本身特点的通风方式。

纵观世界公路隧道通风方式的发展,20 世纪 80 年代以前多为全横向式通风或半横向式通风,以欧洲的瑞士、奥地利和意大利为代表。而近 20 年,特别是纵向通风方式出现以后,公路隧道的通风方式基本分为两大派,欧洲仍以全横向、半横向居多,而亚洲以日本为代表全部为纵向通风。近年来,随着汽车排污限制标准的提高,控制公路隧道通风量的因素已从 CO 浓度逐渐过渡到烟雾浓度,加之双洞方案逐渐取代单洞方案,所以分段纵向通风方式已经占据主导地位。欧洲各国也在逐步转变传统观念,在许多新建或增修的复线长大公路隧道中,用纵向通风方式取代了过去的半横向或全横向通风方式。

我国对公路隧道通风的研究起步较晚,也经历了全横向式、半横向式到纵向式通风 3 个发展阶段。黄浦江隧道和梧桐山上行隧道采用了全横向式通风;二郎山隧道采用了平导半横向式通风;梧桐山下行隧道采用了全射流纵向通风;成渝高速公路上的两座隧道——中梁山隧道和缙云山隧道大胆变更半横向通风为射流风机加竖井排出式纵向通风。运营实践表明,这种通风方式投资少,运营费用低,通风效果能满足有关规范与标准的要求。秦岭终南山隧道属于竖井送排式纵向通风,是具有世界上口径最大、深度最高的竖井通风工程,共设置 3 座通风竖井,最深 661m,最大直径 11.5m,风道累计长度近 5km。

8.3　通风标准

隧道内行驶的车辆排放的废气中有多种有害气体,如 CO、HC、NO$_x$ 和烟雾等,国内外已经对车辆排放的废气中的有害物质进行了大量研究。20 世纪 10 年代末期至 20 年代中期,美国修建横穿纽约的哈德逊河的厚兰德隧道时,美国矿山局等研究了那个年代美国汽车的 CO 产生量和人体所能承受的 CO 容许浓度。后来人们逐渐认识到,在 CO 浓度问题以外还有空气透明度问题的存在,尤其是大功率汽车在交通流组成中所占比例增大以后,排烟量大大增加。其中 CO 对人体健康有致命危害,必须严格控制;烟雾对隧道内的能见度影响极大,它直接关系行车安全;隧道内有害物质有异味,则影响到舒适性。

目前公路隧道通风主要对烟尘、CO 和空气中的异味进行稀释,分别作为公路隧道通风设计的安全标准、卫生标准与舒适性标准。但是随着汽车工业技术的进步以及社会对节能减排、环境保护需求的增加,公路隧道通风标准控制指标也会发生不断的变化。

8.3.1　CO 设计浓度

CO 是一种无色、无味的气体,密度几乎与空气相等,人的感觉器官并不能分辨它,所以是非常危险的。目前 CO 设计浓度大都是基于 May 氏试验结果确定的。

20 世纪 40 年代,德国人 May 氏发表了他的试验结果,证明了人对 CO 的中毒程度与人的活动状态有关。他把 CO 浓度、经历时间以及活动状态与碳氧血红蛋白(CO-Hb)的饱和率之间的关系绘制成曲线,如图 8-5 所示。

曲线表明,健康成年人受 CO 浓度的影响程度与活动状态有关,"静坐"时影响最小,"劳动"时影响最大,"步行"时居中。患有呼吸器官障碍和贫血病的人,所受影响更大。

曲线还表明,CO-Hb 饱和率与经历时间、CO 浓度有关。如果把 CO-Hb 饱和率为 10% 作为标准,那么 CO 浓度分别为 100cm^3/m^3 和 250cm^3/m^3 时,"静坐"者可分别逗留 2.5h 和 45min,"步行"者可以分别逗留 1h20min 和 25min,"劳动"者可分别逗留 50min 和 15min,而不会发生中毒现象。

我国《公路隧道设计规范》(JTG D70/2—2014)充分考虑了 May 氏试验结论,并以隧道长度反映经历时间,提出了 CO 设计浓度要满足如下要求:

(1)正常交通情况下时,CO 设计浓度可按表 8-2 取值。

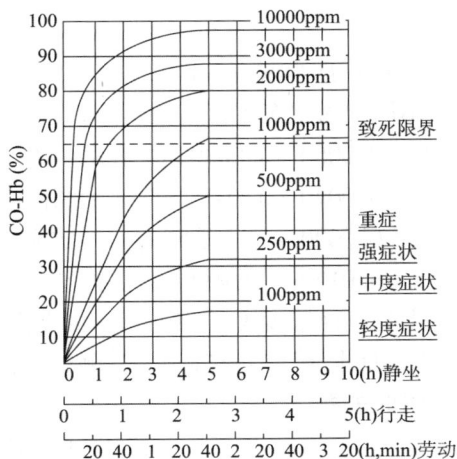

图 8-5　空气中的 CO 浓度、经历时间以及活动状态与 CO-Hb 饱和率之间的关系

CO 设 计 浓 度		表 8-2
隧道长度 L(m)	≤1000	>3000
CO 设计浓度(cm^3/m^3)	150	100

注:隧道长度 L 为 1000m < L ≤ 3000m 时,可按线性内插法取值。

（2）交通阻滞时,阻滞段的平均 CO 设计浓度可取 150cm^3/m^3,同时经历时间不宜超过 20min。长度大于 1000m 的隧道,阻滞段宜按每车道长度为 1000m 计算;长度不大于 1000m 的隧道可不考虑交通阻滞。

（3）人车混合通行的隧道,洞内 CO 设计浓度不应大于 70cm^3/m^3。

（4）隧道内养护维修时,隧道作业段空气的 CO 允许浓度不应大于 30 cm^3/m^3。

8.3.2　烟尘设计浓度

为了保证停车视距,必须控制烟尘浓度。隧道内的停车视距不仅取决于车速,而且与路面亮度、路面材料的种类和烟尘浓度有关,通常需要综合考虑。随着对道路服务水平的要求不断提高,在保证停车视距的同时还要求保证舒适性,因而需要把烟尘浓度控制在容许标准之下。

烟尘浓度表示烟尘对空气的污染程度。烟尘浓度通常有两种表示方法,即烟尘质量浓度和烟尘体积浓度,但是用这两种方法表示烟尘浓度都不直接、不方便。公路隧道烟尘浓度,一般通过测定污染空气100m 距离的烟尘光线透过率来确定,也称为 100m 透过率,为洞内能见度指标。

透过率是光线在污染空气中的透过量与在洁净空气中的透过量之比,一般用下式表示:

$$\tau = \frac{E}{E_0} \tag{8-3}$$

式中:E、E_0——同一光源光通过污染空气和洁净空气后的照度。

透过率随光源与受光部之间的距离而改变,同时还因烟尘浓度不同而不同。因此,烟尘浓度定义如下:

$$K = -\frac{1}{100}\lg\tau \tag{8-4}$$

式中:K——烟尘浓度(m^{-1})。

不同交通状态下烟尘浓度 K 对应的洞内环境控制状况如下:

K = 0.0050 ~ 0.0030 m^{-1} 表示洞内空气清洁,能见度可达数百米;

K = 0.0070 ~ 0.0075 m^{-1} 表示洞内空气有轻雾;

K = 0.0090 m^{-1} 表示洞内空气成雾状;

K = 0.012 m^{-1} 为限制值,洞内空气令人很不舒服,但尚有安全停车视距要求的能见度。

烟尘设计浓度 K 不仅与车速或安全停车视距有关,还与洞内亮度(或照度)、光源有关,见表 8-3。日本照明专家曾于大量测试后得出如图 8-6 所示的烟尘透过率、车速、照度和光源四者之间的关系。

设计速度、路面平均亮度和烟尘浓度关系表				表 8-3
设计速度(km/h)	100	80	60	40
路面平均亮度(cd/m^2)	9.0	4.5	2.5	1.5
$K(m^{-1})$	0.0069	0.0070	0.0075	0.0090

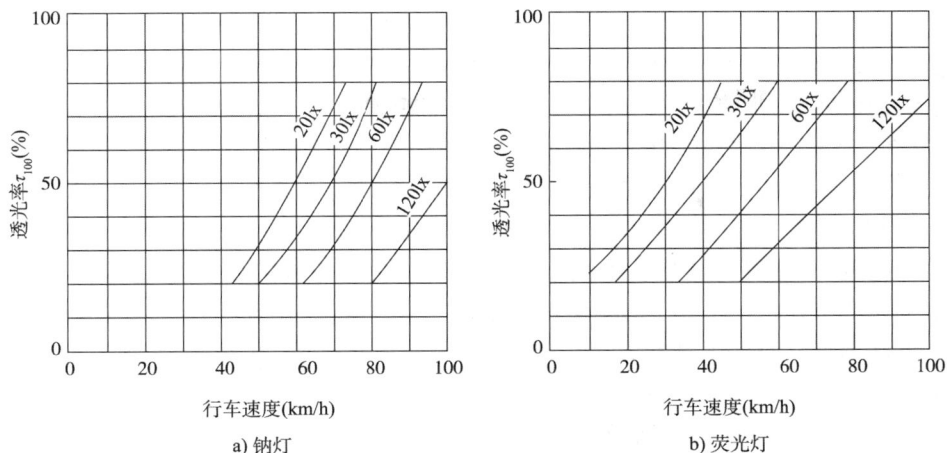

100 | 透光率τ₁₀₀(%) ... 行车速度(km/h)

透光率τ_{100}(%) 行车速度(km/h) 20lx 30lx 60lx 120lx

a) 钠灯　　　　　　　　　　b) 荧光灯

图 8-6　透过率、行车速度、照度和光源之间的关系

我国《公路隧道设计规范》(JTG D70/2—2014)综合考虑以上各种相关因素,提出隧道内烟尘设计浓度应符合下列规定:

(1)采用显色指数 $33 \leqslant R_a \leqslant 60$、相关色温 2000～3000K 的钠光源时,烟尘设计浓度 K 应按表 8-4 取值。

烟尘设计浓度(一)　　　　　　　　　　　表 8-4

设计速度v_t(km/h)	$\geqslant 90$	$60 \leqslant v_t < 90$	$50 \leqslant v_t < 60$	$30 < v_t < 50$	$10 \leqslant v_t \leqslant 30$
烟尘设计浓度(m^{-1})	0.0065	0.0070	0.0075	0.0090	0.012

(2)采用显色指数 $R_a \geqslant 65$、相关色温 3300～6000K 的荧光灯、LED 灯等光源时,烟尘设计浓度 K 应按表 8-5 取值。

烟尘设计浓度(二)　　　　　　　　　　　表 8-5

设计速度v_t(km/h)	$\geqslant 90$	$60 \leqslant v_t < 90$	$50 \leqslant v_t < 60$	$30 < v_t < 50$	$10 \leqslant v_t \leqslant 30$
烟尘设计浓度(m^{-1})	0.005	0.0065	0.0070	0.0075	0.012

(3)双洞单向交通临时改为单洞双向交通时,隧道内烟尘允许浓度不应大于 0.012m^{-1}。

(4)隧道内养护维修时,隧道作业段空气的烟尘允许浓度不应大于 0.0030m^{-1}。

8.3.3　换气要求

为了稀释隧道内污染空气的异味,提高洞内的舒适度,需要增大换气频率或提高换气风速,这样将增大通风系统的规模;此外,增大通风系统规模会增加隧道通风系统的建设和运营费用。因此,我国《公路隧道设计规范》(JTG D70/2—2014)作了如下规定:隧道空间最小换气频率不应低于 3 次/h;采用纵向通风的隧道,隧道换气风速不应低于 1.5m/s。

8.4　需风量计算

隧道需风量即隧道所需的新鲜空气量,要求新鲜空气量能稀释隧道内有害气体、烟尘与异味,使隧道内空气质量达到卫生标准、安全标准与舒适标准。

公路隧道通风设计中,机动车尾气中的有害气体排放量是影响通风系统规模的一个重要因素。机动车尾气的有害气体排放量是以各设计目标年份对应的交通量 N 及有害气体基准排放量 q 为主要参数进行计算的。但是,机动车有害气体基准排放量 q 是变化的,它的取值与我国汽车发动机技术、国家汽车污染物排放法规、油料质量等因素有关。随着我国汽车工业的进步、国家汽车污染物排放法规的不断完善和严格以及油料品质的不断提高,机动车有害气体基准排放量会逐年递减,并且在确定有害气体排放量时还应与各设计目标年份相匹配。

从我国汽车排放标准各阶段不同车型控制排放限值的相关文献资料看,近年来,汽车主要污染物的年递减率一般都超过了 10%,但鉴于发动机设计与制造技术受较多限制、各地区经济发展水平导致车辆状况不同、车辆维护程度不一等因素,为保证通风系统的可靠性,《公路隧道通风设计细则》(JTG/T D70/2-02—2014)建议年递减率按 2% 取值。

关于计算年限起点的问题,在 1999—2000 年,我国实施了一系列汽车污染物排放标准,汽车污染物排放限值在 1999 年之前与 2000 年之后有较大变化。目前,车辆保有量中绝大部分汽车为 2000 年之后生产的,故《公路隧道通风设计细则》(JTG/T D70/2-02—2014)提出机动车有害气体基准排放量以 2000 年为起点。

因此,机动车有害气体基准排放量宜均以 2000 年为起点,按每年 2% 的递减率计算至设计目标年份获得的排放量,作为隧道通风设计目标年份的基准排放量,最大折减年限不宜超过30 年。

确定需风量时,应对稀释烟尘、CO 按隧道设计速度以下各工况车速 10km/h 为一档分别进行计算,并计算交通阻滞和换气的需风量,取较大者作为设计需风量。

8.4.1 交通量和交通组成

交通量和交通组成是隧道通风设计的重要参数。设计采用的交通组成包括各预测年份各种车型的百分比,及其是混合车型百分比还是标准小客车百分比。

1)交通量

交通量主要表示单位时间内通过道路(或道路的某一条车道)指定地点或断面的交通实体数。交通量的表示方式有日交通量和小时交通量、标准小客车交通量和混合车型交通量等。公路隧道通风设计采用的是混合车型设计小时交通量。

设计小时交通量,按国际上使用的交通量取值法,是世界道路协会(PIARC)推荐的第 30 位小时交通量,即把一年 365 天 8760 个小时的交通量按从大到小的顺序排列,采用位于第 30 位的小时交通量作为计算依据,用来作为具体需风量计算的交通量。这是个经验数据,全年当中交通量超过此值的仅 29 个,据此得出的需风量已经足以满足需要。但是,很明显 8760 个小时交通量是逐个测得的,因此只有在老路改建时才有可能获得这些数据。

作为新路,便不可能获得这些资料。我国《公路隧道通风设计细则》(JTG/T D70/2-02—2014)作了如下相关规定:公路隧道通风设计小时交通量应为混合车型设计高峰小时交通量;需风量计算中,设计小时交通量应与各设计目标年份相匹配。

2)交通组成

世界上的汽车种类数以百计,按使用的燃油可粗略地分为汽油车和柴油车,按车辆的用途可分为货车和轿车,按车辆的大小分为大型车、小汽车和摩托车等。从通风的角度看,区分汽油车和柴油车的比例十分重要,汽油车以排出 CO 的数量作为计算需风量的依据,而柴油车则以排烟量作为依据。另外,小汽车的 CO 排放量与中型货车、大型客车显然不同,应加以区分。

交通组成问题非常复杂,受多种因素的影响,不能按照某一模式套用。这是交通工程学要解决的问题,确定它需要做许多实际调查。对某一地区而言,交通组成也不是一成不变的。不过在实际设计中,没有必要也不可能按照将来在公路上出现的车种类别,逐个种类详细区别计算,只能按比较大的类别加以分门别类,相对粗线条地归类计算。然后,再以统计学的方法给出各大类车型的污染物基准排放量,进行实际计算。

现阶段我国各类机动车发动机类型的一般比例见表8-6。对改建扩建隧道,以及通风系统分期实施的二期工程,有条件对即时交通状态进行现场调查,以获得柴油车和汽油车的比例。

各类车辆的发动机类型比例

表8-6

车型	小客车	轻型货车	大型客车	中型货车	大型货车	集装箱货车、拖挂车
柴油发动机(%)	10	30	100	80	100	100
汽油发动机(%)	90	70	0	20	0	0

8.4.2 稀释烟尘需风量

烟尘主要是由未完全燃烧形成的游离态碳、汽车行驶卷起的扬尘以及空气中弥散的水汽和油颗粒等组成。其中,路面不洁造成的扬尘应当由隧道养护和保洁工作解决,水汽大多受气象条件影响,悬浮油颗粒受车况影响,它们都是无法计算的。然而作为影响隧道能见度的主要因素,可以通过能见度检测器进行宏观检测,也可以通过闭路电视系统进行监控。稀释烟尘的主要手段是通过引入新鲜空气稀释已污染空气,使其达到容许标准。目前国外已有应用静电集尘方法稀释烟尘浓度的公路隧道。

1)烟尘基准排放量

车辆烟尘基准排放量是指满载质量为9.5t中型柴油货车行驶1km的排放浓度。综合考虑国内外研究成果,我国《公路隧道通风设计细则》(JTG/T D70/2-02—2014)规定,2000年的机动车排放有害气体中烟尘的基准排放量应取$2.0 m^2/(veh \cdot km)$。隧道设计目标年份的烟尘基准排放量q_{VI},应按每年2%的递减率计算至设计目标年份。

2)烟尘排放量计算

烟尘排放量Q_{VI}可按式(8-5)计算,此公式是一个经验公式,它是以大量检测的统计数据为基础,粗线条地归纳分类,形成的较为简单的可操作算式。

$$Q_{VI} = \frac{1}{3.6 \times 10^6} \cdot q_{VI} \cdot f_{a(VI)} \cdot f_d \cdot f_{h(VI)} \cdot f_{iv(VI)} \cdot L \cdot \sum_{m=1}^{n_D} (N_m \cdot f_{m(VI)}) \qquad (8-5)$$

式中:Q_{VI}——隧道烟尘排放量(m^2/s);

$\quad q_{VI}$——设计目标年份的烟尘基准排放量[$m^2/(veh \cdot km)$];

$\quad f_{a(VI)}$——考虑烟尘的车况系数,按表8-7取值;

$\quad f_d$——车密度系数,按表8-8取值;

$\quad f_{iv(VI)}$——考虑烟尘的纵坡-车速系数,按表8-9取值;

$\quad L$——隧道长度(m);

$\quad f_{m(VI)}$——考虑烟尘的柴油车车型系数,按表8-10取值;

$\quad n_D$——柴油车车型类别数;

$\quad N_m$——相应车型的交通量(veh/h);

135

$f_{h(VI)}$——考虑烟尘的海拔高度系数,按图 8-7 取值,也可按式(8-6)计算。

$$f_{h(VI)} = 1.0 + 0.6 \times \frac{h - 400}{2000} \qquad (8\text{-}6)$$

式中:h——海拔高度(m)。

考虑烟尘的车况系数 $f_{a(VI)}$ 表 8-7

公 路 等 级	$f_{a(VI)}$
高速公路、一级公路	1.0
二级及二级以下公路	1.2~1.5

车 密 度 系 数 f_d 表 8-8

工况车速 (km/h)	100	80	70	60	50	40	30	20	10
f_d	0.6	0.75	0.85	1	1.2	1.5	2	3	6

考虑烟尘的纵坡-车速系数 $f_{iv(VI)}$ 表 8-9

工况车速 (km/h)	隧道行车方向纵坡 i(%)								
	-4	-3	-2	-1	0	1	2	3	4
80	0.30	0.40	0.55	0.80	1.30	2.60	3.7	4.4	—
70	0.30	0.40	0.55	0.80	1.10	1.80	3.10	3.9	—
60	0.30	0.40	0.55	0.75	1.00	1.45	2.20	2.95	3.7
50	0.30	0.40	0.55	0.75	1.00	1.45	2.20	2.95	3.7
40	0.30	0.40	0.55	0.70	0.85	1.10	1.45	2.20	2.95
30	0.30	0.40	0.50	0.60	0.72	0.90	1.10	1.45	2.00
10~20	0.30	0.36	0.40	0.50	0.60	0.72	0.85	1.03	1.25

考虑烟尘的柴油车车型系数 $f_{m(VI)}$ 表 8-10

小客车、轻型货车	中型货车	重型货车、大型客车	集装箱货车、拖挂车
0.4	1.0	1.5	3

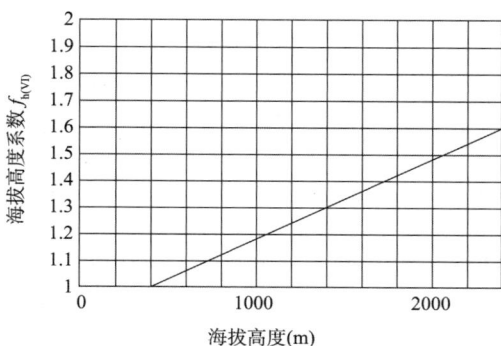

图 8-7 考虑烟尘的海拔高度系数 $f_{h(VI)}$

3)稀释烟尘需风量计算

稀释烟尘的需风量应按式(8-7)计算:

$$Q_{req(VI)} = \frac{Q_{VI}}{K} \qquad (8\text{-}7)$$

式中:$Q_{req(VI)}$——隧道稀释烟尘的需风量(m^3/s);

Q_{VI}——隧道烟尘排放量(m^2/s);

K——烟尘设计浓度(m^{-1})。

烟尘浓度与经历时间无关,即使经历时间很短,也要满足确保视距(能见度)的要求。所以采用纵向通风时,稀释烟尘的需风量是按隧道出口或通风井排风口的"点浓度"进行计算。

8.4.3 稀释CO需风量计算

1)CO基准排放量

CO的基准排放量就是指在基准状态下小客车(汽油车)行驶1km所排放的CO量,其单位为 $m^3/(veh \cdot km)$。

基准状态是指海拔高度在400m以下的水平路段上,小汽车以 $40 \sim 60km/h$、大型车以 $40 \sim 50km/h$ 的速度行驶的状态。

CO的排放量不仅与汽车排放法规实施阶段、汽车工业的科技进步、在用车辆各种复杂状况等有关,还与车辆的运行速度等有关。因此,《公路隧道通风设计细则》(JTG/T D70/2-02—2014)分正常交通和交通阻滞两种工况对机动车尾排有害气体中CO的基准排放量取值作了如下规定:

正常交通情况时,2000年机动车尾排有害气体中CO的基准排放量应取 $0.007m^3/(veh \cdot km)$;交通阻滞时车辆按急速考虑,2000年机动车尾排有害气体中CO的基准排放量应取 $0.015m^3/(veh \cdot km)$,且阻滞段计算长度不宜大于1000m。隧道设计目标年份的CO基准排放量 q_{CO},应以2000年CO基准排放量为基准,按每年2%的递减率计算至设计目标年份。

2)CO排放量计算

CO排放量应按式(8-8)计算:

$$Q_{CO} = \frac{1}{3.6 \times 10^6} \cdot q_{CO} \cdot f_a \cdot f_d \cdot f_h \cdot f_{iv} \cdot L \cdot \sum_{m=1}^{n}(N_m \cdot f_m) \tag{8-8}$$

式中:Q_{CO}——隧道CO排放量(m^3/s);

$\quad q_{CO}$——设计目标年份的CO基准排放量 $[m^3/(veh \cdot km)]$;

$\quad f_a$——考虑CO的车况系数,按表8-11取值;

$\quad f_d$——车密度系数,按表8-8取值;

$\quad f_m$——考虑CO的车型系数,按表8-12取值;

$\quad f_{iv}$——考虑CO的纵坡-车速系数,按表8-13取值;

$\quad n$——车型类别数;

$\quad N_m$——相应车型的交通量(veh/h);

$\quad f_h$——考虑CO的海拔高度系数,可按图8-8取值,也可按下式计算。

$$f_h = 1.0 + \frac{h-400}{1800} \tag{8-9}$$

式中:h——海拔高度(m)。

考虑CO的车况系数f_a　　　　　　　　　　　　　　　表8-11

公 路 等 级	f_a
高速公路、一级公路	1.0
二级及二级以下公路	$1.1 \sim 1.2$

考虑CO的车型系数f_m　　　　　　　　　　　　　　　表8-12

车型	柴油车	汽 油 车			
		小客车	旅行车、轻型货车	中型货车	大型客车、拖挂车
f_m	1.0	1.0	2.5	5.0	7.0

设计速度	隧道行车方向纵坡 i(%)								
(km/h)	-4	-3	-2	-1	0	1	2	3	4
100	1.2	1.2	1.2	1.2	1.2	1.4	1.4	1.4	1.4
80	1.0	1.0	1.0	1.0	1.0	1.0	1.2	1.2	1.2
70	1.0	1.0	1.0	1.0	1.0	1.0	1.0	1.2	1.2
60	1.0	1.0	1.0	1.0	1.0	1.0	1.0	1.0	1.2
50	1.0	1.0	1.0	1.0	1.0	1.0	1.0	1.0	1.0
40	1.0	1.0	1.0	1.0	1.0	1.0	1.0	1.0	1.0
30	0.8	0.8	0.8	0.8	0.8	1.0	1.0	1.0	1.0
20	0.8	0.8	0.8	0.8	0.8	1.0	1.0	1.0	1.0
10	0.8	0.8	0.8	0.8	0.8	0.8	0.8	0.8	0.8

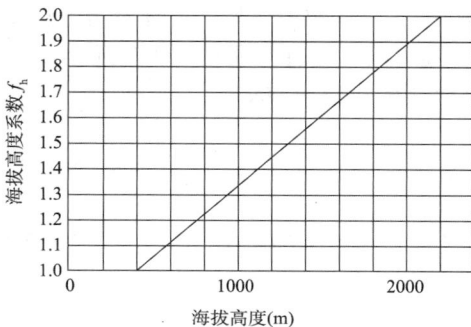

图 8-8　考虑 CO 的海拔高度系数 f_h

3）稀释 CO 需风量的计算

稀释 CO 的需风量应按式(8-10)计算：

$$Q_{req(CO)} = \frac{Q_{CO}}{\delta} \cdot \frac{p_0}{p} \cdot \frac{T}{T_0} \cdot 10^6 \qquad (8-10)$$

式中：$Q_{req(CO)}$——隧道稀释 CO 的需风量(m^3/s)；

$\quad\quad Q_{CO}$——隧道 CO 排放量(m^3/s)；

$\quad\quad \delta$——CO 浓度；

$\quad\quad T$——隧址夏季气温(K)；

$\quad\quad T_0$——标准气温(K)，取 273K；

$\quad\quad p_0$——标准大气压(kN/m^2)，取 101.325 kN/m^2；

$\quad\quad p$——隧址大气压(kN/m^2)，可从隧道项目可行性研究报告、隧道地勘等相关资料中获取。当设计阶段无法取得该值时，可参照式(8-11)计算：

$$p = p_0 \times e^{-\frac{h}{29.28T}} \qquad (8-11)$$

式中：h——隧址设计海拔高度(m)。

4）交通阻滞工况下稀释 CO 需风量的计算

交通阻滞是隧道通风设计中的一种常见的也是特殊的工况,该工况的特点是:全隧道中某个特殊路段,因某种随机的原因而出现车速缓慢现象但尚未中断行驶,其余路段仍在正常运行中。

不同国家和国际组织对交通阻滞的定义有所不同。日本道路协会提出拥堵时的行车速度基本不到 20km/h。世界道路协会公路隧道运营技术委员会(PIARC C5)则在通风设计中用阻塞交通速度 10km/h 和停滞段定义设计工况。我国《公路隧道通风设计细则》(JTG/T D70/2-02—2014)结合国内公路隧道运营情况综合调查情况,按不同等级公路分别定义隧道交通阻滞平均行车速度。

对于长度 $L \leqslant 1000m$ 的隧道可不考虑交通阻滞;对于长度 $L > 1000m$ 的隧道,阻滞段宜按每车道长度为 1000m 计算。以下行驶情况可视为交通阻滞:

（1）高速公路隧道内各车道平均行车速度不大于 30km/h；

（2）一级公路隧道内各车道平均行车速度不大于 20km/h；

（3）二级、三级、四级公路隧道内各车道平均行车速度不大于 10km/h。

交通阻滞工况下稀释 CO 浓度的检算过程与正常交通工况下稀释 CO 浓度的计算过程是相同的，其不同点在于按《公路隧道设计规范》（JTG D70/2—2014）规定，隧道长度大于 1000m 的隧道阻滞段的计算长度不宜大于 1km，同时经历的时间不超过 20min。这种规定的前提拥有是良好的交通监控设施和到位的服务，这样才能保证阻滞能在 20min 内得到疏导，恢复正常交通。在这种条件下才可以把阻滞段的平均 CO 设计浓度取值为 150cm^3/m^3。

8.4.4　隧道换气需风量

设长度为 $L(m)$ 的隧道，每小时换气 n_s 次（一般为 3 ~ 5 次）来稀释隧道内的异味，则隧道换气需风量为：

$$Q_{req(ac)} = \frac{A_r \cdot L \cdot n_s}{3600} \qquad (8-12)$$

式中：$Q_{req(ac)}$——隧道换气需风量，（m^3/s）；

　　　A_r——隧道净空断面积，（m^2）；

　　　n_s——隧道最小换气频率，按相关规定取值。

采用纵向式通风的隧道，换气需风量应按式（8-12）和式（8-13）计算，并取其大者作为隧道空间不间断换气的需风量：

$$Q_{req(ac)} = v_{ac} \cdot A_r \qquad (8-13)$$

式中：v_{ac}——隧道换气风速，不应低于 1.5m/s。

8.4.5　火灾工况排烟需风量

火灾工况车速宜按 0km/h 考虑。单向通行隧道宜按独立排烟区末端位置发生火灾考虑；双向通行隧道宜按洞内中点发生火灾考虑。隧道交通量由洞内滞留的车辆数与后续进入洞内的车辆数之和确定，后续进入洞内的车辆数，单向通行隧道宜按 5min 计算，双向通行隧道宜按 10min 计算。对于长度小于 1000m 的隧道且交通量较小时，考虑到车辆可迅速驶离隧道，一般可不考虑火灾工况。

火灾工况需风量按单、双向交通隧道纵向通风系统设计，纵向排烟风速应分别满足表 8-14 和表 8-15 的要求。火灾临界风速计算公式参见式（8-28），横向、半横向通风系统隧道在火灾时，均应转换为排风式半横向系统进行通风。对于单向交通隧道，沿隧道纵向排烟风速不宜大于 2m/s。

单向交通隧道纵向排烟风速　　　　　　　　　　　　　　　　表 8-14

防灾救援阶段	人员疏散阶段	灭火救援阶段
排烟风速	≤2m/s	不低于火灾临界风速

双向交通隧道纵向排烟风速　　　　　　　　　　　　　　　　表 8-15

防灾救援阶段	人员疏散阶段	灭火救援阶段
排烟风速	≤0.5m/s	不低于火灾临界风速

火灾通风的需风量计算应按式(8-14)计算：

$$Q_{req(f)} = A_r \cdot v_c$$ (8-14)

式中：$Q_{req(f)}$——隧道火灾排烟需风量(m^3/s)；

　　　A_r——隧道净空断面积(m^2)；

　　　v_c——隧道火灾临界风速(m/s)。

8.5 通风计算

8.5.1 一般规定

公路隧道通风设计应根据工程可行性研究、初步设计和施工图设计等阶段的要求进行相应的计算。通风系统中，风机及交通通风力提供的风量和风压应满足需风量和克服通风阻力的要求。

公路隧道通风计算可把空气视为不可压缩流体；隧道内的空气流可视为不随时间变化的恒定流，且汽车行驶也可视为恒定流。在标准大气压状态下，空气物理量可按表 8-16 取值。其他状态下的空气密度 ρ 可按式(8-15)计算：

$$\rho = \rho_0 \times e^{-\frac{h}{29.28T}}$$ (8-15)

式中：ρ——通风计算点的空气密度(kg/m^3)；

　　　ρ_0——标准大气压状态下的空气密度(kg/m^3)；

　　　T——通风计算点的夏季气温(K)；

　　　h——通风计算点的海拔(m)。

空 气 物 理 量　　　　　　　　　　　　　　　　　　表 8-16

指　标	取　值	指　标	取　值
重度 γ(N/m^3)	11.77	运动黏滞系数 ν(m^2/s)	1.57×10^{-5}
密度 ρ_0(kg/m^3)	1.20		

沿程阻力系数及局部阻力系数应根据隧道或风道的断面当量直径和壁面粗糙度以及风道结构形状等取值。当为混凝土壁面时，常用阻力系数可按表 8-17 取值；其他材料、弯道以及变断面阻力系数可查阅相关的规范和资料取值。

常 用 阻 力 系 数 表　　　　　　　　　　　　　　　表 8-17

阻 力 系 数	取　　值
隧道沿程阻力系数 λ_r	0.02
主风道(含竖井)沿程阻力系数 λ_b、λ_e	0.022
连接风道沿程阻力系数 λ_d	0.025
隧道入口局部阻力系数 ξ_e	0.5
隧道出口局部阻力系数 ξ_{ex}	1.0

8.5.2 隧道自然通风力

实际隧道中，时间和自然风风速风向的变化会使得自然通风力的大小及方向经常发生变动。因此,从安全角度考虑,通风计算中通常视自然风风向与交通方向逆向,即作为阻力考虑,有时也可按 $\Delta p_m = 0$ 考虑。但当确定自然风作用引起的洞内风速常年与隧道通风方向一致时,宜作为隧道通风动力考虑。

关于自然风引起的洞内风速 v_n,不是指洞外大气自然风速,而是指在自然风作用下产生的洞内风速,其大小可在隧道贯通后进行实测,但在设计阶段很难掌握,目前基本上是凭经验确定。因此,自然风作用引起的洞内风速宜根据气象调查资料、隧道长度、纵坡等确定;当未取得相关调查结果时,可取 $2.0 \sim 3.0 \text{m/s}$。

自然通风力应按式(8-16)计算。当自然通风力作隧道通风阻力时,式(8-16)应取"+";当自然通风力作隧道通风动力时,式(8-16)应取"-"。

$$\Delta p_m = \pm \left(1 + \zeta_e + \lambda_r \cdot \frac{L}{D_r} \right) \cdot \frac{\rho}{2} \cdot v_n^2 \qquad (8\text{-}16)$$

式中:Δp_m——隧道内自然通风力(N/m^2);

$\quad v_n$——自然风作用引起的洞内风速(m/s);

$\quad \zeta_e$——隧道入口局部阻力系数;

$\quad \lambda_r$——隧道沿程阻力系数;

$\quad D_r$——隧道断面当量直径(m)。

D_r 可按式(8-17)进行计算:

$$D_r = \frac{4 \cdot A_r}{C_r} \qquad (8\text{-}17)$$

式中:A_r——隧道净空断面积(m^2);

$\quad C_r$——隧道断面周长(m)。

8.5.3　隧道交通通风力

交通通风力与工况车速相关,不同工况车速形成的交通通风力不同。为了避免出现通风能力不足或过剩的问题,应按设计速度以下各工况车速分别计算交通通风力。

双向交通时,无法完全利用汽车产生的活塞风,为了避免发生通风能力不足的问题,交通通风力一般作为阻力考虑。因此,单洞双向交通隧道交通通风力可按式(8-18)计算:

$$\Delta p_t = \frac{A_m}{A_r} \cdot \frac{\rho}{2} \cdot n_+ \cdot (v_{t(+)} - v_r)^2 - \frac{A_m}{A_r} \cdot \frac{\rho}{2} \cdot n_- \cdot (v_{t(-)} + v_r)^2 \qquad (8\text{-}18)$$

式中:Δp_t——交通通风力(N/m^2);

$\quad n_+$——隧道内与 v_r 同向的车辆数(辆),$n_+ = \dfrac{N_+ \cdot L}{3600 \cdot v_{t(+)}}$;

$\quad n_-$——隧道内与 v_r 反向的车辆数(辆),$n_- = \dfrac{N_- \cdot L}{3600 \cdot v_{t(-)}}$;

$\quad N_+$——隧道内与 v_r 同向的设计高峰小时交通量(veh/h);

$\quad N_-$——隧道内与 v_r 反向的设计高峰小时交通量(veh/h);

$\quad v_r$——隧道设计风速(m/s),根据设计风量 Q_r 计算得到的空气在隧道内沿隧道轴向流

$\qquad$ 动的速度,正向为设计通风方向,$v_r = \dfrac{Q_r}{A_r}$;

$\quad v_{t(+)}$——与 v_r 同向的各工况车速(m/s);

$v_{t(-)}$——与v_r反向的各工况车速(m/s);

Q_r——隧道设计风量(m^3/s);

A_m——汽车等效阻抗面积(m^2)。

单向交通时,交通通风力宜作为动力考虑,但是当工况车速小于设计风速时,车辆成为洞内气流的局部阻力,如交通堵塞或慢速行驶,交通通风力应作为阻力考虑,否则会产生通风能力不足的问题。因此,单向交通隧道交通通风力可按式(8-19)计算。当$v_t > v_r$时,Δp_t取"+";当$v_t < v_r$时,Δp_t取"-"。

$$\Delta p_t = \pm \frac{A_m}{A_r} \cdot \frac{\rho}{2} \cdot n_c \cdot (v_t - v_r)^2 \tag{8-19}$$

式中:n_c——隧道内车辆数(辆),$n_c = \dfrac{N \cdot L}{3600 \cdot v_t}$;

v_t——各工况车速(m/s),是指设计速度以下按10km/h为一档划分的车速。

汽车等效阻抗面积可按式(8-20)计算:

$$A_m = (1 - r_1) \cdot A_{cs} \cdot \zeta_{c1} + r_1 \cdot A_{cl} \cdot \zeta_{c2} \tag{8-20}$$

式中:A_{cs}——小型车正面投影面积(m^2),可取$2.13m^2$;

A_{cl}——大型车正面投影面积(m^2),可取$5.37m^2$;

r_1——大型车比例;

ζ_{c1}、ζ_{c2}——隧道内小型车或大型车的空气阻力系数。

$\zeta_{ci}(i=1,2)$按式(8-21)计算:

$$\zeta_{ci} = 0.0768 x_i + 0.35 \tag{8-21}$$

式中:x_i——第i种车型在隧道行车空间的占积率(%)。

8.5.4 隧道通风阻力

隧道内通风阻力可按式(8-22)~式(8-24)计算:

$$\Delta p_r = \Delta p_\lambda + \sum \Delta p_{\zeta_i} \tag{8-22}$$

$$\Delta p_\lambda = \left(\lambda_r \cdot \frac{L}{D_r} \right) \cdot \frac{\rho}{2} \tag{8-23}$$

$$\sum \Delta p_{\zeta_i} = \zeta_i \cdot \frac{\rho}{2} \cdot v_r^2 \tag{8-24}$$

式中:Δp_r——隧道内通风阻力(N/m^2);

Δp_λ——隧道内沿程摩擦阻力(N/m^2);

$\sum \Delta p_{\zeta_i}$——隧道内局部阻力(N/m^2);

ζ_i——隧道内局部阻力系数。

8.5.5 全射流纵向通风计算

1)所需风压计算

全射流纵向通风模式如图8-9所示。

隧道内风机启动后经过一段时间,洞内风流基本稳定,根据伯诺里方程,可得:

$$\sum \Delta p_j + \Delta p_t = \Delta p_r + \Delta p_m \tag{8-25}$$

式中:$\sum \Delta p_j$——射流风机群总升压力(N/m^2)。

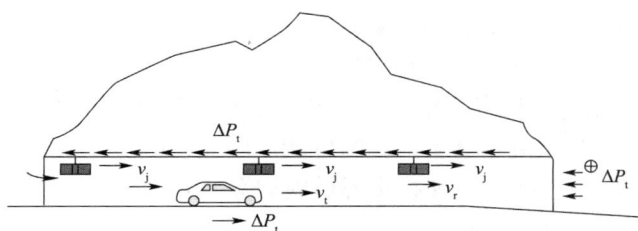

图 8-9　全射流纵向通风模式

2）所需射流风机台数计算

隧道内每台射流风机升压力应按式(8-26)计算：

$$\Delta p_j = \rho \cdot v_j^2 \cdot \frac{A_j}{A_r} \cdot \left(1 - \frac{v_r}{v_j}\right) \cdot \eta \tag{8-26}$$

式中：Δp_j——每台射流风机的升压力(N/m²)；

　　　v_j——射流风机的出口速度(m/s)；

　　　A_j——射流风机的出口面积，(m²)；

　　　η——射流风机位置摩阻损失折减系数，当隧道同一断面布置 1 台射流风机时，可按表 8-18 取值；当隧道同一断面布置 2 台及 2 台以上射流风机时，射流风机位置磨阻折减系数 η 可取 0.7。

单台射流风机位置摩阻损失折减系数 η　　　　　　　　　　　　　表 8-18

Z/D_j	1.5	1.0	0.7	
η	0.91	0.87	0.85	

注：D_j 表示射流风机的内径。

在满足隧道设计风速 v_r 的条件下，射流风机台数可按式(8-27)计算：

$$i = \frac{\Delta p_r + \Delta p_m - \Delta p_t}{\Delta p_j} \tag{8-27}$$

式中：i——所需射流风机的台数(台)。

从设备检修、防火灾等方面考虑，隧道内设置的射流风机需要考虑一定的备用量。备用射流风机宜采用同型号风机成组备用。计算所需射流风机台数为 1~6 组时，可备用 1 组；计算所需射流风机台数大于 6 组时，可考虑所需台数 15% 的备用量。

限于篇幅，集中送入式、通风井排出式纵向通风、送排式纵向通风、半横向通风以及横向通风的通风计算本书不再介绍，请读者参考相关资料自行学习。

8.6　隧道火灾救援通风

隧道和地铁建筑结构复杂，环境相对封闭，在封闭空间中热量不易消散。由于交通事故或车辆起火，酿成隧道火灾并造成伤亡的例子国内外均有很多。如 1977 年 3 月，我国上海打浦路隧道发生火灾，一辆满载乘客的客车燃烧，造成多人伤亡；1999 年 3 月，勃朗峰隧道发生火灾，死亡 41 人，毁车 43 辆；1999 年 5 月，陶恩隧道发生火灾，死亡 13 人，毁车 34 辆；2001 年 10 月，圣哥达隧道发生火灾，40 辆车困在洞内，人员逃往相距 40m 的平导避难。随着我国公路建设的发展,长隧道及特长隧道不断增多,隧道内一旦发生火灾,往往造成灾难性事故,损失惨重。对于通行载重汽车或油罐槽车等的公路隧道和通行油槽列车的铁路隧道,发生火灾时温度高达 1000℃ 以上,火灾扑救相当困难,往往会造成重大的人员伤亡和财产损失。对于水底隧道,还有因结构破坏而导致隧道修复困难的可能。因此,隧道发生火灾时,隧道通风系统如何有效地控制火灾烟雾的范围,并迅速排出隧道内烟雾是隧道通风设计必不可少的内容。

8.6.1 隧道火灾的特点及其通风设计

1)隧道火灾的特点

(1)隧道火灾具有多样性和不确定性。由于隧道长度、断面、纵坡、平曲面半径、交通量、车型、车载可燃物等影响火灾发生、蔓延的因素具有不确定性,决定了隧道火灾及其发展蔓延规律和烟气流动规律具有多样性和不确定性。隧道越长、交通量越大,火灾发生的概率越大。隧道火灾荷载主要取决于车载可燃物类型及其数量、车内装修等。不同类型车辆的火灾荷载见表 8-19。

隧道内不同类型汽车发生火灾时的火灾荷载 表 8-19

车 辆 类 型	最高温度(℃)	最大热释放速率(MW)	等效汽油坑(m³)
小汽车	400 ~ 500	3 ~ 5	2
载重车辆/公共汽车	700 ~ 800	15 ~ 20	8
油罐车	1000 ~ 1200	50 ~ 100	30 ~ 100

(2)隧道呈狭长形,隧道越长,越近似于封闭空间。火灾发生后,隧道内烟雾大、能见度低、散热慢、温度较高,起火点附近未进行防火保护的隧道承重结构体混凝土容易发生崩落。

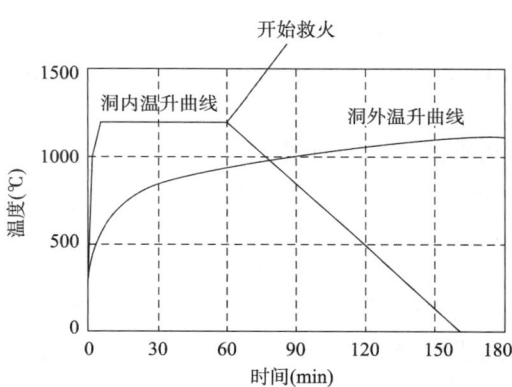

图 8-10 着火后的温升曲线

隧道内着火后其温升曲线如图 8-10 所示,起火 10s 后火灾已充分发展,2 ~ 10min 后顶板升温到 1200℃,在开始灭火后温度直线下降;而洞外露天火灾的火场温度则是慢慢上升的,这主要是因为隧道内散热条件比洞外差,所以隧道内升温快。

(3)隧道火灾会发生跳跃性蔓延。由于隧道内空气不足,发生火灾后可燃物不完全燃烧,产生的 CO 等不完全燃烧产物随高温烟气流动,并将热量传递到周围空间。当新的可燃物获得足够的点火能量时,即会引发新的燃烧。从火灾实例看,会出现火灾从一辆车跳跃到另一辆车的跳跃式蔓延。试验中观察到最远的引燃点可距起火点 50 倍洞径。

(4)隧道火灾发生后,安全疏散困难,容易造成交通拥堵和出现二次灾害。双向交通隧道、单向单车道隧道、车流量大或处于交通高峰期的隧道发生火灾时,由于隧道内能见度低,疏散通道有限,加之驾驶人员对烟火的恐惧,容易出现慌不择路而造成交通阻塞或出现新的交通事故,从而严重影响车辆疏散;隧道越长,车辆疏散所需的时间越长,发生二次灾害的概率越大。

(5)灭火救援难度较大。由于隧道多远离城市,缺乏可靠的水源,且隧道内灭火条件有限,因此隧道火灾延续时间和火灾扑救的成功率通常取决于隧道消防设施设置的合理性和使用效率,以及隧道管理单位的管理效率和自救应急能力。在双向交通隧道、特长隧道内,容易发生灭火救援路线与疏散路线、烟气流动路线的交叉,加之救援面和救援途径有限,火灾扑救难度较大。

(6)火灾损失的不可预见性。隧道火灾损失因隧道火灾荷载和交通状况等因素的随机性和不确定性而具有不可预见性。隧道火灾可能只造成一辆车的损失,也可能成为群死群伤、车损洞毁、交通中断的特大恶性火灾,造成巨大的经济损失和恶劣的社会影响。表8-20列举了国内外发生的7起特大隧道火灾及其损失情况。

国内外发生的7起特大隧道火灾情况表 表8-20

隧 道 名 称	火灾发生地	人员死亡情况(人)	经 济 损 失	交通中断时间
猫狸岭隧道	中国	无	重大经济损失	18d
勃朗峰隧道	法国	41	毁车43辆	18个月以上
陶恩隧道	奥地利	13	毁车34辆	3个月
圣哥达隧道	瑞士	11	毁车约100辆	2个月
Velser 隧道	荷兰	5	毁车6辆、30m隧道严重损坏	—
Nihonzaka 隧道	日本	7	毁车173辆、1100m隧道严重损坏	—
Caldecott 隧道	美国	7	毁车7辆、580m隧道严重破坏	—

(7)由于隧道火灾多半是缺氧燃烧,易产生高毒性CO。曾观测到火灾发生时洞内CO浓度达7%(0.2%浓度的CO几分钟即可致人死亡)。洞内火灾产生的热烟,首先集中在隧道顶部,而很长一段隧道的下部仍是新鲜空气。当洞内有较大的纵向风流时,才会使隧道全断面弥漫烟气,使人迷失方向并可能中毒死亡。

(8)隧道内火场引起的局部热气流可逆风移动。当洞内纵向风速小时,热气流甚至可以达到上风方向洞口,从而使消防人员难以从上风方向到达火场救火。

2)隧道火灾频率

关于隧道火灾的频率,不同的资料说法不同。经综合研究,认为火灾频率取为2.7次/亿km较为合适,其对应的火灾周期见表8-21。由此可见,在交通量不算小的情况下,1000m长的隧道每4~7年有一次火灾,2000m长的隧道每2~3年有一次火灾。目前,国内外隧道消防设计通常是按火灾每次只发生在一处来考虑的。我国《公路隧道通风设计细则》(JTG/T D70/2-02—2014)规定,长度 $L > 1000m$ 的高速公路和一级公路隧道、长度 $L > 2000m$ 的二级、三级、四级公路隧道应设置火灾机械防烟与排烟系统,并且公路隧道火灾排烟宜按全线同一时间内发生一次火灾考虑。

频率为2次/亿公里时的火灾周期 表8-21

隧道长度 (m)	交通量(混合车)	
	20000 辆/d	30000 辆/d
	隧道长度(m)	
1000	6.8 年	4.6 年
2000	3.4 年	2.3 年

3)隧道火灾通风设计

(1)通风系统的选择和布置。

隧道通风设计应将防灾通风设施与日常运营通风进行统筹规划。日常运营通风与防灾通风设施有兼用或分别设置等情况。通风系统布置时应尽可能将日常运营风机兼作防灾风机,以达到降低通风系统装机功率的目的,并保证防灾风机有效、可靠地运转。当隧道日常运营采用纵向通风,但由于排烟长度等原因不满足防灾排烟要求时,也可设置独立的排烟系统,以兼顾运营的经济性和防灾的安全性。

隧道通风设计中应分别明确日常运营工况与火灾工况的风机数量和位置。

隧道火灾条件下的通风设计一般都与隧道运营通风系统通盘考虑。仅从控制火灾规模和排烟疏散角度来看,横向通风系统最为有利,其次是半横向通风系统,而纵向通风系统则较为不利。但是,从隧道建设投资和运营维护费用角度考虑,纵向通风系统费用最低,横向通风系统费用最高。因此,在考虑火灾条件下的通风系统选择与布置时,应针对所设计隧道的长度、车流量、重要性等因素进行综合比选,合理布置。

隧道采用纵向通风系统时,为了防止隧道中的烟雾扩散到人行(或车行)横通道及相邻隧道,同时为有利于人员疏散,往往需要在人行(或车行)横通道设置机械正压送风系统。一般可利用射流风机向起火隧道送风,在起火隧道通往横洞的入口处形成正压,其余压力值不应小于50Pa。

半横向通风系统可分为送风半横向通风系统和排风半横向通风系统。在隧道火灾情况下,排风半横向通风系统更有利于排出烟雾和控制火势。

(2)通风设计的火灾规模。

对于公路隧道,一般认为火灾规模可分为以下3种:

小型火灾——一辆轻型货车着火(60L汽油);

中型火灾——一辆货车着火(150L汽油);

大型火灾——两辆货车相撞着火(300L汽油)。

公路隧道相应于上述火灾规模的火灾最大热释放率可按表8-22取值。

隧道火灾最大热释放率(单位:MW)　　　　　　　　　　　表8-22

通行方式	隧道长度	公路等级		
		高速公路	一级公路	二级、三级、四级公路
单向交通	$L > 5000m$	30	30	—
	$1000m < L \leqslant 5000m$	20	20	—
双向交通	$L > 4000m$	—	—	20
	$2000m < L \leqslant 4000m$	—	—	20

注:运煤专用通道、客车专用通道等特殊隧道火灾最大热释放率取值宜根据实际条件具体确定。

隧道火灾的消防通风应针对中型火灾(20MW),主要原因是如针对大型火灾设置隧道消防设备,必然导致隧道造价高,但是大型火灾的发生频率却较低,而且我们还可以采取一些措施降低发生大型火灾的概率。例如,油罐车通过隧道必须有引导,双向行驶的公路隧道必须限速并加大车辆间距。

(3)隧道火灾临界风速。

火灾临界风速是使火灾烟气不发生倒流的控制风速。当发生火灾时,由于着火点源源不断产生烟气,隧道顶部热烟气体积迅速增大,向隧道区间两侧扩散,同时冷空气气流从隧道下部向着火点进行补充,火源两侧有对称的循环风流。采用纵向排烟的公路隧道,火灾临界风速可按表8-23取值。有特殊规定的隧道,其火灾临界风速应符合有关规定。当隧道是以油罐车等易燃易爆危险品运输为主,而且交通得不到有效管制时,其火灾临界风速宜采用两辆油罐车燃烧时的空气流动速度。

热释放率(MW)	20	30	50
火灾临界风速 v_c(m/s)	2.0~3.0	3.0~4.0	4.0~5.0

由于火灾在隧道顶部产生热气流的临界风速与火灾规模有关,设热空气温度为 T_1(K),隧道净高为 H(m),则临界风速可以按式(8-28)求解:

$$\begin{cases} v_c = K_g K \left(\dfrac{gHQ}{\rho\, C_p A\, T_f} \right)^{\frac{1}{3}} \\[2mm] T_f = \dfrac{Q}{\rho\, C_p A\, v_c} + T_0 \end{cases} \tag{8-28}$$

式中:Q——火灾热释放率(W);

    ρ——空气密度,$\rho = 1.2 \text{kg/m}^3$;

    C_p——空气比热,$C_p = 4238 \text{J/(kg·K)}$;

    A——隧道面积(m^2);

    T_0——环境温度(K);

    K——系数,$K = 0.61$;

    K_g——坡度系数,$K_g = 1 + 0.037\, i^{0.8}$,其中 i 为坡度;

    g——重力加速度,$g = 9.81 \text{m/s}^2$。

(4)隧道火灾排烟风机的选择。

隧道排烟风机的选择应满足以下要求。

①当隧道发生火灾时,轴流风机应能在环境温度为 2500℃ 的情况下可靠运转 60min 以上,恢复到常温后,轴流风机不需大修即可投入正常运转。对于直接暴露在火灾现场的风机,其电动机和所有与高温烟气接触的相关部件、附属设备及外接配电线路应能满足在 2500℃ 的烟气中正常工作不少于 60min 的要求。同时,直接暴露在火灾现场的风机还应考虑其在火灾工况下的损耗。

②对于运营通风与火灾排烟合用风机,要求风机在 60s 内从静止状态转换到火灾不同阶段排烟系统所要求的运行工作状态。

③对于可逆式风机,要求能在 90s 内完成全速反向旋转。

④排烟风机的叶片应采用在高温状态下不会降低功效和发生严重变形的金属材料,叶片上宜添加磨损条或增加叶片间的距离。

⑤排烟风机中使用的消音器隔板中使用的吸音材料应为不燃烧、无毒材料,且能在 2500℃ 的烟气中保持稳定。

⑥当隧道采用射流风机纵向排烟时,风机的设置应符合下列规定:

a.风机的运行数量、排烟风速应根据《公路隧道通风细则》(JTG/T D70/2-02—2014)规定的不同阶段的烟气流动速度及隧道的自然风速、自然风阻力、交通通风力和通风阻抗力等经计算确定。

b.不易发生严重交通阻塞且自然风速变化不大、平均风速不大于 1m/s 的单向交通隧道应采用单向风机;其他隧道应采用逆转风量大于正转风量的 95% 的可逆式风机。

c.风机不应集中布置,应根据隧道长度、排烟和配电等要求,分散设置在隧道内的恰当位置。

8.6.2　隧道火灾通风

1）火灾通风原则

隧道内一旦发生火灾,则正常通风应立即改变为火灾事故通风,此时的通风应达到的目的是:

(1)通风必须有利于人员避难。风速的大小应尽量减少传递到人体上的热负荷,还要避免因纵向风流的湍流和涡流而使洞内烟雾弥漫,最大限度为人员避难创造条件。

(2)通风应避免和尽量减少火场高温气体的扩散,防止炽热气流引燃火场以外的车辆而使火情扩大。

(3)通风应有利于消防队员救火,使消防队员能从上风方向接近火场,开展灭火工作。

(4)当人员通过人行横通道进入另一个平行隧道或避难平导时,火灾事故通风应能防止着火隧道的烟气进入人行横通道以及相邻隧道(或避难平导)。

2）火灾通风方式及风速要求

采用横向通风系统的隧道发生火灾时,应减少起火点前后新风的送风量,以免火势越来越大;同时将排风机切换为排烟工作模式,通过排风机控制烟雾流向,将烟雾迅速排出隧道。采用半横向通风系统的隧道发生火灾时,如果为排风半横向通风系统,在人员疏散阶段应减少纵向送风,只需将通风系统切换到火灾排烟模式即可有效地控制火灾和烟雾;如果为送风半横向通风系统,则火灾发生后送风机应逆转而成为排出式。

采用纵向通风系统的隧道,一旦发生火灾,隧道内的烟雾将会随着纵向风流迅速蔓延扩散,而目前已经投入运营和在建的绝大部分公路隧道都是采用纵向通风系统,故此处主要讨论采用纵向通风系统的隧道的火灾事故通风问题。

对于公路隧道来说,我国的高速公路及一级公路隧道多为双洞单向行车,低等级公路隧道则为单洞双向行车。火灾事故通风应分为两个阶段:人员疏散阶段和灭火救援阶段。行车方式不同,通风的阶段不同,对通风的要求也会不同。

(1)双洞单向行车的隧道。

①人员疏散阶段(图8-11)。

由于是单向行车,洞内发生火灾后前方车辆可以向前继续行驶撤出洞外,少量破损车辆上的人员可下车向后方(即通风的上风方向)撤离。但若火场不能通过,则只有向前方逃生,通过最近的横通道撤向相邻隧道。火场后方车辆及人员应尽可能通过横通道撤离。两洞的风机均应由正常通风模式转为火灾事故通风模式。

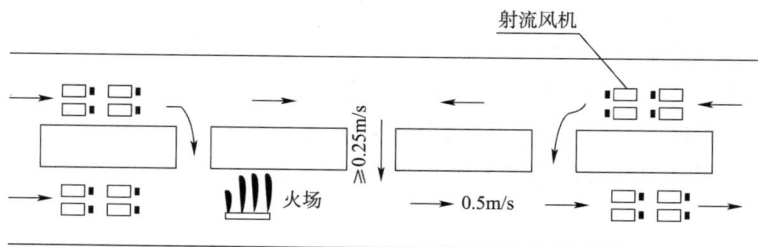

图8-11　双洞火灾事故通风方式(人员疏散阶段)

对于火灾隧道,进出口风机均向出口方向吹风,使隧道内形成纵向风流,风机开启台数应以要求风速控制。

由于洞内人员较少,疏散阶段通风的主要目的是防止火灾扩大,兼顾少量火场前方人员避难。另外,起火点附近的风机应停止工作,纵向排烟速度不应大于 0.5m/s。

对于相邻隧道,进出口射流风机均应向洞内吹风(即出口方向的射流风机逆向运转),使洞内形成正压,要求在所有开放的横通道中形成吹向火灾隧道的新鲜风流,以免火灾隧道的烟气窜入。此时风速必须保证能在巷道中形成稳定的紊流,可取为 0.25m/s(当隧道较长、横通道较多、中部的横通道风速小于规定值时,可在该横通道中加设射流风机)。

②灭火救援阶段(图 8-12)。

当火场下风方向的人员和车辆全部撤离之后(除损坏不能行驶者外),关闭所有通道门,通风应进入灭火救援阶段。

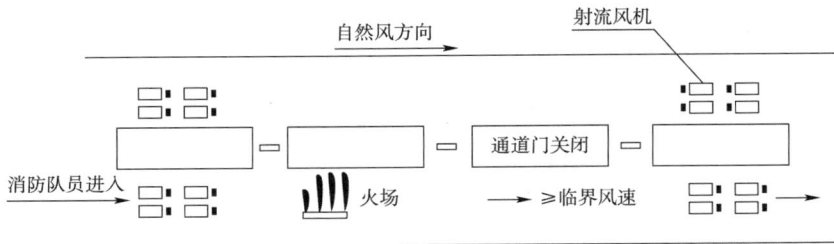

图 8-12　双洞火灾事故通风方式(灭火救援阶段)

对于火灾隧道,开动所有射流风机向隧道出口吹风,使洞内纵向风速在临界风速以上,消防队员从上风方向到达火场救灾。

对于相邻隧道,此时该隧道已改为双向行车,原按单向行车而布置的风机台数已不满足需求,此时一方面应进行交通管制,控制交通量和车速;另一方面应开动全部风机,吹风方向应与自然风方向一致。

(2)双洞双向行车的隧道。

有的长隧道由于近期交通量小或建设资金困难,开始时只修建单洞,如二郎山公路隧道、鹧鸪山公路隧道,考虑火灾避难均设置了与主洞等长的平行导洞(避难隧道)。对于单洞长隧道,其火灾事故通风方式如下。

①人员疏散阶段(图 8-13)。

火灾发生后洞内大量车辆受阻,有众多人员需撤离,此时的通风应以保证人员安全撤离为主要目的。主洞内进出口段的风机均应开动,并分别向最近洞口吹风,从而在主洞内形成负压,新鲜空气由平导经横通道流向主洞。这样的通风方式可保证人员、车辆向平导转移时始终有新鲜风迎面吹来,而隧道里的烟气不会窜入横通道及平导。如靠近隧道中部的横通道风速太小,可在这些横通道拱部设置射流风机。

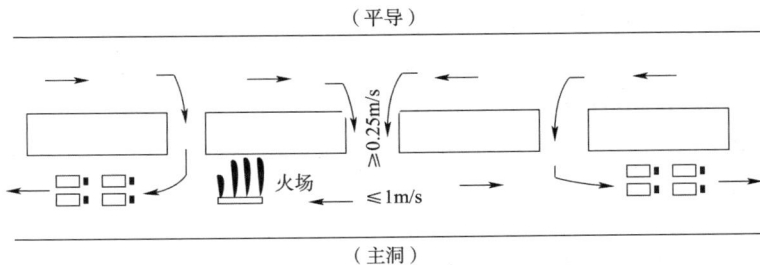

图 8-13　单洞火灾事故通风方式(人员疏散阶段)

风速要求:主洞风速小于1.0m/s,此风速对撤出人员较为有利,又使产生的CO气体不致过多。本阶段火场前后均有大量人员和车辆,风速过大对防止火灾扩大不利,故应采用较小风速(1.0m/s)。连接救援平导的横通道内风吹响主洞(风速控制在0.25m/s左右),应使其所产生风压略大于主洞蔓延入横洞烟雾的风压,这样就在横洞中形成空气帷幕,从而阻止主洞烟雾通过横洞蔓延到平导,还可以对疏散撤离人员起到方向诱导作用,引导疏散撤离人员循着新鲜风的方向进入救援平导。

②灭火救援阶段(图8-14)。

在洞内人员全部撤离后,关闭所有通道门,进出口主洞风机开动,以不小于临界风速的风速向火场较远洞口吹风,消防队员从距火场较近洞口由上风方向进洞实施灭火。

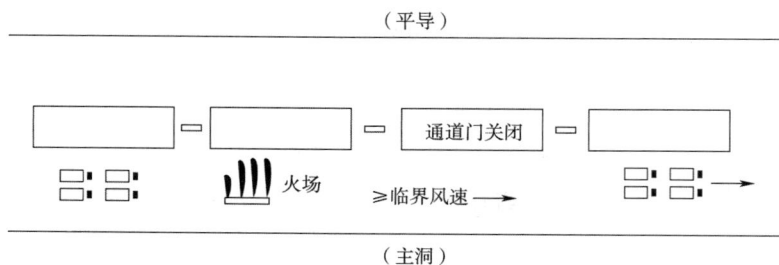

图8-14 单洞火灾事故通风方式(灭火救援阶段)

8.7 风机选型与布置

风机是把机械能转变为空气压能的一种装置,它是实现隧道机械通风的关键设备。在公路隧道上应用广泛的是射流风机和轴流风机。

8.7.1 射流风机

1)射流风机的选型

①射流风机应选用具有消声装置的公路隧道专用风机。

②射流风机应结合不同类型射流风机的直径、单台射流风机的电机配置功率、隧道总装机功率、长期运营费用等进行选型。

③单向交通隧道宜选择单向风机,双向交通隧道应选择双向风机,同一隧道的风机型号宜相同。

④双向可逆射流风机反转时的风量和推力不宜低于正转的98%;反向运行的单向射流风机,其反向风量宜为正向风量的50%~70%。

⑤当隧道内发生火灾时,在环境温度为250℃情况下,射流风机应能正常可靠运转60min。

⑥在野外距风机出口10m且成45°夹角处测量射流风机的声级应小于77dB(A)。

⑦射流风机电机防护等级不应低于IP55,绝缘等级不应低于F级。

⑧额定工作条件下,风机整体设计使用寿命不应低于20年,第一次大修前的安全运转时间不应少于18000h。

2)射流风机的布置

(1)射流风机在隧道横断面上的布置应满足下列要求:

①不应侵入隧道建筑限界,射流风机的边沿与隧道建筑限界的净距不宜小于15cm。

②宜采用固定式或悬吊式安装;当采用壁龛式安装时,应注意隧道结构的过渡设计,可在风机进出口设置导流叶片。

③应根据隧道断面形状、断面大小、全隧道射流风机总体布置情况,以及供配电系统实施的合理性,确定同一断面上风机的设置数量。

④当同一断面布置2台及2台以上射流风机时,相邻2台风机的净距不宜小于1倍风机叶轮直径,该断面的各风机型号应完全相同。

（2）射流风机在隧道纵向上的布置应满足下列要求:

①射流风机的设置位置应结合隧道运营通风需求、火灾防烟与排烟、风机供配电系统的合理性等综合考虑。

②口径不大于1000mm的射流风机间距宜小于120m,口径大于1000mm的射流风机间距宜大于150m。

③长度不大于3000m的直线隧道,射流风机可布置在两端洞口段;特长隧道的射流风机宜在两端洞口段、洞内中部等位置不少于3段分布;长度大于2000m的曲线隧道,曲线段宜布置射流风机。

④单向交通隧道采用洞外变电所对洞内射流风机集中供电时,行车进口段第一组风机与洞口的距离宜取100m。

⑤射流风机与其他机电设备不宜相互干扰,风机预埋件宜避开车行横通道、人行横通道、紧急停车带等段落。

⑥隧道曲线段内射流风机的纵向布置距离不宜大于100m。

3）射流风机安装

①风机运转的正向应与隧道通风设计的主要气流方向一致。

②支承风机的结构承载力不应小于风机实际静荷载的15倍,风机安装前应做支承结构的荷载试验。

③风机应安装安全吊链,并保持适当的松弛度;当安全吊链受力时,应能够承担射流风机及其安装支架的静荷载。

④风机的安装连接件应选用钢构件,其表面应做防腐处理;滨海附近的隧道或洞内污染腐蚀严重的隧道,宜做好防盐雾腐蚀等处理。

⑤风机的安装连接件与风机支承结构预埋件之间可采用焊接,也可采用螺栓连接,风机连接件与风机之间或与风机支承结构预埋件之间应考虑减振措施。

⑥风机轴线应与隧道轴线平行,误差不宜大于5mm。

4）射流风机运行

射流风机宜成组启动;当一次需要运行多组射流风机时,为避免多组风机同时启动电流太大造成对隧道供电设备的冲击,应采用延时方式启动。为保证各组射流风机均衡运行,在日常通风时,应优先启动累计运行时间最短的机组。

8.7.2 轴流风机

轴流风机一般由叶轮、机壳、集流器、流线罩、叶片、扩散器、软连接、风阀等组成,有的也可增加导流器。轴流风机的构造形式有卧式和立式,国外两种形式均有采用,目前我国多采用卧式风机。轴流风机的技术参数包括风量、全压、全压效率、电机功率、转速、电压等级、噪声、直径、质量限制等。

1)轴流风机的选型

(1)应根据设计要求确定风机特性,并应根据不同设置场所和环境条件选择轴流风机。

(2)宜选用大风量、低风压、静叶可调的轴流风机;应结合隧道设计风量、风压、功率及效率选择风机型号。

(3)在通风系统土建工程施工完毕、轴流风机安装之前,应结合土建施工情况、轴流风机性能,根据通风系统摩擦阻力和风机全压效率等对轴流风机参数进行验算。

(4)火灾排烟轴流风机的绝缘等级不应低于 F 级,其他轴流风机的绝缘等级不应低于 H级;轴流风机的防护等级不应低于 IP54。

轴流风机的全压输出功率可按下式计算:

$$S_{\text{th}} = \frac{Q_{\text{a}} \cdot p_{\text{tot}}}{1000} \times \left(\frac{273 + t_0}{273 + t_1}\right) \times \frac{p_1}{p_0} \tag{8-29}$$

式中:S_{th}——轴流风机的全压输出功率,即理论功率(kW);

Q_{a}——轴流风机的风量(m³/s);

p_{tot}——轴流风机的设计全压(N/m²);

t_1——风机环境温度(℃);

t_0——标准温度(℃),取20℃;

p_1——风机环境大气压(N/m²);

p_0——标准大气压(N/m²)。

轴流风机的全压输入功率可按下式计算:

$$S_{\text{kw}} = \frac{S_{\text{th}}}{\eta_{\text{f}}} \tag{8-30}$$

式中:S_{kw}——轴流风机的全压输入功率,即轴功率(kW);

η_{f}——风机的全压效率,可取80%。

轴流风机所需配用的电机输入功率可按下式计算:

$$M_1 = \frac{S_{\text{kw}}}{\eta_{\text{m}}} \times k_1 \tag{8-31}$$

式中:M_1——电机输入功率(kW);

η_{m}——电机效率(%),可取90% ~95%;

k_1——电机容量安全系数,可取1.05 ~1.10。

根据环保和使用环境要求,宜在风机的两端或一端配置主动式消声器对轴流风机进行消声;轴流风机的噪声可按下式计算:

$$L_{\text{a}} = L_{\text{sa}} + 10 \cdot \lg(Q_{\text{a}} \cdot p_{\text{tot}}^2) \tag{8-32}$$

2)轴流风机的设置

(1)宜选择卧式安装的轴流风机;设置条件有限、安装场地不足时,可选用立式安装的轴流风机。

(2)轴流风机宜2 ~3 台并联设置;采用4 台并联运行时,应事先根据风机的规格性能参数,进行必要的技术论证。并联运行的各风机型号和性能参数应完全一致。

(3)并联的各轴流风机宜设置防喘振装置。

(4)同一送风系统或排风系统可考虑1 台同型号备用轴流风机。

轴流风机的风量调节宜选用转速控制法和台数控制法相结合的方法,并应充分考虑风机的动力消耗。隧道通风的风量分档应根据交通量随时间的变化确定,宜按有级分档划分。轴流风机的电机应为全封闭风冷式鼠笼型三相异步电机,电机的防护等级不应低于 IP55。风机配备电机的输出功率不应小于风机所需的输入功率,在满足通风系统需求的前提下,实际安装风机所配备电机的输入功率不应大于通风设计阶段确定的风机配备电机输入功率。电机的电压等级应根据供电电压、设置空间、控制装置等设施综合选择并宜采用降压启动方式。

? 思 考 题

1. 简述隧道运营通风设计所需考虑的主要问题。
2. 简述隧道通风方式的分类及其特点。
3. 查阅隧道工程通风方式选择实际案例,理解隧道通风方式选择所需考虑的因素。
4. 简述隧道通风标准及其相关指标。
5. 试举例说明如何进行双洞单向行驶隧道的火灾通风。
6. 简述射流风机的布置要求。
7. 如何进行轴流风机的选型?
8. 已知某公路隧道设计为上下行分离的独立双洞,左洞长 1620m,右洞长 1580m,设计交通量为 3200 辆/h,单向交通,试判断该隧道是否需要做机械式通风。
9. 已知某公路隧道设计为上下行分离的独立双洞,单向三车道,左洞长 2230m,右洞长 2180m,隧道断面积 107.5m²,隧道当量直径为 10.5m;该隧道纵向设计为单面坡,坡度为 2%;设计交通量为 3800 辆/h,交通组成为:汽油车和小型客车各 15%,轻型货车 6%,中型货车 36%;柴油车和中型客车各 12%,大型客车 13%,大型货车 18%。在计算过程中取 CO 基准排放量为 $q_{co} = 0.01$ m³/(辆·km),考虑 CO 的海拔高度修正系数 $f_h = 1.0$,隧道内平均气温取 20℃。试以左洞为例,计算工况车速为 80km/h 时的 CO 排放量。

9 隧道运营照明

9.1 概　述

隧道照明直接影响隧道运营安全与运营节能。隧道照明是保证隧道行车安全的重要环节,隧道照明质量直接影响到行车的安全性和舒适性;隧道照明耗能在隧道运营成本中也占了很大比重,故公路隧道的照明应纳入隧道工程建设总体设计中进行周密考虑。

隧道照明与道路照明的显著不同是昼间也需要照明,而且昼间照明比夜间照明问题更加复杂。驾驶员驾车接近、进入、通过、驶出隧道的过程中,会遇到一系列的视觉问题。

(1)进入隧道前的视觉问题(白天):由于隧道内、外的亮度差别极大,所以从隧道外部看照明不充分的隧道入口时,长隧道会遇到"黑洞现象",短隧道会遇到"黑框现象"。

(2)进入隧道后立即出现的视觉问题(白天):汽车由明亮的外部进入即使不太暗的隧道后,驾驶员的眼睛要经过一段时间才能看清隧道内部的情况,这种现象称为"适应的滞后现象"。这是由于环境亮度急剧变化,人的视觉不能迅速适应所致。

(3)隧道内部的视觉问题(白天、夜间):隧道内部与其他道路不同,区别在于前者车辆排出的废气无法迅速消散而形成了烟雾,烟雾会吸收和散射汽车车头灯和照明灯具发出的光亮,从而使隧道内能见度降低。

(4)隧道出口的视觉问题:白天,汽车穿过较长的隧道而接近出口时,由于出口外部亮度较高,出口看上去是个亮洞,驾驶员的视觉出现较强的眩光,因而视觉上产生不舒服的感觉;夜间与白天正好相反,隧道出口看上去是黑洞而不是亮洞,造成分辨外部道路的线形及障碍物的困难。

消除上述视觉问题的办法是对隧道进行电光照明,难点在于在隧道出入口及其相邻区段需要考虑人的视觉适应过程。

9.2　隧道照明基础

光是研究照明的基础,照明的实质主要是光的控制与分配技术。

9.2.1 光的本质

1）光波及其波长

光的本质是电磁波，可见光的波长范围为 380～780nm。波长和频率跟颜色有关，可见光中紫光频率最大、波长最短，红光则相反。

光通过介质传播，在真空中的传播速度近似为 3.0×10^5 km/s，波长和速度会随介质不同而改变，但频率不变。

光具有波粒二象性，也就是说从微观来看，光是由光子组成的，具有粒子性；从宏观来看，其又表现出波动性。

2）光谱及其分类

光源辐射的光是由许多不同波长单色光组成的，把不同强度的单色光按波长长短依次排列的序图称为光源的光谱图，简称光谱。光谱分为连续光谱和线状或带状光谱两种。连续光谱的光源对物体颜色具有较好的显色性。

3）光谱光视效率曲线

人的视觉光感与光的波长有关，随着波长的改变，不仅颜色感觉不同，而且亮度感觉也不同，视觉的这一特性称为光感的视觉灵敏度。光谱光视效率就是用来评价人眼的视觉灵敏度的。不同波长的光在人眼中产生光感的灵敏度不同，在明视觉条件下，人眼对可见光中波长为 555nm 的黄绿色光最为敏感、感受效率最高，即各种辐射能量相同而波长不同的光，给人的感觉是黄绿光最亮；波长离 555nm 越远（如波长较长的红光和波长较短的紫光），人眼的视觉灵敏度越低，感觉越暗，故称 555nm 为峰值波长，以 λ_m 表示。用来度量由辐射能引起的视觉能力的量称为光谱光视效能，其他任意波长时的光谱光视效能与峰值波长时的光谱光视效能之比称为光谱光视效率，用 $V(\lambda)$ 表示，它随波长而变化，即：

$$V(\lambda) = \frac{K(\lambda)}{K_m} \qquad (9\text{-}1)$$

式中：$K(\lambda)$——给定波长 λ 时的光谱光视效能；

$\quad\quad V(\lambda)$——给定波长 λ 时的光谱光视效率；

$\quad\quad K_m$——峰值波长为 λ_m 时的最大光谱光视效能。

因此，当波长为峰值波长 λ_m 时，$V(\lambda) = 1$；为其他波长时，$V(\lambda) < 1$。在暗视觉条件下，人眼对可见光中的绿色光最为敏感，与明视觉相比，最灵敏处向短波方向偏移。光谱光视效率曲线如图 9-1 所示。

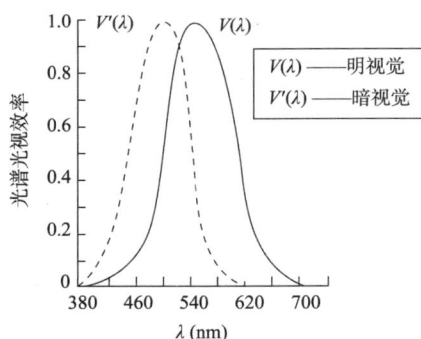

图 9-1　光谱光视效率曲线

9.2.2　光的度量

光的常见度量指标有光通量、发光强度（光强）、照度、亮度、显色性、发光效率和对比感受性等，其中最为重要的指标是光通量、发光强度、照度和亮度，这 4 个指标的关系如图 9-2 所示。

1）光通量

光源在单位时间内向周围空间辐射出的使人眼产生感觉的能量称为光通量，用符号 Φ 表示，单位为流明（lm）。单位电功率下所发出光通量的流明数称为发光效率。在照明工程中，光通量是说明光源发光能力的基本量。

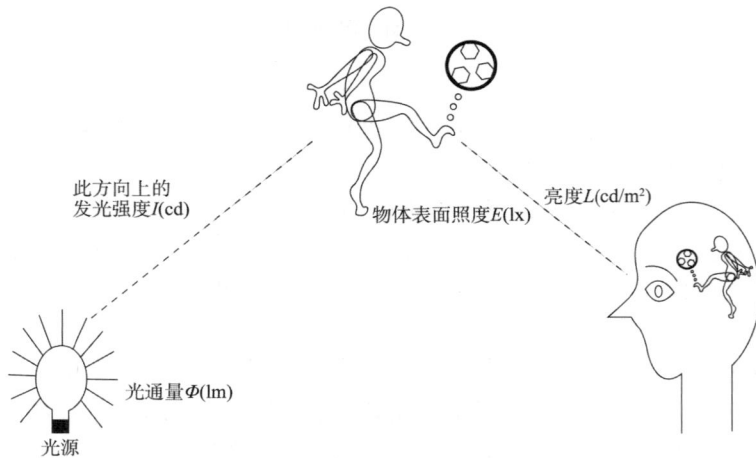

图9-2 光通量、发光强度、照度与亮度之间的关系

2)发光强度(光强)

光源在特定方向上单位立体角 ω 内辐射的光通量称为光源在该方向上的发光强度,简称光强。它用来描述辐射体在不同方向上光通量的分布特征,通常用符号 I 表示,单位为坎德拉(cd)。坎德拉是国际单位制中基本单位之一。

图9-3所示为光强示意图。对于向各方向均匀辐射光通量的光源,各个方向的光强相等,其值为:

$$I = \frac{\mathrm{d}\Phi}{\mathrm{d}\omega} \tag{9-2}$$

式中:I——光强(cd);

Φ——光源辐射的光通量(lm);

ω——立体角,或称为球面角,它等于与之对应的球面面积 S 与球半径 r 的平方的比值,即 $\omega = S/r^2$。

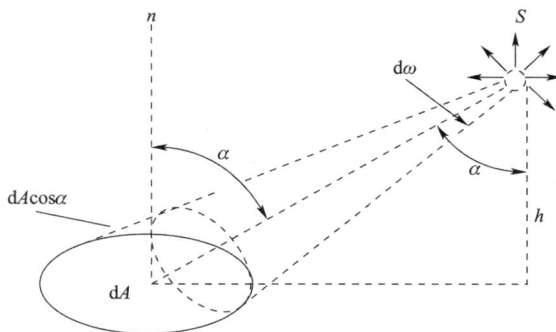

图9-3 光强示意图

3)照度

当光通量投射到物体表面时,可把物体表面照亮。而物体被照亮的程度常用这个物理量来描述,它是指物体每单位面积上接收到的光通量值,符号为 E,单位为勒克斯(lx),其定义为:

$$E = \frac{\mathrm{d}\Phi}{\mathrm{d}S} \tag{9-3}$$

156

式中：E——照度(lx)；

S——受光面积(m^2)；

Φ——光源辐射的光通量(lm)。

照度与光通量入射到表面的方向无关。1lx 相当于 $1m^2$ 被照面上接收到的光通量为 1lm 时的照度,一些实际情况下的照度值见表 9-1。

一些实际情况下的照度值　　　　　　　　　　　　　　　表 9-1

情　　况	照度值(lx)	情　　况	照度值(lx)
夜间在地面上产生的照度	0.0003	晴朗夏日采光良好的室内照度	100～500
满月在地面上产生的照度	0.2	太阳不直接照到的露天地面照度	10^3～10^4
工作场地必需的照度	20～200	正午露天地面照度	10^5

4)亮度

亮度是直接对人眼引起感觉的光量之一,通常把光源在某一方向上的单位投影面在单位立体角中发射的光通量称为光源在某一方向的亮度,用符号 L 表示,单位为尼特(nt)。

亮度与被视物的发光或反光面积及反光程度有关,而且物体在各个方向的亮度不一定相同,因此常在符号 L 的右下角注明角度 θ,用以表示与物体表面法线成 θ 夹角方向的亮度(图 9-4)。

于是,亮度定义为:

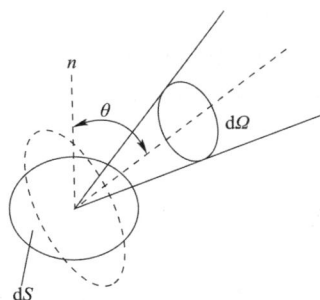

图 9-4　光亮度示意图

$$L_\theta = \frac{I}{S\cos\theta} \qquad (9-4)$$

式中：L_θ——发光面沿 θ 方向的亮度,nt;

I——光强,cd;

$S\cos\theta$——发光面积的投影面积。

1nt 的亮度表示 $1m^2$ 表面积沿物体表面法线方向产生 1cd 的发光强度,即 $1nt = 1cd/m^2$。亮度表征发光面在不同方向上的光学特性,是一个具有方向性的物理量。

5)发光效率

(1)光源发光效率。光源发光效率是指一个光源所发出的光通量 Φ 与该光源所消耗的电功率 P 的比值,即单位电功率下所发出光通量的流明数(lm/W)。它表征光源将电能转化为光能的能力,是衡量一种光源是否节能的关键指标,其表达式如下:

$$\eta = \frac{\Phi}{P} \qquad (9-5)$$

式中：Φ——一个光源所发出的光通量;

P——该光源所消耗的电功率。

(2)灯具效率。灯具效率是指在规定条件下测得的灯具发射的光通量值与灯具内所有光源发出的光通量的测定值之和的比值。

6)显色性

作为照明光源,除了要求具有较高光效外,还希望它对颜色的还原性能较好。若各色物体被光照后的颜色效果与它在标准光源下被照时一样,就说明光源的显色性好。

光源的显色性用显色指数 R_a 表示。光源的显色性由其辐射光谱决定,光谱范围越窄,显色性越差,如单一波长的单色低压钠灯。日光包含全部可见色谱,其显色性较好。不同物体在日光下之所以呈现出不同颜色,是因为它们将不同于自身颜色波长的光全部吸收,而将与自身颜色相同波长的光反射出来,就呈现出该颜色。如果将蓝色的物体放在单一的黄色光下,由于没有蓝色光可反射,物体就会呈现黑色,这就是在低压钠灯下的颜色效果。

7)对比感受性

视觉认知的基本条件是亮度对比与颜色对比。亮度对比是指人视野中目标物的亮度和背景亮度的差值与背景亮度的比值,一般用符号 C 表示,即:

$$C = \frac{L_b - L_0}{L_b} \tag{9-6}$$

式中:L_b——背景亮度;

L_0——目标物的亮度。

人眼刚刚能够知觉的最小亮度对比称为阈值对比,用符号 ε 表示。阈值对比的倒数即表示人眼的对比感受性,也称为对比灵敏度,用符号 S_C 表示,即:

$$S_C = \frac{1}{\varepsilon} \tag{9-7}$$

式中:S_C——对比感受性,为随着照明条件、观察目标的大小、观察目标呈现的时间等因素而变化的常数;

ε——阈值对比。

在理想条件下,视力好的人能够分辨 0.01 的亮度对比,即人的对比感受性最大可达 100。

9.3　视觉及其影响因素

在隧道内要保证驾驶员以设计速度安全舒适地行驶,就要首先保证照明质量,其质量以能获得多少视觉信息评价。人需要借助视觉辨识、感知周围环境中物体的明亮、形体、颜色、动静和立体等,而在高速行进车辆中的驾驶员的视觉较一般人的视觉有其特殊性。驾驶员要能够及时判断道路状况,对道路安全隐患作出及时、正确的反应,则对其视觉有更高的要求。

由于外界信息大部分是通过驾驶员的眼睛传输到大脑中枢的,所以具备良好的必要视觉条件就成为获得视觉信息的基本条件。在隧道内良好的视觉条件有赖于照明设计。此外,正确发挥视觉生理和心理过程的作用,使照明维持在较低水平上,也有利于照明经济。

9.3.1　驾驶员的视觉

1)视野

人的眼睛,视野是比较广的,但也有一定的范围,双眼视线左右各约 100°,上约 50°,下约 75°。在注视一个方向物体的形状、色彩、亮度时,能看清楚的范围仅为视线中心 1°~2°,要感知该范围以外的物体,视线需要在物体的方向固定 0.1~0.2s。

2)可见光

如前文所述,人眼只能感觉到可见光,并且人眼对不同波长的光的感觉,具有不同的灵敏度。利用这个特性,根据光谱光视效率曲线,在明视觉条件下用黄绿色光、在暗视觉条件下用绿色作为交通标志的背景板色彩亮度,很容易引起驾驶员的注意。

3)人的视觉

视网膜是人眼感觉光的始端,上面分布着两种感光细胞:锥状体细胞和杆状体细胞。锥状体细胞多位于视网膜的中心,在黄斑(中心凹)上特别密,直径约为 1.5mm(对应的角度约为5°)。它对光亮的敏感性较小,需要较强的光刺激才兴奋。但它对不同长度的光波具有不同的感觉能力,专管明亮时的视力,称为亮视觉。杆状体细胞多在视网膜的周边,具有感觉弱光的能力,专管暗时的视力,强光反而会破坏它。但是它不能辨别颜色,在黑暗环境中观察到的景物是灰色的,它只能分辨亮度的大小。

眼睛对于外界的亮度变化,能适当调节锥状体细胞和柱状体细胞,使之具有合适的感度,这种现象叫作"亮度适应"。对暗环境的适应(视野内的亮度在 $0.01cd/m^2$ 以下,如夜间、室外)主要是柱状体细胞呈工作状态。相反,对亮环境的适应(视野内的亮度约在 $2cd/m^2$ 以上,如白天、室外)主要是锥状体细胞呈工作状态。暗适应过程很缓慢,而亮适应过程则快得多。

4)驾驶员的注视范围

由于视觉取决于亮度,所以隧道照明质量以视场内的亮度为依据。国际照明委员会(CIE)建议:驾驶员观察路面的平均视点高度为1.5m,大体相当于汽车驾驶员的人眼高度,若向前注视的视角约为1°,则注视的范围为正前方 60～160m,在此范围内的路面亮度分布状况,对驾驶员视觉直接起作用,如图9-5所示。在此范围内看视条件的好坏,对驾驶员辨认障碍物的可靠性和保持视觉的舒适性起决定作用。有良好的看视条件,才能保证驾驶员准确了解道路交通状态及其变化情况,作出及时的判断和采取正确的动作。

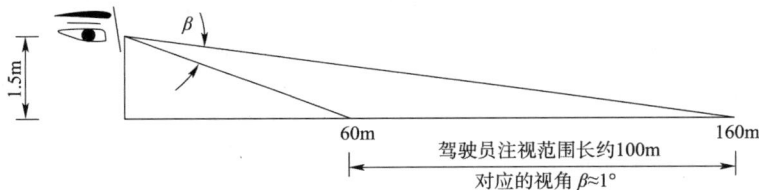

图9-5　驾驶员视觉的注视范围

5)驾驶员的看视条件

驾驶员的看视条件与一般人不同,几乎完全是在动态条件下进行的,比静态条件的观察困难得多。由静态观测所得的实验数据不能直接应用到动态条件中,一般应提高数倍至数十倍。通常影响驾驶员看视条件的因素是:

(1)路面平均亮度,对隧道来说还有作为背景的墙面亮度;

(2)路面亮度均匀度;

(3)物体的亮度;

(4)物体与背景的亮度对比;

(5)观察物体时的有效时间;

(6)眩光程度等。

此外,驾驶员的看视条件还与物体的形状、轮廓的清晰度、在视野中的位置以及是否出现在预料的位置上,或是突然出现在非预料位置上等有关。视觉是以生理量量的,受观察者的精神、视力、身体状况的影响,此外还受气象(如阴、雾等)和空气混浊程度的影响。

9.3.2　影响视觉的主要因素

1）适宜的亮度

适宜的亮度是物体在视网膜成像引起视觉的基本条件。物体表面亮度越大,视网膜上像的照度就越高,就看得越清楚。视觉与亮度的对数成正比,通过试验可知,人眼可以感觉到的亮度为 $1/\pi \times 10^{-5} cd/m^2$ 的物体,该亮度称为"最低亮度阈"。当亮度为 $1/\pi \times 10^4 cd/m^2$ 时,人眼识别物体的灵敏度最高,超过此值后,灵敏度开始降低;亮度超过 $1/\pi \times 10^5 cd/m^2$ 时,则视力极度下降,甚至会引起视觉损伤,该值称为视觉上限。这种刺眼的视觉状态称为眩光。

亮度是一个具有方向性的物理量,当人眼从不同的方向观察同一对象时,能感觉到对象(或背景)的明暗程度是不相同的。决定对象(或背景)明暗程度的并不是对象(或背景)在发光方向上的发光强度,而是垂直于视线方向上的单位投影面积的发光强度。

被观察的表面在同一入射光线照射下,对象(或背景)亮度随观察方向而变化,称为亮度特性。它反映了对象(或背景)的反射光在空间的分布情况。如前文所述,当被观察表面的反射光亮度与入射光的方向和观察方向均无关时,称这种表面为均匀漫反射面。严格地讲,均匀漫反射面是很少的,但是粗糙的无光泽的表面可以近似地看作均匀漫反射面。在隧道照明中,光线投射到粗颗粒路面材料上时,其表面可看作漫反射面;投射到具有光泽的墙面材料上时,可观察到定向漫反射。实际上,没有100%的反光材料,任何表面上的反射亮度在数值上永远小于入射到同一表面上的照度。路面和墙面是隧道中的背景,改善路面和墙面上的反射率在照明效果上是非常有益的。

2）对象的大小

"对象"的定义就是能够看到的物体或物体的一部分。能否看清对象,除了依赖于照明条件外,还取决于对象的大小。由日常经验知道,当观察距离很近时,对象的外形轮廓及细部都是清晰的,但是随着观察距离的增大,就会逐渐变得模糊不清,并且失去棱角,产生显著的变形。

3）对象和背景的亮度对比

亮度对比是视觉认知的基本条件之一,在观察方向上,若对象的表面亮度为 L_0,背景亮度为 L_b,则对象与背景的亮度对比值 C 可用下式表示:

$$C = \frac{L_b - L_0}{L_b} \tag{9-8}$$

C 值表示了对象与背景亮度差别的大小,C 值越大,对象可以被识别得越清楚。C 值小到某一值以下时就不能识别对象了,人眼开始不能分辨对象与背景时的亮度对比值称为阈值对比阈,以 ε 表示。当 $L_b > L_0$ 时,C 为正值,称为正对比度;当 $L_b < L_0$ 时,C 为负值,称为负对比度。对比度无论为正还是为负,效果都是相同的。但是要识别对象,必须满足 $|C| > \varepsilon$ 的条件。亮度对比是决定对象可见性的主要因素。

图 9-6　阈值对比阈的倒数与背景亮度之间的关系

通过实验(静态条件下)可得阈值对比阈的倒数与背景亮度之间的关系,如图9-6所示。当背景亮度 L_b 在 $10^2 \sim 10^4 nt$ 这样大的范围内变化时,阈值对比阈接近一个常数,并且与对象的视角和形状有关。对象的视角越大,对应的

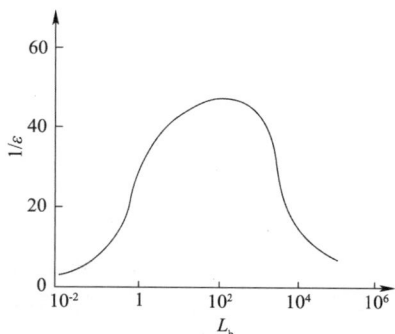

阈值对比阈就越小,但是当视角 $\alpha > 30'$ 时,ε 近似为一常数。无论视角再怎么增大,ε 值也不再减小。对于正常人的眼睛,该值约为 0.02。换句话说,亮度对比值越小,对应的视觉阈就越大,但是当亮度对比值的绝对值 $|C| \leq 0.02$ 时,对象的视觉阈便趋于无穷大,即无论怎么增大对象的视角,都无法满足可见性的要求。另外,在相同视角条件下,线状对象的阈值对比要比非线状对象小得多。换句话说,在亮度对比值相同时,线状对象的视觉要求要比非线状对象小得多。

4)颜色对比的影响

人的眼睛所观察到的世界,暗视觉时色调是灰色的。只要有适当的亮度,亮视觉发挥作用之后,世界就不仅是灰色,而是五彩缤纷的了。所以在大多数情况下,对象与背景之间不会单纯地存在亮度对比,而是伴随着颜色对比,即存在颜色上的差别。

颜色可以分为彩色和非彩色两大类。非彩色是指由白色、浅灰、中灰、深灰,直到黑色,称为白黑系列;彩色是指除白黑系列以外的各种颜色。颜色是各种不同波长的可见光在人眼中产生的感觉。例如,波长为 580 ~ 595nm 的是黄色,480 ~ 550nm 的是绿色,620 ~ 760nm 的是红色等单色光。但通常各种对象和背景反射到人眼中的光线都是各种波长光的组合,有些颜色是由各种单色光所引起的综合感觉,但是人眼不能一一区分光谱的组成。例如,波长为 700nm 的红光和 540nm 的绿光按一定比例混合在一起,引起人眼的感觉与波长为 580nm 的黄光一样。

亮度对比是识别对象的主要因素,颜色对比则为其辅助因素。实际观察表明,一个亮度与背景亮度相同、仅存在颜色对比的斑点,人只能在距离很近时才能把它和背景区分开,而在很远的距离上它就和背景发生混色现象而融合在一起了。当它和背景既存在颜色对比又存在亮度对比时,混色现象就难以发生,并且与亮度对比相同的黑色斑点的视角阈几乎相等。另外,在彩色斑驳的背景上,人眼的视角阈将要加大,这主要是由背景亮度不均匀造成的。颜色的作用是非常重要的。在道路照明中,"光斑效应"不仅影响到驾驶员视觉的舒适性,更重要的是影响其识别对象的能力。从这个观点上看,隧道内不能有斑驳状图案及"光斑",即使在露天道路上的交叉口、弯道上也不应当有斑驳状图案,以免导致交通事故。另外,设置的道路标志图案,只有颜色差别是不够的,更重要的是亮度对比。

5)环境亮度的影响

照明的目的是为对象及其所在环境或对象的背景照明。这里主要有两个问题,一是光过分地集中在车行道上,驾驶员的眼睛就会变得只能适应这个亮度水平,从而减弱了对较暗区域的观察能力;二是观察对象时需要有背景衬托,如果背景没有足够的照明,对象将缺乏立体感,因而变得难以被发现。前者可选择合适的照明器,使道路外延约 5m 处的亮度水平不低于其毗邻的车道内 5m 处亮度值的 50%。在隧道内不存在外延,但应加强墙面的照明,提高墙面材料的反射系数。《公路隧道照明设计细则》(JTG/T D70/2-01—2014)规定:隧道两侧墙面 2m 高范围内的平均亮度,不宜低于路面平均亮度的 60%;路面两侧 2m 高范围内墙面宜铺设反射率高的材料。

对背景亮度的要求是足以识别背景。隧道内的背景主要是路面和墙面,顶棚也可以是背景。从这个角度上讲,顶棚应该是浅颜色的,但是顶棚很容易脏,所以清洗工作负担较大,有一定的困难。足够亮的背景,才能衬托出对象的轮廓和相对位置,使驾驶员作出准确的判断,保证行车安全。

6)空气对能见度的影响

(1)空气对光通的衰减作用和光幕。

发光(或反光)物体的光通,必须经过空气才能到达人的眼睛。光通在传播的过程中必然受到两种作用:一种是吸收作用,即空气把其中一部分光通转换成其他形式的能量;另一种是散射作用,即空气使其中另一部分光通偏离了原来的传播方向,散向任意方向。空气的散射是造成定向传播的光通衰减的最主要原因。空气不仅会把来自对象的光通量散射出去,使对象的亮度降低,还会把日光散射到观察方向上来,使对象与观察者之间形成一层明亮的光幕,使对象的亮度得到增强。如果空气透明度很大,以明亮天幕为背景的远处的山,会因为光幕亮度而变得明亮起来。

在隧道洞口,汽车排出的烟无法消散而涌出洞口形成烟雾。如果烟雾很多,在阳光照射下产生光幕,亮度对比便会下降很大,势必影响到障碍物的可见性。为消除这种影响,有的隧道在入口上方设置排烟通道,使大部分烟雾不再涌向洞口,而由通道排出。

（2）空气的散射作用。

散射是指空气组成成分把原来向一个方向传播的光变成向各个方向传播,使原来的光线减弱的现象。空气中不同组成成分对不同波长光线的散射作用不同,可以分为以下两种情况:

①分子散射。

分子散射的散射源是气体分子,其尺寸比可见光的波长小得多。这种散射的特点是散射光的强度与波长的四次方成反比。所以,波长越短的光线,受到散射效应就越强,而长波长的光线则不易被散射。

②悬浮粒子散射。

悬浮于空气中的各种固态和液态微粒如烟、雾、尘埃等,是形成悬浮粒子散射的散射源。这些散射粒子的大小很不规则,其半径分布在 $10 \sim 100 \mu m$ 这样广泛的范围内。它们对各种波长的光线的散射作用因微粒大小不同而不同,当散射粒子的半径比可见光波长小得多时,其散射作用与分子散射作用相同;当散射粒子的半径与可见光波长相近时,其散射作用为最大;当散射粒子的半径比可见光波长大得多时,其散射作用与波长无关,此时散射光谱与入射光谱相同,称为漫射。

雾粒子半径通常大于 $3 \sim 5 \mu m$,所以它对散射光的散射无选择性。雾越大,散射性就越强,雾的颜色就越白,也就越不透明。由于雾粒子的影响,一部分光向驾驶员方向散射,使其可以看到雾中出现的光幕。要通过光幕看到观察对象,驾驶员就要经过相当的努力才能做到,如果驾驶员在雾中打开前照灯,会出现"白壁现象"。

空气中的悬浮粒子越少、越小,其对可见光的散射作用与波长的关系就越大,而成为有选择的散射。对于下层空气分子来讲,主要是波长较短的蓝色光被散射出来。由于这种有选择性的散射作用,来自对象的(或背景的)不同波长的光线将受到不同程度的散射。另外,在对象(或背景)与观察者之间的气幕主要是短波散射光幕。这样对象(或背景)既会改变亮度,又会改变颜色,最终与蓝色气幕相融合。由此可见,亮度对比是决定对象可见性的主要因素,而颜色对比是次要因素。

（3）透过率。

在公路隧道内的空气中,或多或少地存在着污染物质,如汽车卷起的尘埃、柴油车发动机产生的煤烟、氮氧化物所构成的烟雾、水蒸气及其凝结而成的雾等,其中最主要是尘埃和煤烟。

光通过污染空气时,入射光通量中的一部分被吸收,一部分被散射,其余部分得以通过。这三部分之和等于入射光通量。分别把这三部分光通量和入射光通量之比称为吸收系数（α）、反光系数（ρ）和透光系（τ）。由前文可知,$\rho + \tau + \alpha = 1$,所以 τ 是小于 1 的系数。在公路隧道中,为了描述光透过空气的能力,用 τ_{100} 表示光通过 100m 空气的透过率,即:

$$\tau_{100} = \frac{E}{E_0} \qquad\qquad (9\text{-}9)$$

式中：E——某一光源所发出的光通过 100m 污染空气后的照度；

E_0——同一光源所发出的光通过 100m 清洁空气后的照度。

行驶速度不同，对 τ_{100} 有不同的要求。世界道路协会（PIARC）提出：$v = 80\text{km/h}$ 时，$\tau_{100} = 0.6$；$v = 60\text{km/h}$ 时，$\tau_{100} = 0.48$；$v = 40\text{km/h}$ 时，$\tau_{100} = 0.4$。

PIARC 同时指出 $\tau_{100} < 0.3$ 是不允许的。有的国家，如日本把 $\tau_{100} = 0.5$ 作为国家标准。由于烟雾浓度不同，因此同一光源的透过率就不同。烟雾浓度相同时，不同类型光源的效果不同，其视距也不同，如钠灯视距为 80m，荧光灯视距为 45m。

7）观察时间的长短

观察尺寸大的物体只需很短的时间，在驾驶员眼睛不停地注视视野内的物体时，发现视野内障碍物的时间不少于 $0.1 \sim 0.2\text{s}$。同一物体，照度越高（背景亮度越大），识别时间就越短。对处于运动状态的驾驶员来说，辨别障碍物的时间受到限制，驾驶员从发现障碍物后，直到进行判断和制动的反作用时间，总共只有 0.25s，是相当短的，所以应该保证有足够的照度。识别时间还受视觉适应的影响，不论是暗适应还是明适应，识别时间都受到影响。急剧和频繁的适应会增加眼睛的疲劳，使视力迅速下降，忽明忽暗的路面、墙面亮度改变是应该受到限制的，即后面将要讨论到的均匀度问题。

9.4 隧道照明质量

9.4.1 路面平均亮度

驾驶员观察障碍物的背景，在道路照明中主要是路面。在隧道照明中，墙面也作为背景，但路面仍然是主要的。只有当路面亮度达到一定值以后，驾驶员才能获得立体感，在此基础上，亮度对比越大越容易察觉障碍物。但是正如前面已经叙述过的，路面（背景）亮度越高，亮度对比阈越小，眼睛的对比灵敏度越好。

Dunbar 试验（实际道路上的运行试验）表明：平均亮度升高时，察觉障碍物所必要的亮度对比 C 变小，即障碍物变得更容易看清楚，如图 9-7 所示。国外一些国家的路面平均亮度一般取 $1 \sim 2\text{cd/m}^2$。我国《公路隧道照明设计细则》（JTG/T D70/2-01—2014）规定，亮度不应低于 1.0cd/m^2；行人与车辆混合通行的隧道，亮度不应小于 2.0cd/m^2。

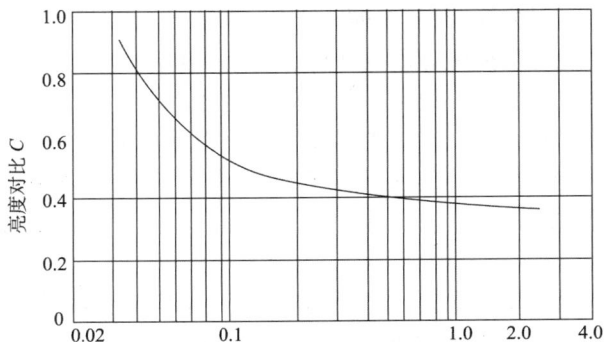

图 9-7　察觉障碍物的平均亮度 L_{av} 和亮度对比 C 的关系

9.4.2　路面亮度均匀度

保证亮度均匀度是为了给驾驶员提供良好的能见度和视觉上的舒适性。如果亮度高,则均匀度要求可以不很严格。干燥路面和潮湿路面的路面亮度有很大变化,均匀度也相应有很大变化。严格的均匀度要求,一般限于干燥路面和路面平均亮度较低的情况。路面亮度均匀度包括亮度总均匀度和亮度纵向均匀度两个方面。

1)总均匀度(U_0)

道路照明装置即使能为路面提供良好的平均亮度,也可能在路面上某些局部区域产生很低的亮度,视场中较大的亮度差会导致眼睛的对比灵敏度下降和引起瞬时适应问题,以致驾驶员看视能力下降,使其不易察觉出在这些较暗区域里的障碍物。为了使路面上所有区域都有足够的亮度和对比度,提供令人满意的能见度,需要规定路面最小亮度和平均亮度比值的范围。总均匀度按下式计算:

$$U_0 = \frac{L_{min}}{L_{av}} \qquad (9\text{-}10)$$

式中:L_{av}——计算区域内路面的平均亮度(cd/m^2);

L_{min}——计算区域内路面的最小亮度(cd/m^2)。

2)纵向均匀度(U_1)

连续的路面(墙面)上光线忽明忽暗对驾驶员干扰很大,这种现象称为"光斑效应"。当隧道较长时,驾驶员眼睛会很疲劳,影响发现障碍物。为了提供视觉舒适性,要求沿各车道中心线有一定的纵向均匀度。纵向均匀度是沿中心线的局部亮度的最小值和最大值之比:

$$U_1 = \frac{L'_{min}}{L_{max}} \qquad (9\text{-}11)$$

式中:L_{max}——路面中线最大亮度(cd/m^2);

L'_{min}——路面中线最小亮度(cd/m^2)。

我国《公路隧道照明设计细则》(JTG/T D70/2-01—2014)对路面亮度总均匀度与纵向均匀度有明确的规定。

9.4.3　眩　光　限　制

眩光影响视觉功效,并刺激眼睛,造成眼睛疲劳和观察力的损失。眩光的形成是视场有极高的亮度或亮度对比存在,而使视功能下降或使眼睛感到不舒适,极亮的部分就形成了眩光源。道路照明中的眩光可以分为两类:失能眩光(生理眩光)和不舒适眩光(心理眩光)。前者表示对照明设施造成的能见度损失方面的评价,用被试对象物体的亮度对比的相对阈值增量(TI)表示,是典型的驾驶员视觉作业。失能眩光是生理上的过程,是表示由生理眩光导致辨认能力降低的一种度量。后者表示在眩光感觉中的动态驾驶条件下,对道路照明设施的评价。该眩光减弱驾驶员驾驶运行的舒适程度,用眩光控制等级(G)表示。不舒适眩光是心理上的过程。视觉的不舒适性取决于灯具的设计。

1)失能眩光(生理眩光)

失能眩光损害人视看物体的能力,直接影响驾驶员觉察障碍物的可靠性,影响行车安全。眩光导致人视觉能力的损失,是由光在眼睛里发生散射而造成的。没有眩光时,直接视场里景物的清晰图像聚焦在眼睛的视网膜上,引起的视感觉与景物的亮度成正比;有眩光时,眩光源的光线在眼睛里不能聚焦而发生散射,在视网膜方向上散射会起到光幕作用并叠加在清晰的图像上。这层光幕可以认为有一等效亮度,其强度与视网膜方向的散射程度成正比,那么人所感受到的亮度就是障碍物的亮度和光幕亮度的总和,即视感总亮度 = 景物亮度 + 等效光幕亮度。

研究发现,等效光幕亮度取决于眩光源在眼睛上产生的照度(E_{eye})及观察方向和从眩光源来的光线入射方向之间的角度(θ)。通常情况下,道路照明中路面亮度为 $0.05 \sim 5 cd/m^2$,θ 一般为 $1.5° \sim 60°$(对驾驶员而言是 $20°$),等效光幕亮度可以用以下经验公式计算:

$$L_v = K \frac{E_{eye}}{\theta^2} \qquad (9-12)$$

式中:L_v——等效光幕亮度(cd/m^2);

θ——视线和从眩光源来的光线入射方向之间的角度;

K——比例系数,当 θ 以度为单位时,$K = 10$;当 θ 以弧度为单位时,$K = 3 \times 10^{-3}$;

E_{eye}——眩光源在观察者眼睛上[在垂直于视线(不完全水平)平面上]产生的照度(lx)。

在实际应用中,视场中往往出现多个眩光源,这时总的等效光幕亮度等于各个眩光源产生的等效光幕亮度的叠加,即:

$$L_v = \sum_{i=1}^{n} L_{vi} \qquad (9-13)$$

把等效光幕亮度加在背景亮度和目标亮度两者之上后,一方面,由于背景亮度增加而引起阈值对比减小,则对比灵敏度增高;另一方面,实际亮度对比又减小了。然而对比灵敏度增高的正效应不足以补偿实际对比减小的损失。这意味着没有眩光时一个可以看见的物体,在有眩光时就看不见了,除非增加实际亮度对比。这种刚刚能重新看到物体所需的对比增加量与原来的对比有关,是表达因失能眩光导致识别能力降低的一种度量。这种量,国际照明委员会(CIE)规定由视对象的视角为 $8°$ 时所必需的相对阈对比增量来获得,并将这个量命名为相对阈值增量 TI,以% 表示。为了限制眩光对辨认能力的干扰效果,对相对阈值增量作出必要的限制,就不会引起障碍物能见度的降低。

当道路照明中路面亮度为 $0.05 \sim 5 cd/m^2$ 时,相对阈值增量可用式(9-14)计算:

$$TI = 65 \frac{L_v}{L_{av}^{0.8}} \qquad (9-14)$$

式中:TI——相对阈值增量(%);

L_v——等效光幕亮度(cd/m^2);

L_{av}——路面上的平均亮度(cd/m^2)。

2)不舒适眩光(心理眩光)

对于眩光造成的不舒适感,目前还没有专门的测量仪器测量,而是用眩光控制等级(G)表示所感到的不舒适程度的主观评价。这种主观评价取决于各种照明器和其他照明装置的特性,可以用下列经验关系式计算:

$$G = 13.84 - 3.31\ln I_{80} + 1.3 \left(\ln \frac{I_{80}}{I_{88}}\right)^{\frac{1}{2}} - 0.08\ln \frac{I_{80}}{I_{88}} + 1.29\ln F +$$

$$0.97\ln L_{av} + 4.41\ln h' + 1.46\ln P + \Delta C \qquad (9-15)$$

式中:I_{80}、I_{88}——照明器在同路轴平行的平面内,与垂直轴呈 $80°$、$88°$ 方向上的光强值(cd),该值可以通过灯具的光强表查得;

F——照明器在同路轴平行的平面内,投影在76°方向上的发光面积(m^2),该值可以通过实际采用的灯具计算而得;

ΔC——光的颜色系数,对低压钠灯 $\Delta C=0.4$,对其他光源 $\Delta C=0$;

L_{av}——路面平均亮度(cd/m^2);

h'——水平视线距灯的高度(m),取值为灯的安装高度 $-1.5m$;

P——每1km安装的照明器个数。

眩光等级 G 与主观上对不舒适感觉评价的相应关系为:$G=1$:无法忍受;$G=3$:干扰;$G=5$:允许的极限;$G=7$:满意;$G=9$:无影响。

抑制眩光的措施,除了提高亮度均匀度外,主要在于灯具的设计,这部分内容将在第9.5节中详细介绍。

9.4.4 诱 导 性

为了保证交通安全,道路的走向、界限、交叉点以及特殊地点都应该清晰可见,这就要求道路有良好的诱导性。诱导性一般来自两个方面:即视线诱导性和光学诱导性。诱导性通过各种诱导标志和照明设施获得,与照明设施等一起,共属交通安全设施范围。

1)视线诱导性

道路视线诱导标志,是沿行车带标明道路边缘和线形的一种设施,以便昼夜诱导驾驶员的视线,并根据需要设在某一路段上,如路面中心线、路线或两侧路面标志、道路护栏与护桩、积雪地区设置雪标杆等。在隧道内墙面也可以起诱导作用,但隧道内的诱导作用首先要求有足够的照明,使诱导标志可被看见。

2)光学诱导性

在道路照明设施中,排列成行的照明器可以指示出道路走向、弯道、交叉和各种特殊场合,再配合其他视线诱导标志,能在远距离上使驾驶员明显地注意到有危险性的路段、隧道内的紧急停车带、方向转换场等特殊场合。照明器在排列、光色、光强以及设置的方位和间隔的变化,会有效地起到光学诱导作用。

《公路隧道照明设计细则》(JTG/T D70/2-01—2014)明确规定不设置照明的隧道应设置视线诱导标志,并增加了曲线段灯具布置要求。

9.4.5 频 闪

隧道的照明灯具沿纵向等间距地安装在隧道顶部或者两侧。在行车过程中,灯具的发光面在驾驶员视野边缘周期性地出现和消失,对驾驶员的视觉造成干扰,降低了驾驶员对路面和周边环境的视认能力,这种现象称为频闪效应。频闪效应的影响程度取决于以下几个方面:

(1)单位时间内出现在人眼视野中的频闪光源数量,即闪烁频率。

(2)驾驶员经历频闪的总的时间长度。

(3)在一个频闪周期内亮度最大值与最小值的差值及两者的变化速率。

闪烁频率为设计速度与照明灯具布置间距之比,即:

$$f=\frac{v_t}{S} \tag{9-16}$$

式中:f——闪烁频率(Hz);

v_t——设计速度(m/s);

S——照明灯具布置间距(m)。

室内测试表明:当闪烁频率低于 2.5 Hz 或者高于 15 Hz 时,不会对驾驶员的视觉造成干扰,频闪效应可以忽略;当闪烁频率为 4~11 Hz,且经历时间大于 20 s 时,视觉干扰最为严重。因此,《公路隧道设计规范》(JTG D70/2—2014)明确规定,当隧道内行车时间超过 20 s 时,照明灯具布置间距应满足闪烁频率低于 2.5 Hz 或高于 15 Hz 的要求。

9.5　隧道照明灯具

9.5.1　光　　源

用来作为采光和照明的电发光体称为光源,按其工作原理可分为三大类:第一类是利用电能将物体加热到白炽程度而发光的光源,称为热辐射光源,包括白炽灯、卤钨灯等。第二类是利用气体或蒸汽发电而发光的光源,称为气体放电灯。气体放电灯分为低压灯和高压灯,其中,低压灯又分为低压钠灯和低压汞灯(荧光灯),高压灯又分为高压钠灯和高压汞灯,高压汞灯还可分为高压汞荧光灯和金属卤化物灯。第三类是利用半导体材料发光的光源,即 LED 光源。

隧道照明的效果必须依靠可靠的光源来实现。因此,如何选择合适的光源用于所设计的隧道就成为一个必须解决的问题。显然,所要达到的照明功能和效果是必须考虑的因素,但投资成本(包括初始投资成本和运行维护成本)也是非常重要的因素。下面对通常所需考虑的因素作简要的分析。

1)光通量

光源的光通量是进行隧道照明设计时首先要考虑的问题,即首先要确定所设计的道路究竟要多少流明的光通量才能达到所需的亮度水平。由于隧道所需照射的面积较大,而且灯具的安装高度较高,因此需要较大功率的光源才能得到所需要的光通量。

2)发光效率

发光效率(每瓦流明数)是隧道照明光源选择时一个非常重要的指标。因为隧道照明使用的光源数量多、用电量大,所以选择高效的光源可极大地节约能源。白炽灯虽然价格便宜,但由于其发光效率太低,已很少在新建的隧道照明中使用;高压钠灯由于其平均效率超过 100 lm/W,在隧道照明中非常受欢迎。目前效率最高的光源是低压钠灯,在欧洲的隧道照明中,特别是在高速公路的照明中得到非常广泛的应用。

3)光衰减

除了要考虑光源的初始光通量外,还需考虑光源在使用中的光通量,即光源燃点 100 h,甚至 1000 h 后的光通量。必须考虑光源的光衰减特性,一般选择光衰减量小的光源。

4)寿命

光源的寿命无疑是隧道照明光源选择的最重要指标之一,因为它决定了隧道照明在隧道运营中的成本。这需要考虑两方面问题,即一定时间内所需更换的光源成本(更换光源的数量×光源单价)与一定时间内更换光源的综合费用(更换光源的次数×每次更换光源的综合费用)。由于光源往往安装在 6 m 以上的位置,光源的更换必须借助于其他工具或设施,因此更换光源是一项成本高昂的工作。它包括空中作业设施的使用成本、人力成本,还包括光源更换时阻塞交通的成本,以及隧道和空中作业的风险成本。实际上,正是因为更换光源的综合成本高昂,所以长寿命的光源在隧道照明中越来越受欢迎。隧道照明中使用最多的传统灯具即高压钠灯,其正是因为平均寿命长(超过20000h)和透雾性能好而在隧道照明中得到广泛应用。而近年来一些新型灯具如无极灯、LED灯,由于具有寿命更长且更为节电的优越性能,越来越显示出逐步取代传统高压钠灯的趋势。虽然单个新型灯具价格高于传统的高压钠灯,但综合性价比优于传统的高压钠灯,因此近年来,隧道照明中新型灯具得到越来越广泛的应用。

5)光谱特性

一个光源发出的光的光谱成分,不仅决定了光源的颜色表现(以色温T_c表示),还决定了光源的颜色还原性(用显色指数R_a来衡量)。在隧道照明中,过去用色温较高、冷白色光的高压汞灯较多;但现在,越来越多的隧道采用长寿命、高效率、发黄色光的高压钠灯;最新的趋势是高显色性陶瓷金卤灯开始在欧洲的隧道照明中,尤其是城市隧道中得到越来越多的应用。

根据最新的研究发现,在夜间隧道照明情况下,人眼的视觉处于中间视觉状态。此时,人眼对红、黄色光的敏感度极大降低,而对蓝、绿色光的反应极大提高;在达到同样亮度的情况下,用金卤灯照明比用高压钠灯照明具有更高的视觉分辨率。

色温对人的主观感受有很大的影响,人在色温较低的光环境下有"温暖"的感觉,心理上很放松,注意力不高;在色温较高的光环境下有"冷"的感觉,注意力较高,能够使人保持清醒、镇定。

使用这种方法标定的色温与普通大众所认为的"暖"和"冷"正好相反,例如,通常人们会感觉红色、橙色和黄色较暖,白色和蓝色较冷,而实际上红色的色温最低,然后温度逐步升高的是橙色、黄色、白色和蓝色,蓝色的色温最高。

6)成本

光源的初始购买成本(单价)是考虑的因素之一,但不是最重要的因素;更重要的是必须考虑光源的使用成本,即使用中的更换频率和能源的消耗量。因此,白炽灯尽管便宜,但已很少在隧道照明中使用。而高压钠灯、LED灯等光源虽然单价相对较高,但由于效率高、寿命长,因此在隧道照明中被广泛采用。

目前,我国隧道照明中一般用光源包括荧光灯、高压钠灯、低压钠灯、金卤灯、高压汞灯、紧凑型荧光灯等,新型照明光源有无极灯和LED灯等。隧道中常用的电光源的主要特性见表9-2。

隧道中常用电光源的主要特性　　　　　　　　　　　表9-2

光源种类	荧光灯	高压钠灯	低压钠灯	金卤灯	无极灯	LED灯
额定功率(w)	85~150	35~1000	18~180	35~3500	25~150	—
光效(lm/w)	25~67	90~100	100~175	60~90	65~100	25~100
显色指数	80	25~85	0~18	60~90	75~90	75
平均寿命(h)	60000	18000~28000	5000	8000	50000~100000	100000
色温(K)	3800	1900~2800	5800	3000~6500	3000~4000	4500
功率因数	0.33~0.70	0.44	0.06	0.40~0.61	0.95	1.00
启动稳定时间	瞬时	4~5min	7~15min	4~10min	<0.5s	快速
再次启动时间	瞬时	3min	>5min	10~15min	瞬时	快速

光源种类	荧光灯	高压钠灯	低压钠灯	金卤灯	无极灯	LED 灯
闪烁	不明显	明显	明显	明显	不明显	不明显
抗震性能	好	较好	较好	好	好	好
耐腐蚀性	较好	较好	较好	好	好	好
温度影响	大	小	较小	较小	小	小

（1）荧光灯。

荧光灯的工作原理主要是由放电产生的紫外辐射激发荧光粉层而发光。荧光灯的优点是发光面积大、相对亮度低、产生照度较大、光效较高、显色性较好等,这些正是隧道照明所需要的特点。用荧光灯具布置成的连续光带,还能有效避免隧道照明中经常会出现的"闪烁效应",从而达到提高照明质量的目的。但是荧光灯的功率普遍较小、寿命短,要达到隧道照明质量所要求的亮度,需要较多的灯具。

（2）高压钠灯。

高压钠灯的工作原理是当灯泡启动后,电弧管两端电极之间产生电弧,由于电弧的高温作用使管内的钠汞受热蒸发成为汞蒸汽和钠蒸汽,阴极发射的电子在向阳极运动过程中,撞击放电物质中的原子,使其获得能量产生电离激发,然后由激发态回复到稳定态,或由电离态变为激发态,再回到基态的无限循环,多余的能量以光辐射的形式释放,便产生了光。高压钠灯的优点是使用时发出金白色光、发光效率高、寿命长、透雾能力强和不锈蚀等;缺点是耗能大、启动时间长和功率因数低。目前,高压钠灯主要存在启动慢、频闪强、耗电量大、温升高、噪声大、色温低、显色性差、光线偏暗等问题,长时间在这种环境下工作容易产生疲劳。高压钠灯在使用时还需要配备镇流器,传统的镇流器自身耗能大,容易产生高温,影响使用安全。为了节约电能,保证隧道照明的正常运行,常用的替代型镇流器是电子镇流器和节能型镇流器。

（3）低压钠灯。

低压钠灯发出的光是单色黄光,具有透雾性好、发光面积大、相对亮度较低、产生的照度较大等特点,特别是其灯管较长、光效又很高,是隧道照明中一种比较合适的光源。但由于其显色性很差,在隧道入口段使用可能会不能满足视觉辨识要求;如果要在入口段等处使用,则应与其他具有较好显色性的光源混合使用,以达到兼顾路面亮度、节能及显色性等方面要求的目的。

（4）金卤灯。

金卤灯的工作原理主要是由金属混合蒸汽(如汞)和各种卤素化合物(如铊、铟、钠的卤化物)受激发而产生辐射。金卤灯主要依靠金属卤化物作为发光材料,金属卤化物以固态形式存在于灯内。因此,灯内必须充有少量的引燃气体(氢或氩),以便点燃灯泡。灯泡点燃后,首先在低气压弧光放电状态工作,此时灯两极电压很低,为 18～20V,光输出量也很少;这时主要产生热能,使整个灯体加热,引起灯中的金属卤化物随温度升高而不断蒸发,成为金属卤化物蒸汽。在热对流作用下,金属卤化物蒸汽不断向电弧中心流动,一部分金属卤化物被电弧 5500～6000K 的高温分解,成为金属原子和卤素原子,在电场的作用下,金属原子被激发而发光;另一部分金属卤化物不被电弧高温分解,在高温和电场双重作用下,直接激发形成电子发光。金卤灯的优点是能效高、色温宽、显色性好;缺点是启动时间长、功率因数低、寿命较短,以及维护费用高。

（5）无极灯。

电磁感应无极灯综合了功率电子学、等离子学、磁性材料学等领域最新科技成果，通过高频感应磁场的方式将能量耦合到灯泡内，使灯泡内的气体雪崩电离形成等离子体。从理论上说，它与传统光源最大的不同之处在于无电极、寿命长、光衰量减小和高效节能。用电磁感应无极灯代替传统的高压钠灯，在保证隧道内照明的前提下，可大幅度减小照明耗电量，而且无极灯是超长寿命光源，可大幅减少灯具的更换和维修次数，降低管理费、维修工人费及照明运行成本等。

（6）LED 灯。

LED 灯是电致发光的固体半导体光源。其基本结构是一个半导体的基础单元 P-N 结。在 P-N 结上加上正向偏压，当电子和空穴克服 P-N 结壁垒的时候，会分别迁入 P 层和 N 层，它们之间的能量就会以光子的形式释放，从而发出可见光。LED 灯的优点是耗电量低、寿命长、利于亮度的动态控制，显色性高，属于环保光源；缺点是价格偏高。

LED 灯通用照明成为最具市场潜力的行业热点。作为近几年新型的照明光源，研究结果表明，LED 灯应用于隧道照明具有先天优势。与传统照明光源相比，它具有寿命长、易于控制、灯具效率高、显色性高、色温范围可控等优点。如果再结合相关光学、电学和热学方面的优化设计，LED 灯可以大大提高我国目前隧道照明水平。

隧道照明的光源，除应满足在隧道特定环境下的光通量、光效、寿命、显色性、色温及光衰减等方面的主要要求外，还应满足在汽车排放尾气形成的烟雾中具有良好能见度的需要。因此，隧道照明的光源宜选择发光效率高的光源，光源的使用寿命不应小于 10000h；以稀释烟尘作为隧道通风控制工况的隧道，宜选择透雾性能较好的光源；不以稀释烟尘作为隧道通风控制工况的隧道，基本照明宜选择显色性好的光源；紧急停车带、横通道等可选用显色性较好的光源。随着新一代光源的不断问世，还应积极采用新光源。

目前，公路隧道人工照明采用的灯具以高压钠灯和 LED 灯具为主，仅有少量的高速公路隧道采用金卤、无极灯等其他类型的灯具。荧光灯一般应用在城市隧道的照明系统中，在高速公路隧道内有时用于紧急停车带。随着 LED 灯具光效的不断提升和成本的持续走低，LED灯具正逐渐取代其他类型的照明灯具。

9.5.2 灯　　具

灯具是光源和照明附件（灯罩等）的总称。其作用是将光源的光通量进行控制和重新分配，提高光源所发出的光通量的利用率，达到合理利用光通量和避免光源引起的眩光、保护视觉、保护光源等目的，此外还可以起到装饰美化的效果。

用于道路照明的灯具主要有：①普通灯具，它是安装在灯杆、墙壁或挂在拉线上，光的主要部分是朝着道路轴线方向辐射的；②投光灯具，其光的投向可以自由地固定在任何方向；③链式灯具，它是专为悬挂在钢丝绳上而设计的，其发射的光是横跨道路的。

1）隧道照明灯具光度数据

隧道照明灯具的光度数据是合理选用灯具和正确进行隧道照明设计、计算的依据，因此每个灯具生产厂家都应该向用户提供光度数据。概括来讲，隧道照明灯具的光度数据可分为两类：一类是基本数据，即光强分布；另一类是导出数据，即利用系数曲线图、亮度产生曲线图、等照度曲线图和等亮度曲线图等导出的数据。

（1）基本光度数据。

光强分布（或配光）是灯具的基本光度数据,它是在实验室里用分布光度计（配光曲线仪）测得的。分布光度计有几种不同类型,分别用于不同的坐标系统中。测量隧道照明常规灯具的光强分布通常采用 c-γ 坐标系统,如图 9-8 所示。该坐标系统的中心和灯具的光学系统中心重合,其垂直轴为从灯具的光中心向受用平面作的垂线,和灯具的倾斜角度没有关系。垂直半平面绕这根垂直轴转动,与纵向路轴平行的半平面定义为 $c=0°$ 平面和 $c=180°$ 平面,与纵向路轴垂直的半平面定义为 $c=90°$ 平面,在人行道侧定义为 $c=270°$ 平面。在这些平面上的高度角用 γ 表示,垂直向下为 $\gamma=0°$,向上为 $\gamma=180°$。因此,空间中的每一个方向都可由 c 和 γ 值来确定。

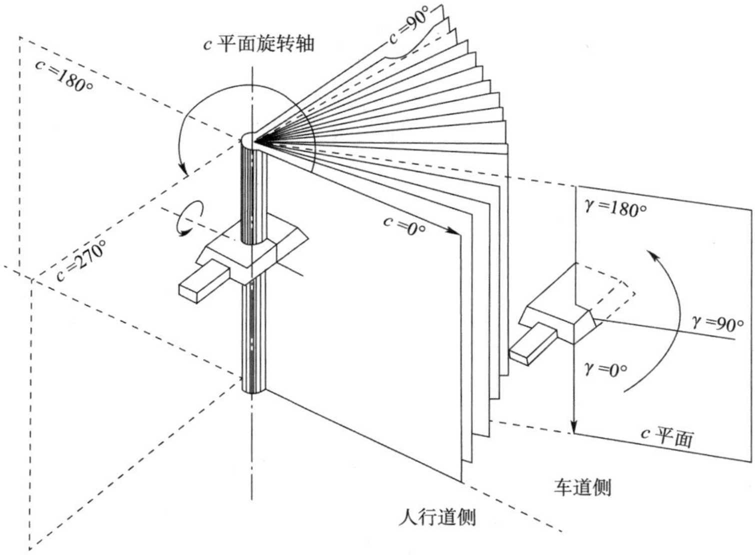

图 9-8　测量道路照明常规灯具光强分布的 c-γ 坐标系统

（2）隧道照明常规灯具光强分布的表达方式。

若把测得的光强分布直接输入计算机进行照明设计和计算,则光强必须以表格形式给出,即给出光强表。国际照明委员会（CIE）建议,对隧道照明常规灯具应列出 1872 对 c 和 γ（36 个 γ 角 ×52 个 c 角）对应的光强值。若灯具的光强分布相对于垂直于路轴的平面（c 角为 90°、270°）是对称的,则只列出 972 对光强值即可。

（3）光强分布（配光）曲线。

若测得的光强分布用于非计算机的一般计算,则通常以通过光中心的几个垂直平面上的极坐标光强分布（配光）曲线和等光强曲线图的方式给出。

极坐标光强分布曲线的形式如图 9-9 所示。国际照明委员会（CIE）建议需给出光强分布曲线的垂直平面是:

①包含最大光强的垂直平面,称为主垂直平面,该平面的 c 角需标明,如图 9-9a）所示。

②平行于路轴的垂直平面（c 角为 0°、180°）,如图 9-9b）所示。

③垂直于路轴的垂直平面（c 角为 90°、270°）,如图 9-9c）所示。

④有时为了人们对围绕灯具的相对光强分布有更加完整的概念,还需给出在主圆锥表面（通过最大光强方向,γ 为常数的圆锥表面）上的光强分布曲线,γ 角需要标明,如图 9-9d）所示。

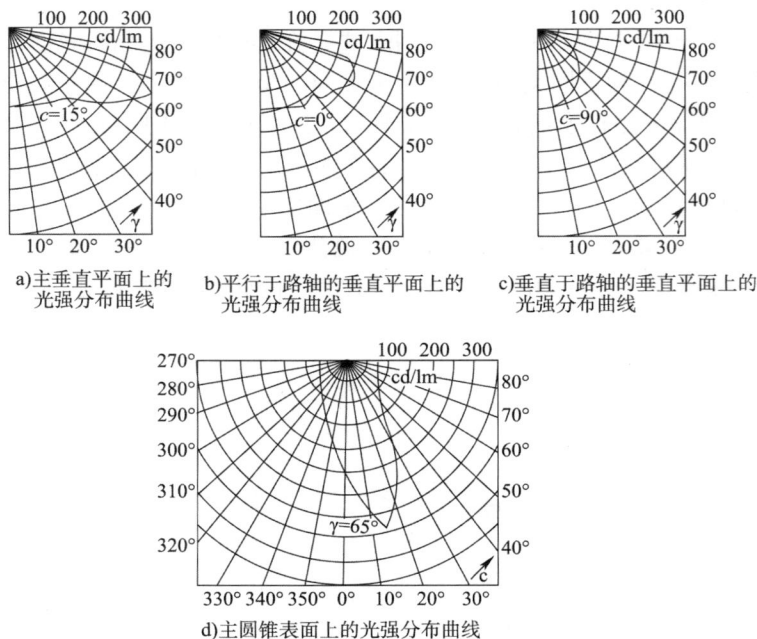

a)主垂直平面上的
光强分布曲线

b)平行于路轴的垂直平面上的
光强分布曲线

c)垂直于路轴的垂直平面上的
光强分布曲线

d)主圆锥表面上的光强分布曲线

图9-9　极坐标光强分布曲线

（4）等光强（曲线）图。

极坐标上的光强分布曲线只能给出若干个垂直平面上的光强分布曲线,而要把空间各个方向上的光强分布状况一目了然地表现出来,就得用等光强（曲线）图。等光强（曲线）图是把各个方向上的光强值标在等光强图的网格（坐标）上,然后把光强值相同的点用曲线连接起来得到的。

对隧道照明常规灯具,光强分布还有必要注意以下几个方面:①无论是光强表、极坐标光强分布曲线,还是等光强（曲线）图中的光强值,都是把灯具内所点燃的光源光通量折合成1000lm 时的数值。这样做的目的是使这些图和表与光源的实际光通量无关,以便使用及对各种灯具的光学性能进行比较。②灯具的光强分布总是和具体的光源相联系。同一灯具,点燃的光源不同,配光也会有所不同,因此有的灯具在测试报告里还需同时给出与不同类型光源相对应的几种配光曲线。③光强表主要用于计算机计算,等光强（曲线）图则用于人工计算,而极坐标光强分布曲线主要供定性评价灯具和灯具分类。

（5）导出光度数据。

从基本光度数据（光强分布）导出的光度数据称为导出光度数据。在没有条件用计算机而要用人工进行照明计算的地方,导出光度数据非常有用。下面列出的导出光度数据只适用于隧道照明常规灯具,而不适用于泛光灯具。

隧道照明中,灯具的利用系数是指落在一条无限长平直道路上的光通量和灯具中光源光通量的比值,它和灯具的效率及道路的宽度有关。利用系数曲线是由一系列不同宽度道路的利用系数构成的曲线,以路宽和灯具的安装高度的比值为横坐标。

隧道灯具利用系数由道路内侧利用系数和道路外侧利用系数构成。隧道灯具利用系数不仅和灯具本身的光学性能有关,还与路面宽度及灯具安装的几何条件（如高度、仰角和悬挑长度等）有关,如图9-10 所示。通常为了体现悬挑长度的影响,往往通过灯具光中心内在路面上的垂直投影点作一条与路轴平行的直线,将路面分成车道侧和人行道侧两部分,并分别给出这两侧的利用系数;为了体现路宽(W)和安装高度(H)的影响,通常给出与不同的 W/H 值相对应的利用系数值;为了体现灯具仰角的影响,把灯具的仰角作为参变量,分别给出在其他条件不变的情况下不同仰角所对应的利用系数值。在上述各种条件下的利用系数值计算出来后,就可以把结果标在直角坐标图上。其坐标横轴表示以灯具安装高度 H 为单位的横向距离,坐标纵轴为相应的利用系数值。然后将各

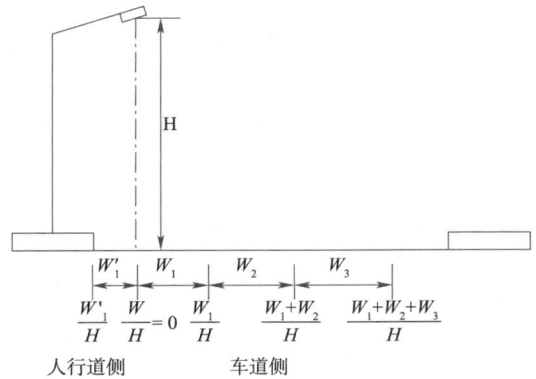

图 9-10　隧道灯具的利用系数与 W/H 关系

点连接成光滑曲线即为利用系数曲线。利用系数曲线的另一种形式是其坐标横轴为灯具对两侧路缘的张角 γ_1 和 γ_2(即路缘至灯具光中心的连线和光中心至路面垂线之间的夹角,也称为横向角度),如图 9-11 所示。

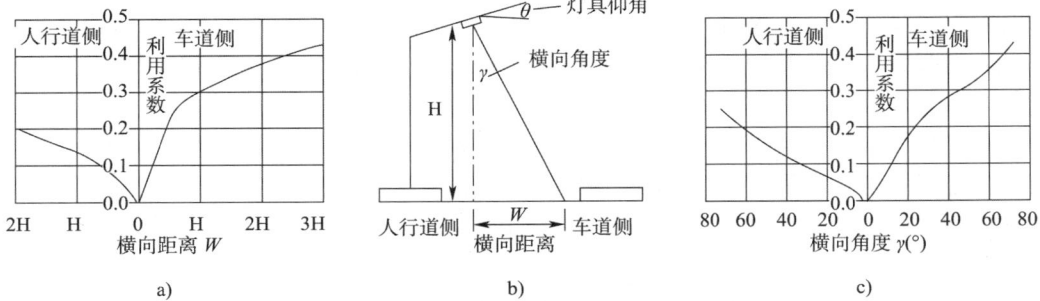

图 9-11　利用功系数曲线图

2)灯具效率与功率因数

灯具效率是指在规定条件下测得的灯具发射的光通量值与灯具内所有光源发出的光通量的测定值之和的比值。通常灯具效率为 0.5 ~ 0.9,它与灯罩材料、形状及光学中心位置有关。在交流电路中,电压与电流之间相位差(Φ)的余弦叫作功率因数,用符号 $\cos\Phi$ 表示,在数值上,功率因数是有功功率和视在功率的比值。功率因数是电力系统的一个重要的技术数据。功率因数是衡量电气设备效率高低的一个系数。功率因数低,设备的利用率就低,线路供电损失就大。

灯具的利用系数曲线,可通过在该灯具的等光强(曲线)图上画出纵向隧道线,然后计算落在纵向隧道线之间的光通量累加而得到;还可以通过把路面划分成等面积的矩形块,计算落在这些矩形块上的光通量并累加而得到。前一种方法适合人工计算,后一种方法适用于计算机计算。

3)灯具的保护角与限制眩光的措施

光源亮度超过 $16 \times 10^4 \mathrm{cd/m^2}$,是眼睛所不能承受的;太阳的亮度高达 $2 \times 10^9 \mathrm{cd/m^2}$,更是不可直视,100W 功率的白炽灯钨丝亮度也高达 $3 \times 10^6 \mathrm{cd/m^2}$。由光源的高亮度或高亮度对比直接射入眼睛所造成的眩光称为直接眩光。随着视线从眩光源移开的角度不同,对视力的影响程度也相应变化。眩光强弱与视角的关系如图 9-12 所示。在一些表面光滑的反光面上,如

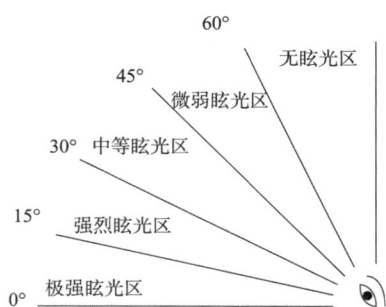
图 9-12　眩光强弱与视角的关系

果反光强烈还能造成反射眩光。

眩光对视力危害很大,轻则使人们产生不快感和降低视度,严重时可使人眩晕,甚至造成事故,为道路照明所不允许,尤其隧道照明更不能允许。即使轻微眩光,长时间照射也会使视力降低。在静态条件下,目标与背景亮度对比超过1/100时,就能引起眩光。所以眩光限制是衡量道路照明质量的重要指标之一。

影响眩光作用强弱的因素,除上述与视角的相对位置、眩光光源的亮度有关外,还与光源尺寸、背景亮度有关。光源尺寸小,眩光作用就小。因此在强眩光视角区内光源面积较小时眩光会相应小些。背景亮度大时眩光作用相对减小;背景亮度很小(很昏暗)时,即使不大的眩光亮度也可引起眩光。

通常采用的限制眩光的措施是:限制光源亮度;选择适当的悬挂高度和必要的保护角;适当提高环境亮度;合理布置光源等。

在隧道照明中,应当避免光源亮度过大。从这一点看,低功率的线光源——荧光灯较其他光源适宜。当光源亮度较大时,应考虑用半透明材料或不透明材料制成的灯罩减小亮度或遮挡强光直射眼睛。半透明材料如乳白玻璃、毛玻璃或塑料制品等,不透明材料如搪瓷灯罩、金属材料灯罩等。

经过灯具的投射和反射,光源的光通量必然要损失一些,所以灯具效率总是小于1的。由于隧道内空气中含有油污、尘埃以及其他有害物质的附着和腐蚀,灯罩会很快变脏,因而需要经常清洗,但洞内空气往往是潮湿的。所以,除上述要求的防尘防潮外,灯具的整体和各零部件还必须具有良好的防腐性能。灯具应当是封闭式的,隧道内使用的灯具应当在工厂组装成套。当光源的发光效率下降到初始值的70%时,就要整套更换。然后,将灯具回收到车间,进行清洗和更换灯泡,因此,从结构上应保证便于更换和安装。灯具配件的安装应易于操作并能根据需要调节安装角度。

灯具的设置位置,应该选择在行车限界之外,并能对墙面和路面进行最有效照明的位置上,同时还应考虑到检修方便。另外,隧道的空间高度受到限制,这个特点对处理眩光和均匀度不利。

灯具有外露式和嵌入式之分。外露灯具的表面亮度不宜过大,否则将导致眩光。为了避免直接眩光,要求灯具有一定的保护角。所谓保护角,是指灯具的开口边缘至发光体最边缘的连线与水平线(人眼通常是平视状态)所成的夹角,以 α 表示,如图 9-13 所示。保护角越大,光分布越窄,效率越低;遮光角越小,光分布越宽,效率越高,克服眩光的作用越弱。α 通常不应小于20°(驾驶员在驾驶位置上从车窗望出去,由于车窗的遮挡,形成的可视上限与视平线的夹角为20°)。

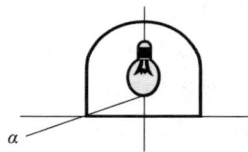
图 9-13　灯具的保护角

4)灯具的防护等级

根据《外壳防护等级(IP 代码)》(GB/T 4208—2017)规定,表示防护等级的"代号"通常由特征字母"IP"和两位特征数字组成,第一位数字表示防尘等级,第二位数字表示防水等级,数字越大表示其防护等级越佳。其防尘、防水等级一览表分别见表 9-3 和表 9-4。

第一位特征数字	防护等级	
	简要说明	含义
0	无防护	—
1	防止直径不小于 50mm 的固体异物	直径 50mm 球形物体试具不得完全进入壳内
2	防止直径不小于 12.5mm 的固体异物	直径 12.5mm 球形物体试具不得完全进入壳内
3	防止直径不小于 2.5mm 的固体异物	直径 2.5mm 物体试具完全不得进入壳内
4	防止直径不小于 1.0mm 的固体异物	直径 1.0mm 物体试具完全不得进入壳内
5	防尘	不能完全防止尘埃进入，但进入的灰尘量不得影响设备的正常运行，不得影响安全
6	尘密	无灰尘进入

第二位特征数字	防护等级	
	简要说明	含义
0	无防护	—
1	防止垂直方向滴水	垂直方向滴水应无有害影响
2	防止当外壳在 15° 倾斜时垂直方向滴水	当外壳的各垂直面在 15° 倾斜时，垂直方向滴水应无有害影响
3	防淋水	当外壳的垂直面在 60° 范围内淋水，无有害影响
4	防溅水	向外壳各方向溅水无有害影响
5	防喷水	向外壳各方向喷水无有害影响
6	防强烈喷水	向外壳各方向强烈喷水无有害影响
7	防短时间浸水影响	浸入规定压力的水中经规定时间后外壳进水量不致达有害程度
8	防持续浸水影响	按生产厂河用户双方同意的条件(应比特征数字为 7 时严酷)持续潜水后外壳进水量不致达有害程度
9	防高温/高压喷水影响	向外壳各方向喷射高温/高压水无有害影响

5)隧道照明对灯具技术参数的要求

(1)防护等级应不低于 IP65。

(2)应具有适合公路隧道特点的防炫装置。

(3)光源和附件便于更换。

(4)灯具零部件具有良好的防腐性能。

(5)灯具安装角度易于调整。

(6)气体放电灯的灯具效率不应低于 70%，功率因数不应小于 0.85。

(7)LED 隧道灯具的功率因数不应小于 0.95。

6)灯具的布置方式

为了使路面亮度、均匀度、眩光及诱导性等照明基本光度参数较好,应该在选择灯的类型及灯具的悬挂方式、高度、间距等各方面进行综合考虑,以便获得最佳效果。

照明灯具的布置可采用中线布置、中线侧偏单光带布置、两侧交错布置和两侧对称布置4种布置方式,见表9-5和图9-14。

灯具布置方式 表9-5

布置方式	图示
中线布置	行车道中心线
中央侧偏单光带布置	行车道中心线
两侧交错布置	行车道中心线
两侧对称布置	行车道中心线

a) 中线布置

b) 两侧交错或对称布置

c) 中线侧偏单光带布置

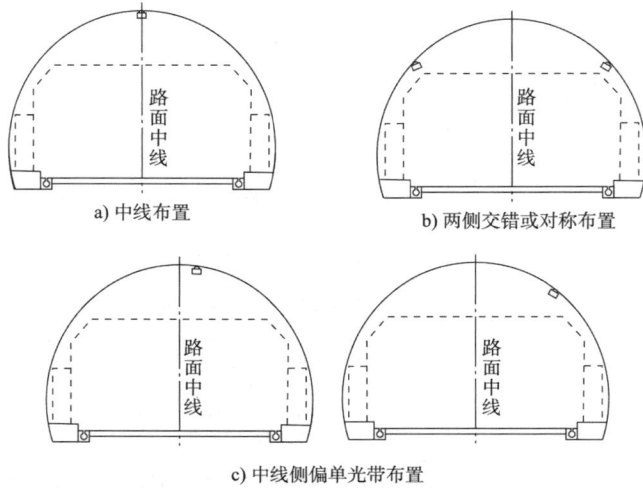

图9-14 灯具布置形式图

照明灯具的布置形式影响照明系统的效率,中线布置、中线侧偏布置比两侧布置效率高,两侧交错布置比两侧对称布置效率高。

隧道曲线段照明灯具的布置应符合下列要求:

(1)平曲线半径不小于1000m的曲线段,照明灯具可参照直线段布置;

(2)平曲线半径小于1000m的曲线段,当采用两侧布灯方式时,宜采用对称布置;当采用中线侧偏布灯方式时,照明灯具应沿曲线外侧布置,间距宜为直线段照明灯具间距的0.5～0.7倍,半径越小灯具布置间距应越小,如图9-15所示。

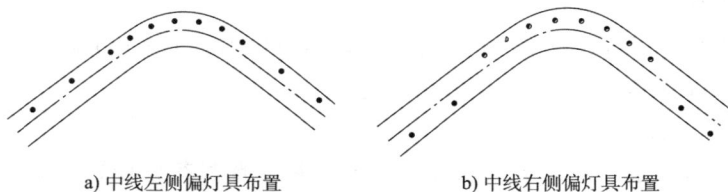

a) 中线左侧偏灯具布置

b) 中线右侧偏灯具布置

图9-15 曲线段中线侧偏灯具布置示意图

（3）在反向曲线段上，宜在固定的一侧设置灯具；若有视线障碍，宜在曲线外侧增设灯具，如图 9-16 所示。

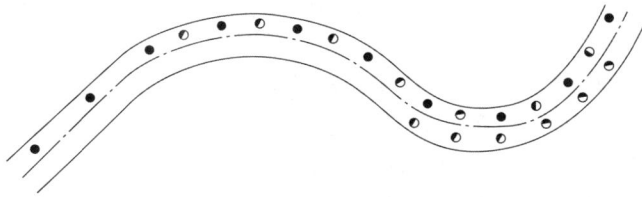

图 9-16　反向曲线段上的灯具布置示意图

9.6　隧道照明区段划分

白天，驾驶员驾驶汽车在接近、进入、通过、驶出隧道的过程中会遇到各种视觉问题。公路隧道运营照明的基本任务就是解决驾驶员的视觉问题，不间断地为驾驶员获得足够的视觉信息提供照明条件，从而保证行车的安全性和舒适性。但是，人的视觉生理机能是不容易改变的，只能顺应人的视觉适应规律。同时，隧道照明不分昼夜，电光照明费用较高，因此隧道照明设计必须要考虑隧道运营照明的费用。因此，公路隧道运营照明大体上应满足两点，即视觉信息的不间断性和照明的经济性，前者要求有较高的亮度，后者要求有较低的亮度，照明设计者应该把它们统一起来。

提高洞内亮度水平的方法，是最简便却也过时的，而且也是争议最大的方法。由 9.4 节可知，在道路照明的各种质量指标中，亮度是基础。有了亮度以后，才能进一步谈均匀度、亮度对比、眩光、诱导性、最低亮度阈、视角阈、亮度对比阈、相对阈值增量以及体视阈等。有了充足的、甚至是较高的亮度水平，其他问题都比较好解决。但是从经济性方面考虑，该方法最大的问题是投资费用高、运营费用高和耗能大。另外，该方法也没有充分利用人的视觉适应规律，浪费了本来有可能节省的亮度。所以从这个意义上讲，提高洞内亮度水平也是最浪费的方法。

充分考虑视觉适应规律，可以把亮度维持在一个较低的水平上，甚至可以维持在最低的水平上。这种方法首先需要根据驾驶员驾驶汽车在接近、进入、通过、驶出隧道的过程中遇到的视觉问题划分照明区段；在各个照明区段解决驾驶员遇到的视觉问题，这样就可以在各个照明区段上把亮度维持在一个实际情况所容许的最低极限水平。其要点是：根据现场调查确定洞外亮度；根据设计车辆、交通方式、交通流量、空气透过率等确定中间段的所需亮度水平；根据视觉适应规律、洞外与中间段亮度差、亮度减小的速率等，确定入口段、过渡段以及出口段的亮度水平和长度。

9.6.1　隧道照明临界长度的讨论

汽车驶近没有适当照明的隧道时，因隧道长度不同，驾驶员会产生不同的反应。这里引入"临界长度"这个专用名词。广义地说，它是指一个隧道如果短于这个临界长度，通常无须设置电光照明。此时自然光照亮的出口占据了视场中的绝大部分，但这是一个含糊的概念。比较明确的概念应该是从入口处能看到 100～160m 距离上的障碍物，这就需要在障碍物的后面背景上有足够的亮度，此时进出口应能提供足够的亮度。当隧道的长度小于临界长度时，就可以起到这种作用。反之，如果隧道长度大于临界长度，那么从同一距离观察时，会发现围绕着明亮的出口形成一个"黑框"。一般临界长度都定为40m左右,临界长度为40m是指直的、水平的和交通负荷不太大的隧道。如果隧道是弯曲的,或者隧道入口前的道路是弯曲的,或者刚好是下坡,或者看不到出口等,为了能看到突然出现的汽车或其他障碍物,则需要设置特殊的隧道照明。

关于这个长度的准确值究竟是多少,则很难给定,因为具体隧道可能受隧道所在位置、环境和洞口的方位以及季节和气候等的制约而有较大的差异。所以,设计者应在具体条件下作具体判断。《公路隧道设计规范》(JTG D70/2—2014)给出了光学长隧道的定义并对设置电光照明的隧道长度作了具体要求:"光学长隧道"是指距洞口一个停车视距处,在道路中心线、离地面1.5m高位置不能完全看到出口的曲线隧道。其对设置电光照明的隧道长度作出如下要求:

(1)长度 $L > 200\text{m}$ 的高速公路隧道、一级公路隧道应设置照明。

(2)长度 $100\text{m} < L \leqslant 200\text{m}$ 的高速公路光学长隧道、一级公路光学长隧道应设置照明。

(3)长度 $L > 1000\text{m}$ 的二级公路隧道应设置照明;长度 $500\text{m} < L \leqslant 1000\text{m}$ 的二级公路隧道宜设置照明;三级、四级公路隧道应根据实际情况确定。

(4)有人行需求的隧道,应根据隧道长度和环境条件设置满足行人通行需求的照明设施。

9.6.2 照明区段

长隧道照明基本可以按接近段、入口段、过渡段、中间段和出口段5个区段划分。通常情况下,单向交通隧道照明可划分为入口段照明、过渡段照明、中间段照明、出口段照明、洞外引道照明以及洞口接近段减光设施,隧道照明区段构成如图9-17所示;双向交通隧道照明系统可划分为入口段照明、过渡段照明、中间段照明、洞外引道照明以及洞口接近段减光设施,隧道照明区段构成如图9-18所示。

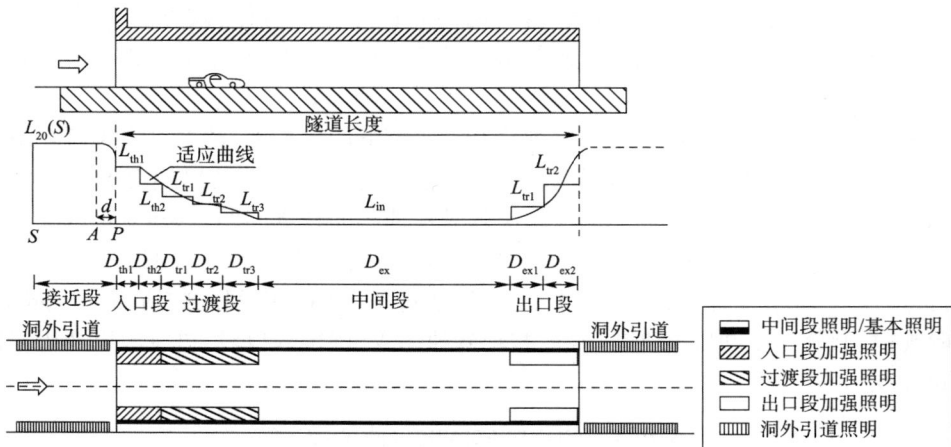

图9-17 单向交通隧道照明系统分段简图

P-洞口;S-接近段起点;A-适应点;d-适应距离;$L_{20}(S)$-洞外亮度;L_{th1}、L_{th2}-入口段亮度;L_{tr1}、L_{tr2}、L_{tr3}-过渡段亮度;L_{in}-中间段亮度;D_{th1}、D_{th2}-入口段th1、th2分段长度;D_{tr1}、D_{tr2}、D_{tr3}-过渡段tr1、tr2、tr3分段长度;D_{ex1}、D_{ex2}-出口段ex1、ex2分段长度

隧道照明措施可分为基本照明与加强照明。基本照明是为了保障行车安全沿隧道全长提供基本亮度的措施;加强照明是解决白昼洞内外亮度反差适应性的措施。公路隧道入口段、过渡段、出口段照明应由基本照明和加强照明组成;基本照明应与中间段照明一致。

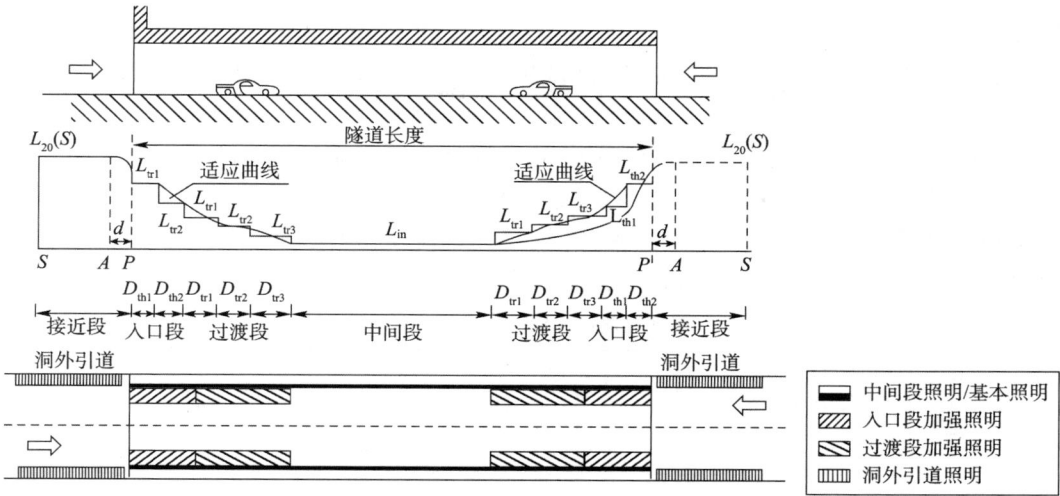

图 9-18　双向交通隧道照明系统分段简图

P-洞口;S-接近段起点;A-适应点;d-适应距离;$L_{20}(S)$-洞外亮度;L_{th1}、L_{th2}-入口段亮度;L_{tr1}、L_{tr2}、L_{tr3}-过渡段亮度;L_{in}-中间段亮度;D_{th1}、D_{th2}-入口段 th1、th2 分段长度;D_{tr1}、D_{tr2}、D_{tr3}-过渡段 tr1、tr2、tr3 分段长度

9.6.3　接　近　段

在公路隧道各照明区段中,在洞口(设有光过渡建筑时,则为其入口)前,从驾驶员的精力被完全吸引到隧道的那一点到适应点之间的一段道路,在照明上称为接近段。关于这一段的起点,目前没有明确的定义,一般按停车视距计算,其理由还是处于保证安全这一根本目的。确定这一点的实际意义是为了测定洞外亮度。

1)洞外亮度$L_{20}(S)$

洞外亮度$L_{20}(S)$是指在接近段起点S处,距地面1.50m高正对洞口方向$20°$视场实测得到的平均亮度,如图 9-19 所示。洞外亮度是驾驶员驾车驶入隧道洞口所看到的洞口环境的平均亮度。洞外亮度不等于野外亮度,因为在洞外不同距离上的野外亮度不同,所以必须明确在哪一点和在什么方向上测定。关于接近段起点S,目前还没有明确的定义,一般是按照明停车视距计算的;关于观测方向,洞外亮度的定义也给出了明确的规定。

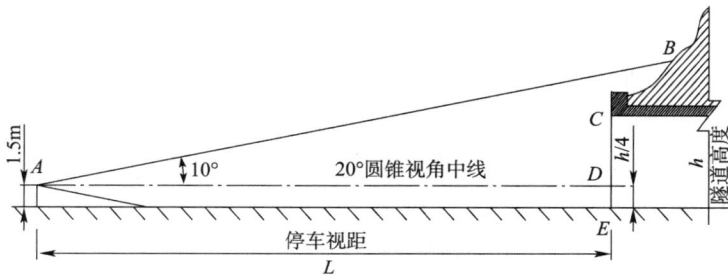

图 9-19　洞外亮度$L_{20}(S)$测试示意图

在照明设计中,车速与洞外亮度是两个主要基准值,车速已由公路等级限定,洞外亮度要由公路照明设计者进行实地测定。洞外亮度$L_{20}(S)$的合理设定,对工程投资和运营费用都有极大的影响,因此,宜通过洞口山坡绿化或对结构物进行减光处理,尽量降低洞外亮度,以便降

低造价和节能。其取值的大小,对确定入口段、过渡段以及出口段亮度有很大影响,因此要尽量符合实际情况,不宜偏高。

影响洞外亮度的因素很多。首先是在"起点"面向洞口的20°视场内的天空面积所占百分比,占比越大则亮度越高;其他因素还有洞口朝向(或车辆行驶方向),面向朝北的洞口车辆是向南行驶的(面向强光),就应该取较高亮度值;是亮环境还是暗环境(植被或裸露,岩土的颜色),亮环境就应该较高亮度值;季节(冬夏)、气象(阴晴)、维度(高低)、雨雪等;车速的快慢,车速快则应取较高亮度值;另外还与交通方式(单向或对向)及交通量等有关,单向交通比对向交通时低,交通量较小比较大时低。在没有实测资料时,可以按表9-6取值。

洞外亮度$L_{20}(S)$(单位:cd/m²)   表9-6

天空面积百分比 (%)	洞口朝向 或洞外环境	设计速度 v_t(km/h)				
		40	60	80	100	120
35~50	南洞口	—	—	4000	4500	5000
	北洞口	—	—	5500	6000	6500
25	南洞口	3000	3500	4000	4500	5000
	北洞口	3500	4000	5000	5500	6000
10	暗环境	2000	2500	3000	3500	4000
	亮环境	3000	3500	4000	4500	5000
0	暗环境	1500	2000	2500	3000	3500
	亮环境	2000	2500	3000	3500	4000

注:1. 天空面积百分比指20°视场中天空面积百分比。

2. 南洞口指北行车辆驶入的洞口,北洞口指南行车辆驶入的洞口。

3. 东洞口与西洞口取用南洞口与北洞口之中间值。

4. 暗环境指洞外景物(包括洞门建筑)反射率低的环境,亮环境指洞外景物(包括洞门建筑)反射率高的环境。

在隧道施工前后,洞口环境往往变化很大,施工会不同程度地改变环境,施工前所测得的某点亮度,常常与施工后该点亮度不同。因此,在洞口土建完成时,应进行洞外亮度实测。实测值与设计值的误差如超出±25%,应调整照明系统的设计。

洞外亮度测试方法通常有环境简图法、黑度法以及数码相机法等。数码相机法由于操作简便、测试结果较为准确,是目前较为常用的一种测试方法。

2)接近段长度

接近段长度一般按隧道入口外一个照明停车视距计算。照明停车视距是指驾驶员以一定的速度在隧道内驾车行驶过程中,从看到路面上障碍物时开始制动至到达障碍物前安全停车所需的最短距离,它包含在反应时间和制动时间内行驶的距离。照明停车视距的变化范围很大,主要取决于驾驶员、车辆、行车速度、路面坡度和气候条件等。《公路隧道照明设计细则》(JTG/T D70/2-01—2014)建议可按表9-7取值。

照明停车视距D_s(单位:m)   表9-7

设计速度 v_t (km/h)	纵坡(%)								
	-4	-3	-2	-1	0	1	2	3	4
120	260	245	232	221	210	202	193	186	179
100	179	173	168	163	158	154	149	145	142

设计速度 v_t	纵坡（%）								
（km/h）	-4	-3	-2	-1	0	1	2	3	4
80	112	110	106	103	100	98	95	93	90
60	62	60	58	57	56	55	54	53	52
40	29	28	27	27	26	26	25	25	25

9.6.4 入 口 段

入口段是进入隧道的第一个照明段,是使驾驶员适应由洞外高亮度向洞内低亮度环境过渡设置的照明段。

1）入口段亮度

对近十年来建设的公路隧道的广泛调研表明,入口段后半段亮度偏高,因此《公路隧道设计规范》(JTG D70/2—2014)采用了入口段分段设置的方法,将入口段划分为 th1、th2 两个照明段,与之对应的亮度分别按下式计算:

$$L_{th1} = k \times L_{20}(S) \tag{9-17}$$
$$L_{th2} = 0.5 \times k \times L_{20}(S) \tag{9-18}$$

式中:L_{th1}——入口段 1 亮度（cd/m²）;

L_{th2}——入口段 2 亮度（cd/m²）;

k——入口段亮度折减系数,可按表9-8取值。

入口段亮度折减系数 k　　　　　　　　　　　　　　　表9-8

设计交通量 N[veh/(h·ln)]		设计速度 v_t（km/h）				
单向交通	双向交通	20～40	60	80	100	120
≥1200	≥650	0.012	0.022	0.035	0.045	0.070
≤350	≤180	0.010	0.015	0.025	0.035	0.050

注:当交通量在区间中间时,按线性内插法取值。

长度 $L > 500\text{m}$ 的非光学长隧道及长度 $L > 300\text{m}$ 的光学长隧道,入口段 th1、th2 的亮度应分别按式(9-17)及式(9-18)计算。

长度为 $300\text{m} < L \leq 500\text{m}$ 的非光学长隧道及长度为 $100\text{m} < L \leq 300\text{m}$ 的光学长隧道,入口段 th1、th2 的亮度宜分别按式(9-17)及式(9-18)计算值的50%取值。

长度为 $200\text{m} < L \leq 300\text{m}$ 的非光学长隧道,入口段 th1、th2 的亮度宜分别按式(9-17)及式(9-18)计算值的20%取值。

当两座隧道间的行驶时间按设计速度计算小于15s,且通过前一座隧道的行驶时间大于30s 时,后续隧道入口段亮度应进行折减,亮度折减率可按表9-9取值。

后续隧道入口段亮度折减率　　　　　　　　　　　　　　表9-9

两隧道之间行驶时间 $t(s)$	$t < 2$	$2 \leq t < 5$	$5 \leq t < 10$	$10 \leq t < 15$
后续隧道入口段亮度折减率（%）	50	30	25	20

2)入口段长度

入口段长度D_{th}可根据车速、照明停车视距、最小衬托长度、洞口净空高度、适应距离等进行计算。

入口段 th1、th2 长度应按下式计算:

$$D_{th1} = D_{th2} = \frac{1}{2}\left(1.154 D_s - \frac{h-1.5}{\tan 10°}\right) \tag{9-19}$$

式中:D_{th1}——入口段 1 长度(m);

    D_{th2}——入口段 2 长度(m);

    D_s——照明停车视距(m),可按表9-7取值;

    h——洞口内净空高度(m)。

设计速度为 20~40km/h 时,入口段总长度可取 1 倍照明停车视距。

9.6.5 过 渡 段

过渡段是隧道入口段与中间段之间的照明段,是使驾驶员视觉适应由隧道入口段的高亮度向洞内低亮度过渡设置的照明段。

1)过渡段亮度

国际照明委员会经过反复测定得出了过渡段亮度适应曲线,如图9-20所示,可以用下式表示:

$$L_{tr} = L_{th1}(1.9 + t)^{-1.4} \tag{9-20}$$

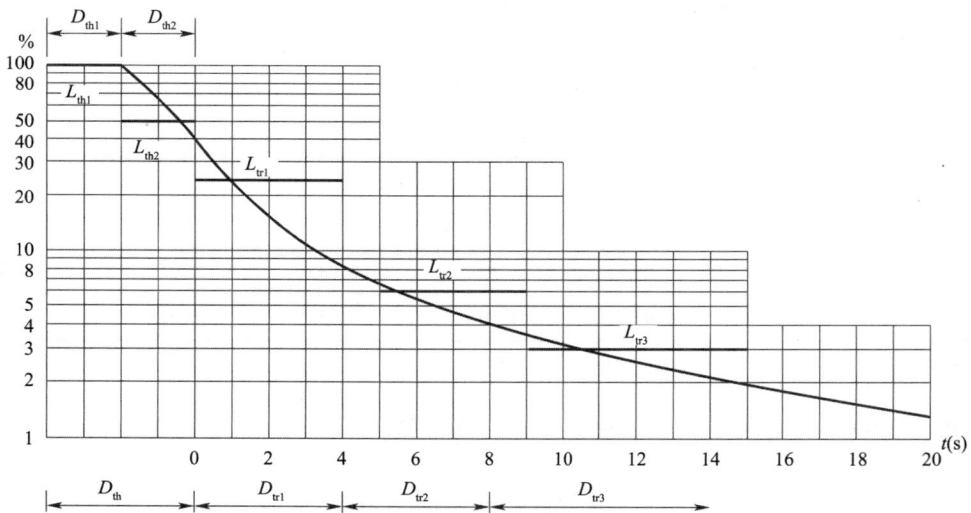

图9-20 过渡段长度与相应亮度

实用上不能把照明器的亮度作为上述曲线所描述的理想形状,而是要用一组 n 个台阶状折线取代它,台阶数量越多当然就越趋近于曲线,但是设计上也就越难以适应它。经过测试,3个过渡台阶基本上就能符合要求,亮度比取为3:1。

因此,过渡段宜划分为 tr1、tr2、tr3 三个照明段,与之对应的亮度应分别按式(9-21)~式(9-23)计算:

$$L_{tr1} = 0.15 \times L_{th1} \tag{9-21}$$

$$L_{tr2} = 0.05 \times L_{th1} \tag{9-22}$$

$$L_{tr3} = 0.02 \times L_{th3} \tag{9-23}$$

式中：L_{tr1}——过渡段 1 亮度（cd/m²）；

$\quad\quad L_{tr2}$——过渡段 2 亮度（cd/m²）；

$\quad\quad L_{tr3}$——过渡段 3 亮度（cd/m²）。

长度 $L \leqslant 300m$ 的隧道，可不设置过渡段加强照明；长度为 $300m < L \leqslant 500m$ 的隧道，当在过渡段 tr1 能完全看到隧道出口时，可不设置过渡段 tr2、tr3 加强照明；当 tr3 的亮度 L_{tr3} 不大于中间段亮度 L_{in} 的 2 倍时，可不设置过渡段 tr3 加强照明。

2）过渡段长度

各过渡段的长度基本上沿着图 9-20 所示进行分割。过渡段 tr1、过渡段 tr2 的长度均相当于 4s 内的行驶距离；过渡段 tr3 的长度相当于 6s 内的行驶距离。

过渡段 tr1 长度应按下式计算：

$$D_{tr1} = \frac{D_{th1} + D_{th2}}{3} + \frac{v_t}{1.8} \tag{9-24}$$

式中：v_t——设计速度（km/h）；

$\dfrac{v_t}{1.8}$——2s 内的行驶距离。

过渡段 tr2 长度应按下式计算：

$$D_{tr2} = \frac{2v_t}{1.8} \tag{9-25}$$

过渡段 tr3 长度应按下式计算：

$$D_{tr3} = \frac{3v_t}{1.8} \tag{9-26}$$

9.6.6 中 间 段

中间段是沿行车方向连接入口段或过渡段的照明段，是为驾驶员行车提供最低亮度要求设置的照明段。

1）中间段亮度与长度

中间段的照明水平与空气透过率（即通风条件）、行车速度以及交通量等因素有关。在正常通风条件下，中间段亮度可按表 9-10 取值。

中间段亮度 L_{in}（单位：cd/m²） 表 9-10

设计速度 v_t （km/h）	L_{in}		
	单向交通		
	$N \geqslant 1200veh/(h \cdot ln)$	$350veh/(h \cdot ln) < N < 1200veh/(h \cdot ln)$	$N \leqslant 350 veh/(h \cdot ln)$
	双向交通		
	$N \geqslant 650veh/(h \cdot ln)$	$180veh/(h \cdot ln) < N < 350veh/(h \cdot ln)$	$N \leqslant 180 veh/(h \cdot ln)$
120	10.0	6.0	4.5
100	6.5	4.5	3.0
80	3.5	2.5	1.5
60	2.0	1.5	1.0
40	1.0	1.0	1.0

注：1. 当设计速度为 100km/h 时，中间段亮度可按 80km/h 对应亮度取值。

　　2. 当设计速度为 120km/h 时，中间段亮度可按 100km/h 对应亮度取值。

行人与车辆混合通行的隧道,中间段亮度不应小于 $2.0\mathrm{cd/m^2}$。

当通过隧道的行车时间超过 135s 时,驾驶员有充分的适应时间,中间段可设置两个照明段,第二照明段亮度可适当降低。因此《公路隧道设计规范》(JTG D70/2—2014)规定,单向交通且以设计速度通过隧道的行车时间超过 135s 时,隧道中间段宜分为两个照明段,与之对应的长度及亮度不应低于表 9-11 所列取值。

中间段各照明段长度及亮度取值 表 9-11

项　目	长度(m)	亮度($\mathrm{cd/m^2}$)	适用条件
中间段第一照明段	设计速度下 30s 行车距离	L_{in}	
中间段第二照明段	余下的中间段长度	$L_{in} \times 80\%$,且不低于 $1.0\mathrm{cd/m^2}$	—
		$L_{in} \times 50\%$,且不低于 $1.0\mathrm{cd/m^2}$	采用连续光带布灯方式,或隧道壁面反射系数不小于 0.7 时

隧道内交通分流段、合流段的亮度不宜低于中间段亮度的 3 倍。

2)亮度均匀度要求

路面亮度总均匀度不应低于表 9-12 所示值。

路面亮度总均匀度 U_0 表 9-12

设计交通量 $N[\mathrm{veh/(h \cdot ln)}]$		U_0
单向交通	双向交通	
≥1200	≥650	0.4
≤350	≤180	0.3

注:当交通量在其中间区间时,按线性内插法取值。

路面中线亮度纵向均匀度不应低于表 9-13 所示值。

亮度纵向均匀度 U_1 表 9-13

设计交通量 $N[\mathrm{veh/(h \cdot ln)}]$		U_1
单向交通	双向交通	
≥1200	≥650	0.6
≤350	≤180	0.5

注:当交通量在其中间区间时,按线性内插法取值。

3)闪烁频率要求

当隧道内行车时间超过 20s 时,照明灯具布置间距应满足闪烁频率低于 2.5Hz 或高于 15Hz 的要求。

9.6.7 出 口 段

出口段是隧道内靠近隧道行车出口的照明段,是使驾驶员视觉适应洞内低亮度向洞外高亮度过渡设置的照明段。

在隧道出口附近,前车背后的小型车辆常难以发现、视认,容易发生事故。设置出口加强照明,有助于消除这类问题。出口加强照明效果如图 9-21 所示。

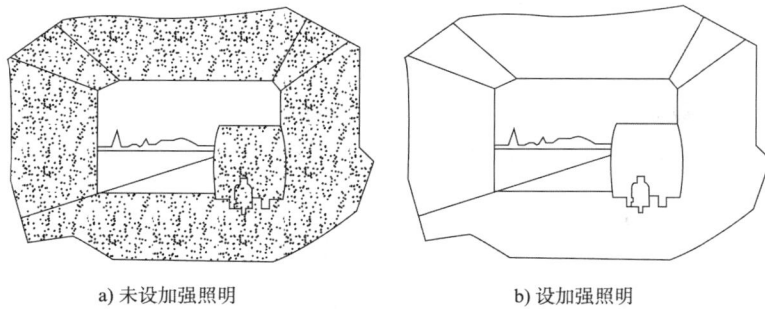

| a) 未设加强照明 | b) 设加强照明 |

图 9-21　出口加强照明效果

因此,出口段宜划分为 ex1、ex2 两个照明段,每段长度宜取 30m,与之对应的亮度应分别按式(9-27)、式(9-28)计算:

$$L_{ex1} = 3 \times L_{in} \tag{9-27}$$

$$L_{ex2} = 5 \times L_{in} \tag{9-28}$$

但是,对于长度 $L \leqslant 300m$ 的直线隧道可不设置出口段加强照明;长度为 $300m < L \leqslant 500m$ 的直线隧道可仅设置 ex2 出口段加强照明。

9.6.8　紧急停车带与横通道照明

紧急停车带主要是为异常车辆提供检修维护的场所,需做一定的细致工作,其亮度和显色性与主洞的要求不同,因此紧急停车带照明宜采用显色指数高的光源,其亮度不应低于 $4.0cd/m^2$。

横通道照明是为人员疏散逃生及救援提供必要的环境亮度,因此横通道亮度不应低于 $1.0cd/m^2$。

9.6.9　应急照明与洞外引道照明

应急照明是因正常照明的电源失效而启用的照明,供人员疏散和保障安全。长度 $L > 500m$ 的高速公路隧道应设置应急照明系统,长度 $L > 1000m$ 的一级、二级公路隧道应设置应急照明系统,照明中断时间不应超过 0.3s。三级、四级公路隧道应根据实际情况确定。

应急照明亮度不应小于表 9-10 所列中间段亮度的 10%,且不应低 $0.2cd/m^2$。

为避免因洞内外亮度反差引起的视觉偏差,以利于驾驶员提前察觉隧道状况或洞外道路状况,在隧道外引道曲线半径小于一般值的引道路段、隧道设夜间照明且处于无照明路段的洞外引道、隧道与桥梁相连接处可设置洞外引道照明。洞外引道设置亮度与长度不宜低于表 9-14 所示值。连续隧道间洞外路段长度小于表 9-14 规定值时,可按实际洞外路段长度设置引道照明。

洞外引道设置亮度与长度 表 9-14

设计速度 v_t (km/h)	亮度 (cd/m²)	长度 (m)
120	2.0	240
100	2.0	180
80	1.0	130
60	0.5	95
20 ~ 40	0.5	60

9.7　照　明　计　算

隧道照明计算包括:路面任一点的照度、平均照度的计算,任一点的亮度、平均亮度、亮度均匀度及眩光的计算。

9.7.1　照　度　计　算

隧道路面照度计算方法有多种,可利用灯具的光强分布表、系数曲线图、等照度曲线图等光度数据计算,还可以利用计算机进行数值计算。这里简要介绍隧道照明常用的照度计算方法。

1)利用光强分布表的数值计算方法

(1)某一灯具在洞内路面计算点 p 产生的水平照度可按式(9-29)计算:

$$E_{pi} = \frac{I_{c\gamma}}{H^2}\cos^3\gamma \times \frac{\Phi}{1000} \times M \qquad (9\text{-}29)$$

式中:E_{pi}——灯具在洞内路面计算点 p 产生的水平照度(lx);

　　γ——p 点对应的灯具光线入射角(°);

　　$I_{c\gamma}$——灯具在计算点 p 的光强值(cd),按灯具的光强分布表取值;

　　M——灯具的养护系数,无资料时可取 $0.6 \sim 0.7$;

　　Φ——灯具额定光通量(lm);

　　H——灯具光源中心至路面的高度(m)。

(2)数个灯具在计算点所产生的水平照度可按式(9-30)计算:

$$E_p = \sum_{i=1}^{n} E_{pi} \qquad (9\text{-}30)$$

式中:E_p——p 点的水平照度(lx);

　　n——灯具数量,计算时可取计算区域前后各一组灯,$2 \sim 4$ 个。

(3)路面平均水平照度可按式(9-31)计算:

$$E_{av} = \frac{\sum_{p=1}^{m} E_p}{m} \qquad (9\text{-}31)$$

式中:E_{av}——路面平均水平照度(lx);

　　m——计算区域内计算点的总数。

2)利用灯具利用曲线图计算方法

在道路照明中,灯具射出的光只有一部分能直接到达路面,其数量可以利用灯具利用系数曲线图(图 9-11)来确定。利用系数曲线图是按道路宽度编制的,并以灯具的安装高度为基数编制的能适应各种安装高度的图。道路照明灯具的利用系数 η 定义为可利用光通量 Φ_u(到达路面的光通量)与光源发出的光通量 Φ 之比,即 $\eta = \dfrac{\Phi_u}{\Phi}$。

道路断面的利用系数 η 值可通过图 9-11 查取。已知 η 后,可按式(9-32)计算路面平均水平照度:

$$E_{av} = \frac{\eta \cdot \Phi \cdot M \cdot \omega}{W \cdot S} \qquad (9\text{-}32)$$

式中:ω——灯具布置系数,对称布置时取 2,交错、中线及中央侧偏单光带布置时取 1;

  η——利用系数,可由灯具的利用系数曲线图查取;

  Φ——灯具内光源的光通量(lm);

  W——隧道路面宽度(m);

  S——灯具间距(m)。

[**例题**] 某隧道基本照明数据见表9-15,试利用灯具利用系数曲线图法计算路面平均亮度。

某隧道基本照明数据   表9-15

光 源	高压钠灯	路面类型	水 泥 路 面
功率	100w	路面宽度	8.5m
灯具		灯具安装方式	双侧交错,间距6m,高度4m,仰角10^0
养护系数	0.7	观测点位置	距路面边缘1/4路面宽度处
光通量	8180lm	计算依据	纵向长度 $S = 6$m,宽度 $W = 8.5$m
灯具数量	4 个	计算点数	纵向7点(间距1m),横向5点(间距2.125m)

解:将 $W = 8.5$m、$S = 6.0$m、$\Phi = 8180$lm、$M = 0.7$、$\omega = 1$、$\eta = 0.4$ 代入式(9-32),可得路面平均照度为:

$$E_{av} = \frac{\eta \cdot \Phi \cdot M \cdot \omega}{W \cdot S} = \frac{0.4 \times 8180 \times 0.7 \times 1}{8.5 \times 6.0} = 44.9\text{lx}$$

3)利用相对等照度曲线图计算方法

(1)在相对等照度曲线图上确定计算区域内有影响的灯具排列线到计算点的横向距离和纵向距离。

(2)在相对等照度曲线图上读出各盏灯具相对计算点的相对照度值。

(3)将各盏灯的相对等照度值相加,求得各计算点的照度值。

9.7.2 亮 度 计 算

1)隧道路面亮度的影响因素

隧道路面亮度除了与照明灯具直接有关外,驾驶员观察位置的高度及路面材料的反射特性对隧道路面亮度的影响也是非常大的。隧道路面亮度计算中,用亮度系数 q 表示路面反光性能。亮度系数 q 的概念是:路面上某点的亮度和该点的水平照度之比,即 $q = L/E$。它除了与路面材料有关外,还取决于观察者和光源相对于路面所考察的那一点的位置,即 $q = q(\beta, \gamma)$,其中 β 为光的入射平面和观察平面之间的角度,γ 为入射光线的投射(高度)角,如图 9-22 所示。

一个灯具 i 在 p 点上产生的亮度计算公式为:

$$L_{pi} = E_{pi}q(\beta, \gamma) = \frac{I(c, \gamma)}{h^2}\cos^3\gamma \cdot q(\beta, \gamma) = \frac{I(c, \gamma)}{h^2}q(\beta, \gamma)\cos^3\gamma$$

$$= \frac{I(c, \gamma)}{h^2}r(\beta, \gamma) \quad\quad\quad (9\text{-}33)$$

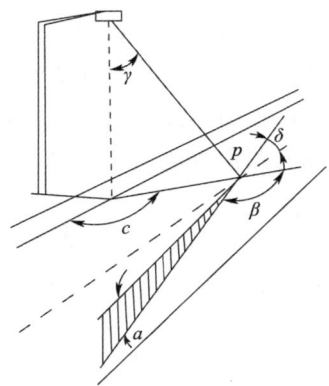

图9-22 定反射特性的几何
位置关系图

式中：(c,γ)——计算点(p)相对于灯具的坐标；

$\quad I(c,\gamma)$——灯具在p点的光强值；

$\quad r(\beta,\gamma)$——简化亮度系数，查表可得；

$\quad\quad \beta$——观察面与光入射面之间的夹角；

$\quad\quad h$——灯具安装高度。

从式(9-33)可知，要进行亮度计算，关键是要知道路面亮度系数q或简化亮度系数r。实际路面的q或r只有通过实测才能获得，且非常复杂。目前通常采用国际照明委员会(CIE)和道路代表大会国际常设委员会(PIARC)共同推荐的简化亮度系数表。

2)隧道路面亮度计算条件

(1)计算区域不应小于灯具间距。

(2)观察点距计算区域宜取$60\sim160\mathrm{m}$，应位于车道中线，并距路面高度$1.5\mathrm{m}$。

(3)计算区域内纵向计算点间距不宜大于$1.0\mathrm{m}$，横向计算点不应少于5个。

(4)计算灯具应包括计算区域前后各一组。

(5)为保证计算精度，且符合计算平均照度、亮度特别是亮度均匀度与纵向均匀度的要求，计算区域内必须有足够的计算点数量，并且车道中心线上应布点。

3)用亮度输出曲线计算隧道路面亮度

使用亮度输出曲线进行计算是比较简捷的方法，所依据的公式如下：

$$L_{\mathrm{av}} = \eta_1 q_0 \frac{\Phi}{S \cdot W} \tag{9-34}$$

式中：η_1——亮度输出系数；

$\quad \Phi$——光源光通量(lm)；

$\quad S$——灯具间距(m)；

$\quad W$——路宽(m)；

$\quad q_0$——路面平均亮度系数$(\mathrm{cd}\cdot\mathrm{m}^2/\mathrm{lx})$。

考虑维护系数M后，上式可以写为：

$$L_{\mathrm{av}} = \eta_1 q_0 \frac{M\Phi}{SW} \tag{9-35}$$

4)利用平均照度换算系数计算平均亮度值

这是计算路面平均亮度的最简化的方法，但是其精度较低。平均照度换算系数是得到$1\mathrm{cd}/\mathrm{m}^2$的路面平均亮度所必需的路面平均照度值，它可由路面简化亮度系数r表进行路面平均亮度和平均照度计算得到，也可通过实际测量而得到。《公路隧道照明设计细则》(JTG/T D70/2-01—2014)规定，平均亮度与平均照度间的换算系数宜实测确定；无实测条件时，黑色沥青路面可取$15\mathrm{lx}/(\mathrm{cd}\cdot\mathrm{m}^{-2})$，水泥混凝土路面可取$10\mathrm{lx}/(\mathrm{cd}\cdot\mathrm{m}^{-2})$。

上述介绍的利用系数图计算方法、相对等照度曲线图计算方法等只能粗略估算隧道路面的照度，通常用于隧道照明设计的可行性研究和初步设计阶段进行方案研究。要精确反应隧道各个照明区段在不同工况下路面计算区域内各点的照度和亮度，需要应用数值计算方法。

[例题] 某隧道长2500m，隧道路面宽度$W=10.8\mathrm{m}$，断面高度$h=7.8\mathrm{m}$，隧道为单向交通；设计速度为$v_{\mathrm{t}}=80\mathrm{km/h}$，设计小时交通量为$N=750\mathrm{veh}/(\mathrm{h}\cdot\mathrm{ln})$；隧道路面为水泥混凝土路面，洞外亮度(假设为亮环境)$L_{20}(S)=2980\mathrm{cd}/\mathrm{m}^2$，平均亮度与平均照度之间的关系系数为

$10\text{lx}/(\text{cd}\cdot\text{m}^{-2})$;采用高压钠灯,灯具额定光通量可参照表9-16取值。

灯具功率(W)	灯具额定光通量(lm)	灯具功率(W)	灯具额定光通量(lm)
400	48000	100	9000
250	28000	70	6000
150	16000		

试确定该隧道以下照明参数:

(1)隧道各照明区段的亮度与长度;

(2)隧道各照明区段的灯具布置;

(3)设置该隧道照明系统。

解:(1)隧道各照明区段的亮度与长度计算。

隧道内设置入口段、过渡段、中间段和出口段4个照明区段。

①入口段。

入口段亮度:

$$L_{\text{th1}} = k \times L_{20}(S) = 0.030 \times 2980 = 89.4\text{cd/m}^2$$

$$L_{\text{th2}} = 0.5 \times k \times L_{20}(S) = 0.5 \times 0.030 \times 2980 = 44.7\text{cd/m}^2$$

入口段长度:

$$D_{\text{th1}} = D_{\text{th2}} = \frac{1}{2} \times \left(1.154D_{\text{s}} - \frac{h-1.5}{\tan 10°}\right) = \frac{1}{2} \times \left(1.154 \times 100 - \frac{7.8-1.5}{\tan 10°}\right) = 39.84\text{m}$$

入口段1长度取值 $D_{\text{th1}} = 41.8\text{m}$;入口段2长度取值 $D_{\text{th1}} = 40.5\text{m}$。

入口段总长: $D_{\text{th}} = D_{\text{th1}} + D_{\text{th2}} = 82.3\text{m}$。

②过渡段。

过渡段亮度:

$$L_{\text{tr1}} = 0.15L_{\text{th1}} = 0.15 \times 89.4 = 13.4\text{cd/m}^2$$

$$L_{\text{tr2}} = 0.05L_{\text{th1}} = 0.05 \times 89.4 = 4.5\text{cd/m}^2$$

$$L_{\text{tr3}} = 0.02L_{\text{th1}} = 0.02 \times 89.4 = 1.79\text{cd/m}^2$$

由于 $L_{\text{tr3}} < 2 \times 2.5 = 5.0\text{cd/m}^2$,故可不设置过渡段 tr3。

过渡段长度:

$$D_{\text{tr1}} = \frac{D_{\text{th1}} + D_{\text{th2}}}{3} + \frac{v_{\text{t}}}{1.8} = \frac{39.84+39.84}{3} + \frac{80}{1.8} = 71.0\text{m}$$

$$D_{\text{tr2}} = \frac{2v_{\text{t}}}{1.8} = \frac{2 \times 80}{1.8} = 89.0\text{m}$$

过渡段1长度取值 $D_{\text{tr1}} = 71.5\text{m}$;过渡段2长度取值 $D_{\text{tr2}} = 90.0\text{m}$。

过渡段总长: $D_{\text{tr}} = D_{\text{tr1}} + D_{\text{tr2}} = 71.5 + 90.0 = 161.5\text{m}$。

③中间段。

中间段亮度:

$$L_{\text{in}} = 2.5\text{cd/m}^2$$

中间段长度:

$$D_{in} = L - D_{th} - D_{tr} - D_{ex} - 20 = 2500 - 82.3 - 161.5 - 60 - 20 = 2180\text{m}$$

④出口段。

出口段亮度：

$$L_{ex1} = 3 \times L_{in} = 3 \times 2.5 = 7.5 \text{ cd/m}^2$$
$$L_{ex2} = 5 \times L_{in} = 5 \times 2.5 = 12.5 \text{cd/m}^2$$

出口段长度：

$$D_{ex1} = 30\text{m}, D_{ex2} = 30\text{m}$$

出口段总长：

$$D_{ex} = D_{ex1} + D_{ex2} = 60\text{m}$$

（2）灯具布置计算。

本隧道照明方案采用高压钠灯,采用利用系数曲线图计算方法计算布置间距 $S = \dfrac{\eta \cdot \Phi \cdot M \cdot \omega}{W \cdot E_{av}}$,取 $\eta = 0.55, M = 0.7, W = 10.8\text{m}$。

①基本段(中间段)。

选用 100W 高压钠灯,采用中线侧偏单光带布置：

$$S = \frac{\eta \cdot \Phi \cdot M \cdot \omega}{W \cdot E_{av}} = \frac{\eta \cdot \Phi \cdot M \cdot \omega}{W \cdot L_{av} \times 10} = \frac{0.55 \times 9000 \times 0.7 \times 1.0}{10.8 \times 2.5 \times 10} = 12.83\text{m}$$

鉴于路面亮度总均匀度应不小于0.3,路面中线亮度纵向均匀度不小于0.5,故取灯具布置间距为8.0m。

②加强段。

a. 入口段。

入口段1选用400W高压钠灯,采用两侧对称布置：

$$S = \frac{\eta \cdot \Phi \cdot M \cdot \omega}{W \cdot E_{av}} = \frac{\eta \cdot \Phi \cdot M \cdot \omega}{W \cdot L_{av} \times 10} = \frac{0.55 \times 48000 \times 0.7 \times 2}{10.8 \times (89.4 - 2.5) \times 10} = 3.94\text{m}, \text{取值} 3.8\text{m};$$

入口段2选用250W高压钠灯,采用两侧对称布置：

$$S = \frac{\eta \cdot \Phi \cdot M \cdot \omega}{W \cdot E_{av}} = \frac{\eta \cdot \Phi \cdot M \cdot \omega}{W \cdot L_{av} \times 10} = \frac{0.55 \times 28000 \times 0.7 \times 2}{10.8 \times (44.7 - 2.5) \times 10} = 4.73\text{m}, \text{取值} 4.5\text{m}。$$

b. 过渡段。

过渡段1选用100W高压钠灯,采用两侧对称布置：

$$S = \frac{\eta \cdot \Phi \cdot M \cdot \omega}{W \cdot E_{av}} = \frac{\eta \cdot \Phi \cdot M \cdot \omega}{W \cdot L_{av} \times 10} = \frac{0.55 \times 9000 \times 0.7 \times 2}{10.8 \times (13.4 - 2.5) \times 10} = 5.89\text{m}, \text{取值} 5.5\text{m};$$

过渡段2选用100W高压钠灯,采用两侧交错布置：

$$S = \frac{\eta \cdot \Phi \cdot M \cdot N}{W \cdot E_{av}} = \frac{\eta \cdot \Phi \cdot M \cdot N}{W \cdot L_{av} \times 10} = \frac{0.55 \times 9000 \times 0.7 \times 1}{10.8 \times (4.5 - 2.5) \times 10} = 16.04\text{m}, \text{单侧灯具间距取}$$

值15m。

c. 出口段。

出口段1选用100W高压钠灯,采用两侧对称布置：

$$S = \frac{\eta \cdot \Phi \cdot M \cdot \omega}{W \cdot E_{av}} = \frac{\eta \cdot \Phi \cdot M \cdot \omega}{W \cdot L_{av} \times 10} = \frac{0.55 \times 9000 \times 0.7 \times 2}{10.8 \times (7.5 - 2.5) \times 10} = 12.83\text{m}, \text{取值} 10.0\text{m};$$

出口段2选用100W高压钠灯,采用两侧对称布置：

$$S = \frac{\eta \cdot \Phi \cdot M \cdot \omega}{W \cdot E_{av}} = \frac{\eta \cdot \Phi \cdot M \cdot \omega}{W \cdot L_{av} \times 10} = \frac{0.55 \times 9000 \times 0.7 \times 2}{10.8 \times (12.5 - 2.5) \times 10} = 6.42\text{m}, \text{取值} 6.0\text{m}。$$

（3）隧道照明系统设置。

隧道照明系统设置见表9-17。

隧道照明系统设置 表9-17

项 目		长度（m）	灯具型号	布置方式	单侧灯具间距（m）	路面亮度（cd/m²）	数量（盏）	功率（kW）
加强照明	入口段1L_{th1}	41.8	400 W 高压钠灯	两侧对称布置	3.8	94.07	24	9.6
	入口段2L_{th2}	40.5	250 W 高压钠灯		4.5	48.37	18	4.5
	过渡段1L_{tr1}	71.5	100 W 高压钠灯		5.5	15.68	26	2.6
	过渡段2L_{tr2}	90	100 W 高压钠灯	两侧交错布置	15	6.15	6	0.6
	出口段1L_{ex1}	30	100 W 高压钠灯	两侧对称布置	10	10.43	6	0.6
	出口段2L_{ex1}	30	100 W 高压钠灯		6.0	14.7	12	1.2
基本照明		2480	100 W 高压钠灯	中线侧偏单光带	8.0	4.01	311	31.1

①中间段照明(基本照明)。

$$L_{in} = L_{av} = \frac{\eta \cdot \Phi \cdot M \cdot \omega}{W \cdot S \times 10} = \frac{0.55 \times 9000 \times 0.7 \times 1.0}{10.8 \times 8 \times 10} = 4.01 \, cd/m^2$$

②加强照明。

a. 入口段。

$$L_{th1} = L_{av} + \frac{\eta \cdot \Phi \cdot M \cdot \omega}{W \cdot S \times 10} = 4.01 + \frac{0.55 \times 48000 \times 0.7 \times 2}{10.8 \times 3.8 \times 10} = 94.07 \, cd/m^2$$

$$L_{th2} = L_{av} + \frac{\eta \cdot \Phi \cdot M \cdot \omega}{W \cdot S \times 10} = 4.01 + \frac{0.55 \times 28000 \times 0.7 \times 2}{10.8 \times 4.5 \times 10} = 48.37 \, cd/m^2$$

b. 过渡段。

$$L_{tr1} = L_{av} + \frac{\eta \cdot \Phi \cdot M \cdot \omega}{W \cdot S \times 10} = 4.01 + \frac{0.55 \times 9000 \times 0.7 \times 2}{10.8 \times 5.5 \times 10} = 15.68 \, cd/m^2$$

$$L_{tr2} = L_{av} + \frac{\eta \cdot \Phi \cdot M \cdot \omega}{W \cdot S \times 10} = 4.01 + \frac{0.55 \times 9000 \times 0.7 \times 1}{10.8 \times 15 \times 10} = 6.15 \, cd/m^2$$

c. 出口段。

$$L_{ex1} = L_{av} + \frac{\eta \cdot \Phi \cdot M \cdot \omega}{W \cdot S \times 10} = 4.01 + \frac{0.55 \times 9000 \times 0.7 \times 2}{10.8 \times 10 \times 10} = 10.43 \, cd/m^2$$

$$L_{ex2} = L_{av} + \frac{\eta \cdot \Phi \cdot M \cdot \omega}{W \cdot S \times 10} = 4.01 + \frac{0.55 \times 9000 \times 0.7 \times 2}{10.8 \times 6 \times 10} = 14.7 \, cd/m^2$$

9.8 隧道照明控制与节能

9.8.1 隧道照明控制

1）隧道照明控制的目的和意义

隧道照明在不同时间、不同交通量等条件下的亮度需求不同,为了保障隧道安全、高效、经济运营,需要结合洞外亮度、时间、交通量、设计车速、供电电压、天气条件、光源特性等设计合理的照明控制方案。对照明设施进行有效控制,不仅可提高隧道运营安全水平,也能实现节能减排。

在9.6节中,根据车辆通过隧道所经历的亮度适应曲线将隧道划分为5个照明区段,针对各个区段确定了照明亮度标准;以这一标准设计为基础设计的隧道照明系统总体上符合隧道亮度曲线变化规律。但是从隧道亮度曲线及隧道各照明区段亮度和长度计算公式可见,隧道内各照明区段的亮度和长度主要取决于隧道洞外亮度 $L_{20}(S)$ 和车辆行驶速度,而隧道洞外亮度主要由天气状况决定。晴天、多云、阴天、重阴天气对洞内入口段、过渡段、出口段亮度的调节产生较大的影响,洞外亮度增加,隧道内各区段所需亮度也相应增大,反之则相应减小(图9-23)。雨天或大风天气不仅影响洞外亮度,还影响车速,而车速又直接影响隧道内各照明区段的长度和亮度。

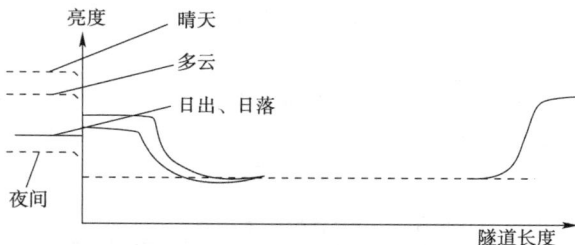

图9-23　不同天气情况下对隧道入口段照明的控制要求

隧道照明系统设计从保证驾驶员行车安全考虑,通常是以隧道洞口晴天时所得到的亮度 $L_{20}(S)$ 、隧道最高设计时速以及规划交通量等得到的最不利工况进行设计,不分工况开启照明设施必然会造成能耗增加或引起安全隐患。

因此,在公路隧道运营管理中,应根据交通量变化、洞外亮度变化、不同季节与不同天气等情况,对隧道内各照明区段灯具调光,从而达到对各照明区段的亮度进行控制的目的。

2)隧道照明控制方案的要求

隧道照明分正常工况照明、异常工况照明和应急工况照明三类。正常工况照明是保障隧道正常运营条件的隧道照明;异常工况照明是指隧道内发生事故、交通管制或养护等工况下的保障隧道安全作业、运营的隧道照明;应急工况照明是包括停电等紧急工况下的应急照明和发生火灾时的疏散诱导照明等。因此,一个完整、有效的隧道照明控制方案应实现对正常工况、异常工况和应急工况下照明的控制。

(1)隧道正常工况下照明控制的要求。

①白天根据洞外不同气候条件下亮度、车辆数量及车速适时调整隧道内各照明区段灯具开启或关闭的数量,使隧道路面亮度趋近于亮度适应曲线的要求。

我国《公路隧道照明设计细则》(JTG/T D70/2-01—2014)对不同季节和天气条件下的加强照明调光分级推荐按表9-18执行。白天隧道基本照明应根据交通量变化,按前文所述中间段照明标准进行调光方案设计。

白天加强照明调光分级　　　　　　　　　　　　　　　表9-18

季节及天气	调光分级	亮度（cd/m²）	交通量 $N[\text{veh}/(\text{h}\cdot\text{ln})]$	
			单向交通	双向交通
夏季晴天	I	$L_{20}(S)$	≤350	≤180
	II		$350 < N < 1200$	$180 < N < 350$
	III		≥1200	≥350
其他季节晴天/夏季云天	IV	$0.5L_{20}(S)$	≤350	≤180
	V		$350 < N < 1200$	$180 < N < 350$
	VI		≥1200	≥350

季节及天气	调光分级	亮度 （cd/m²）	交通量 $N[\text{veh}/(\text{h}\cdot\text{ln})]$	
			单向交通	双向交通
其他季节云天/夏季阴天	Ⅶ	$0.25L_{20}(S)$	≤350	≤180
	Ⅷ		$350 < N < 1200$	$180 < N < 350$
	Ⅸ		≥1200	≥350
其他季节阴天/重阴天	Ⅹ	$0.13L_{20}(S)$	≤350	≤180
	Ⅺ		$350 < N < 1200$	$180 < N < 350$
	Ⅻ		≥1200	≥350

②夜间根据交通量及车速适时调整隧道内各照明区段灯具开启或关闭的数量,使隧道路面亮度趋近于亮度适应曲线的要求。

我国《公路隧道照明设计细则》（JTG/T D70/2-01—2014）对隧道夜间照明调光设计要求如下：

a. 夜间应关闭隧道入口段、过渡段和出口段的加强照明灯具;

b. 长度 $L \leqslant 500\text{m}$ 且设有自发光诱导设施和定向反光轮廓标的高速公路和一级公路隧道,夜间可关闭全部灯具;

c. 长度 $L \leqslant 1000\text{m}$ 且设有定向反光轮廓标的二级公路隧道,夜间可关闭全部灯具;

d. 公路设有照明时,其路段上的隧道夜间照明亮度应与道路亮度水平一致;公路未设置照明时,高速公路和一级公路隧道夜间照明亮度可取 1.0cd/m^2,二级公路隧道夜间照明亮度可取 0.5cd/m^2;

e. 单向交通隧道夜间交通量不大于 $350\text{veh}/(\text{h}\cdot\text{ln})$、双向交通隧道夜间交通量不大于 $180\text{veh}/(\text{h}\cdot\text{ln})$ 时,可只开启应急照明灯具。

（2）隧道异常工况下照明控制的要求。

①隧道进行养护、维修作业地点前后的照明灯具应开启到最大程度;

②发生交通事故的隧道内,所有照明灯具应开启到最大程度;

③发生交通管制的隧道内,所有照明灯具应开启到最大程度;

④发生火灾的隧道内,所有照明灯具应开启到最大程度。

（3）横通道照明控制的要求。

①车行横通道照明应实现远程控制和现场手动控制;

②人行横通道照明宜具备感应控制装置;

③横通道灯具应与横通道门实现联动控制。

3）隧道照明控制方式

隧道照明控制方案的实施,依赖于先进控制技术和控制方式的支撑。隧道照明控制方式在很大程度上体现出隧道运营管理的现代化程度。隧道照明系统配置了照明控制柜/配电箱,能实现现场人工控制和自动控制,并预留了远程控制模块,提供控制照明设施的继电器接点,将照明区域控制单元直接与照明控制柜/配电箱的继电器接点相连,以实现对照明设施的远程控制。隧道照明控制方式主要有以下三种：

（1）人工控制方式。隧道管理人员根据洞外亮度、交通量等参数,人工选择控制方案。其中,手动控制的优先级最高。

（2）自动控制方式。照明控制系统根据实时采集的洞外亮度、交通量等参数，自动调控照明亮度。隧道管理人员也可根据实际运营管理情况，由自动控制方式切换到手动控制方式，改为手动操作。自动控制方式优先级低于手动控制方式。

（3）智能控制方式。在自动控制方式的基础上，采用短时交通流预测理论，实现隧道内照明设施动态调光控制，达到安全、舒适、高效、经济的照明效果，重点突出节能控制的特点，体现绿色照明要求，追求"按需照明"的理想设计目标。

现阶段照明控制宜采用智能控制或自动控制为主、手动控制为辅的控制方式。

4）隧道照明控制系统

目前，隧道照明控制系统主要包括以下三种：

（1）集中式控制系统。

集中式控制最常见的一种控制方式，即由中央计算机管理整个照明系统，作为系统的集中处理单元。集中式控制系统的优势在于可以充分发挥管理决策的集中性，缺陷在于一旦中心计算机出现故障，整个照明系统将会全部瘫痪，容易酿成隧道交通事故。由于隧道控制点数较少，配以全套的控制设施较为浪费，故可由中央控制室对照明设施进行监控与管理，从而减少投资。

（2）分布式控制系统。

分布式控制的特点是以分散的控制适应分散的控制对象——隧道照明设施，以集中的监视和操作达到掌握全局的目的，具有较高的稳定性、可靠性和可扩展性。分布式控制系统的优势在于各控制部分相对独立，某部分出现故障并不影响其他部分，系统仍然可以运行。这种控制系统具有分散控制、集中操作、分级管理、配置灵活、组态方便的特点。

（3）现场总线控制系统。

现场总线控制系统是分布式控制系统向全数字化发展的结果。现场总线是安装在制造或过程区域的现场装置与控制室内的自动控制装置之间的数字式、串行、多点通信的数据总线。与分布式控制系统不同的是，这些现场装置输出（或输入）的信号是数字信号而非传统的模拟信号。现场总线控制技术以数字信号取代模拟信号，大量现场检测与控制信息就地采集、处理、使用，许多控制功能从控制室移至现场设备，这样不仅使系统集成大为简化、维护变得十分简便，而且系统的可靠性进一步得到提高。

5）隧道照明控制方法

公路隧道照明控制方法可分为分级调光控制法（配电回路控制）和动态调光控制法（单灯功率控制）两种。

（1）分级调光控制法。分级调光控制法是指通过开启和关闭配电回路进行照明控制，又可细分为人工分级调光控制、时序分级调光控制以及实时分级调光控制。分级调光控制需要以照明灯具的合理布置为基础，其控制对象一般是不可连续调光的电光源，如高压汞灯、低压钠灯、高压钠灯、金卤灯等。

人工分级调光控制是通过隧道照明监控软件和隧道照明配电柜完成的，隧道配电间中的人工照明回路控制用于维修的需要。

时序分级调光控制是将洞外亮度按日、周、月、年实测得到的规律值输入照明监控计算机，以调控洞内的照明灯具。由于时序控制不能结合实际气象的变化，有时会产生能源的浪费或照明亮度过低等问题，因此理论上时序照明回路控制是在实时照明回路控制不能正常运转的情况下转入执行的控制方法。

实时分级调光控制是根据实测的隧道内外亮度值、交通量、车速等,实时调节洞内的照明系统,以满足驾驶员适应隧道内外亮度差异的需要。隧道内的照明灯具固定为几组回路连接,利用照明控制计算模型分析处理后,控制适当回路的照明灯具,使洞内亮度随洞外亮度、交通流量和车速的变化而变化。

(2)动态调光控制法。动态调光控制法是指根据照明参数的变化而动态连续调节、控制隧道内灯具的使用功率,从而得到不同的照明亮度,实现对隧道照明的平滑调控。其可细分为大范围动态调光控制和小范围动态调光控制两种。动态调光控制的对象是可连续调光的电光源,如 LED 灯、电磁感应灯、荧光灯等。

9.8.2　隧道照明节能

1)隧道照明节能的意义

节能降噪、采用绿色能源是当今世界各国保持经济可持续发展、改善环境的重要战略措施。在隧道运营成本中,照明电费占有相当大的比例,以至于个别运营单位为减轻高额照明费用的负担,采用关灯节电方式来降低运营成本,给道路行车安全带来难以预料的危险。因此,如何使隧道照明既满足规范标准要求,保证行车安全,又能最大限度地降低隧道照明的能耗,成为隧道照明运营管理亟待解决的课题。同时,其对于保持国民经济的可持续发展、保护环境及保证行车安全都具有重要意义。

2)隧道照明节能标准

当 LED 光源(显色指数 $R_a \geqslant 65$,色温在 3300 ~ 6000K 之间)用于隧道中间段照明时,设计亮度可按表 9-10 所列亮度标准的 50% 取值,但不应低于 $1.0cd/m^2$。

当单端无极荧光灯(显色指数 $R_a \geqslant 65$,色温在 3300 ~ 6000K 之间)用于隧道中间段照明时,设计亮度可按表 9-10 所列亮度标准的 80% 取值,但不应低于 $1.0cd/m^2$。

当中间段采用逆光照明方式时,设计亮度可按表 9-10 所列亮度标准的 80% 取值,但不应低于 $1.0cd/m^2$。

3)隧道照明节能措施

合理设计是实现隧道照明运营节能的核心环节。隧道照明节能应在满足照明标准的前提下,通过细致分析隧道所处地理位置、隧道规模、交通量的大小等工程特点,合理选定设计参数,并进行不同光源、灯具选型、灯具布置形式以及分期实施方案等多种照明方案的全寿命周期经济技术比较,"因隧制宜"地确定最佳设计方案,避免凭经验的模式化设计。同时,隧道照明系统通常按满足最不利工况进行设计,不分工况开启照明设施必然会造成能耗增加或引起安全隐患。运营中应根据交通量的变化、洞外亮度的变化、不同季节等制定适宜的调光及运营管理方案,以确保隧道照明系统在不同运营条件下的安全与节能运行,并实现科学管理。因此,隧道照明主要采用的节能措施如下。

(1)隧道照明应选择适宜的光源,光源的选择应遵循下列原则:

①宜选择发光效率高的光源,光源的使用寿命不应小于 10000h;

②以稀释烟尘作为隧道通风控制工况的隧道,宜选择透雾性能较好的光源;不以稀释烟尘作为隧道通风控制工况的隧道,基本照明宜选择显色性好的光源;

③紧急停车带、横通道等可选用显色性较好的光源。

(2)隧道照明采用中线或中线侧偏布置形式时,基本照明宜选用逆光型灯具;隧道照明采用两侧交错或两侧对称布置形式时,宜选用宽光带对称型照明灯具。

（3）接近段应采取如下减光措施：

①从接近段起点起，在路基两侧种植常青树；

②采用削竹式洞门形式，并进行坡面绿化；

③洞口采用端墙形式时，墙面可采用暗色调，其装饰材料的反射率应小于 0.17；

④经硬化处理的隧道洞口边仰坡可进行暗化处理；

⑤洞口外至少一个照明停车视距长度的路面可采用黑色路面。

（4）隧道运营调光。隧道运营调光要求与方案具体见本节第一部分隧道照明控制。

（5）墙面的反射与衬托作用在隧道照明中非常重要，当墙面反射率达到 0.7 时，路面亮度可提高 10%，因此，路面两侧 2m 高范围内墙面宜铺设反射率高的材料。

❓ 思 考 题

1. 简述驾驶员驾驶汽车从明亮的环境接近、进入、通过、驶出隧道过程中所产生的视觉问题。

2. 简述视觉的主要影响因素。

3. 简述光幕的作用。

4. 简述隧道照明质量的影响因素。

5. 简述如何选择隧道照明光源与灯具。

6. 试分析隧道照明划分照明区段的原因及其方法。

7. 简述隧道照明节能措施。

8. 已知某隧道为分离式单向行驶两车道隧道，左洞长 2617m，右洞长 2615m；隧道照明设计车速 80km/h，设计交通量为 3000 辆/h，洞外亮度 $L_{20}(S) = 3600cd/m^2$，照明停车视距 $D_s = 98m$，隧道净空高度 8.5m，宽度 12.5m，试求隧道入口段照明亮度、长度与过渡段照明亮度。

9. 某隧道长 1600m，隧道路面宽度 $W = 10.8m$，断面高度 $h = 7.8m$，隧道为双向交通；设计速度为 $v_t = 60km/h$，设计小时交通量为 $N = 750veh/(h \cdot ln)$；隧道路面为水泥混凝土路面，洞外亮度（假设为亮环境）$L_{20}(S) = 2980cd/m^2$，平均亮度与平均照度之间的系数为 10lx/$(cd \cdot m^{-2})$；采用高压钠灯，灯具额定光通量可参照表 9-16 取值。

试回答以下问题：

（1）确定隧道各照明区段的亮度与长度；

（2）确定隧道各照明区段的灯具布置；

（3）设置该隧道照明系统。

参考文献

[1] 招商局重庆交通科研设计院有限公司.公路隧道设计规范 第一册 土建工程：JTG 3370.1—2018［S］.北京：人民交通出版社股份有限公司,2018.

[2] 招商局重庆交通科研设计院有限公司.公路隧道设计规范 第二册 交通工程与附属设施：JTG D70/2—2014［S］.北京：人民交通出版社股份有限公司,2014.

[3] 招商局重庆交通科研设计院有限公司.公路隧道照明设计细则：JTG/T D70/2-01—2014［S］.北京：人民交通出版社股份有限公司,2014.

[4] 招商局重庆交通科研设计院有限公司.公路隧道通风设计细则：JTG/T D70/2-02—2014［S］.北京：人民交通出版社股份有限公司,2014.

[5] 中交第一公路工程局有限公司.公路隧道施工技术规范：JTG/T 3660—2020［S］.北京：人民交通出版社股份有限公司,2020.

[6] 中冶建筑研究总院有限公司.岩土锚杆与喷射混凝土支护工程技术规范：GB 50086—2015［S］.北京：中国计划出版社,2015.

[7] 交通运输部公路局,中交第一公路勘察设计研究院有限公司.公路工程技术标准：JTG B01—2014［S］.北京：人民交通出版社股份有限公司,2015.

[8] 中交第一公路勘察设计研究院有限公司.公路路线设计规范：JTG D20—2017［S］.北京：人民交通出版社股份有限公司,2017.

[9] 中交第一公路勘察设计研究院.公路勘测规范：JTG C10—2007［S］.北京：人民交通出版社,2007.

[10] 中交第一公路勘察设计研究院有限公司.公路工程地质勘察规范：JTG C20—2011［S］.北京：人民交通出版社,2011.

[11] 长江水利委员会长江科学院.工程岩体分级标准：GB/T 50218—2014［S］.北京：中国计划出版社,2014.

[12] 总参工程兵科研之所.地下工程防水技术规范：GB 50108—2008［S］.北京：中国计划出版社,2008.

[13] 中交第二公路勘察设计研究院有限公司.公路隧道设计细则：JTG/T D70—2010［S］.北京：人民交通出版社,2010.

[14] 廖朝华,郭小红.公路隧道设计手册［M］.北京：人民交通出版社,2012.

[15] 王毅才.隧道工程(上册)[M].北京:人民交通出版社,2006.

[16] 陈秋南,安永林,李松.隧道工程[M].北京:机械工业出版社,2017.

[17] 付钢,王成.隧道通风与照明[M].武汉:武汉大学出版社,2015.

[18] 丁文其,杨林德.隧道工程[M].北京:人民交通出版社,2012.

[19] 朱永全,宋玉香.隧道工程[M].北京:中国铁道出版社,2015.

[20] 关宝树.隧道工程施工要点集[M].北京:人民交通出版社,2003.

[21] 李志业,曾艳华.地下结构设计原理与方法[M].成都:西南交通大学出版社,2003.

[22] 王梦恕,等.中国隧道及地下工程修建技术[M].北京:人民交通出版社,2010.

[23] 孙钧,等.隧道结构设计关键技术研究与应用[M].北京:人民交通出版社股份有限公司,2014

[24] 中国土木工程学会隧道及地下工程分会.世人瞩目的中国隧道及地下工程[M].北京:中国铁道出版社,2008.

[25] 中国土木工程学会隧道及地下工程分会.日新月异的中国隧道及地下工程[M].北京:中国铁道出版社,2009.

[26] 《中国公路学报》编辑部.中国隧道工程学术研究综述·2015[J].中国公路学报,2015(5):1-65.

[27] 洪开荣.我国隧道及地下工程发展现状与展望[J].隧道建设,2015(2):95-107.

[28] 洪开荣.我国隧道及地下工程近两年的发展与展望[J].隧道建设,2017(2):123-134.

[29] 李鹏飞,周烨,伍冬.隧道围岩压力计算方法及其适用范围,中国铁道科学,2013(6):55-60.

[30] 程小虎.改进的浅埋隧道松动围岩压力计算方法[J].铁道学报,2014(1):100-106.

[31] 曲海锋,杨重存,朱合华,等.公路隧道围岩压力研究与进展[J].地下空间与工程学报,2007(3):536-543.

[32] 王明年,王志龙,桂登斌,等.考虑开挖方法影响的深埋隧道围岩形变压力计算方法研究[J].西南交通大学学报,2020(9).